"一带一路"国家
知识产权法律译丛

(第三辑)

重庆知识产权保护协同创新中心
西南政法大学知识产权研究中心 / 组织翻译

"YIDAIYILU" GUOJIA
ZHISHI CHANQUAN FALÜ YICONG

知识产权出版社
全国百佳图书出版单位
——北京——

图书在版编目（CIP）数据

"一带一路"国家知识产权法律译丛. 第三辑/重庆知识产权保护协同创新中心，西南政法大学知识产权研究中心组织翻译. —北京：知识产权出版社，2021.7

ISBN 978 - 7 - 5130 - 7572 - 5

Ⅰ.①一⋯ Ⅱ.①重⋯ ②西⋯ Ⅲ.①知识产权法—汇编—世界 Ⅳ.①D913

中国版本图书馆 CIP 数据核字（2021）第 118276 号

内容提要

本书收录了"一带一路"沿线地处大洋洲的澳大利亚和地处欧洲的捷克、希腊、匈牙利、罗马尼亚共五个国家相关的商标法律文本的中文翻译，可以为研究以上国家知识产权法律的知识产权从业人员提供参考。

责任编辑：可　为　　　　　　　责任校对：谷　洋

执行编辑：章鹿野　　　　　　　责任印制：孙婷婷

封面设计：棋　锋

"一带一路"国家知识产权法律译丛（第三辑）

重庆知识产权保护协同创新中心
西南政法大学知识产权研究中心　　组织翻译

出版发行：知识产权出版社 有限责任公司　　网　　址：http：//www.ipph.cn

社　　址：北京市海淀区气象路 50 号院　　　邮　　编：100081

责编电话：010 - 82000860 转 8335　　　　　责编邮箱：keweicoca@163.com

发行电话：010 - 82000860 转 8101/8102　　发行传真：010 - 82000893/82005070/82000270

印　　刷：北京九州迅驰传媒文化有限公司　经　　销：各大网上书店、新华书店及相关专业书店

开　　本：720mm×1000mm　1/16　　　　　印　　张：18.5

版　　次：2021 年 7 月第 1 版　　　　　　　印　　次：2021 年 7 月第 1 次印刷

字　　数：333 千字　　　　　　　　　　　　定　　价：98.00 元

ISBN 978 - 7 - 5130 - 7572 - 5

翻译团队

译者（以章节为序）

曹　伟　张惠彬　廖志刚　秦　洁　郑　重

刘诗蕾　肖柏杨　李宇航

审校　牛奔林　易健雄

序　言

　　自 2013 年"一带一路"倡议提出以来，我国已与 170 多个国家和国际组织签署了 200 多份共建"一带一路"合作文件。"一带一路"的核心理念已被纳入联合国、二十国集团、亚太经合组织、上合组织等诸多重要国际机制成果文件，成为凝聚国际合作共识，持续共同发展的重要思想。国际社会业已形成共建"一带一路"的良好氛围，我国也在基础设施互联互通、经贸领域投资合作、金融服务人文交流等各项"一带一路"建设方面取得显著成效。国家也号召社会各界对"一带一路"沿线各国的基本状况、风土人情、法律制度等多加介绍，以便更好地了解"一带一路"沿线各国，同时为投资、合作等提供参考。

　　于此背景，重庆知识产权保护协同创新中心与西南政法大学知识产权研究中心响应国家号召，结合自身的专业特长，于 2017 年 7 月启动了"一带一路"国家知识产权法律文本的翻译计划。该计划拟分期分批译介"一带一路"沿线国家的专利法、商标法、版权法等各项知识产权法律制度。经统筹规划，中心决定先译介"一带一路"沿线各国的专利法，且不做"锦上添花"之举，只行"雪中送炭"之事，即参考与中国的经贸往来、人文交流的密切程度，优先译介尚未翻译成中文出版的"一带一路"沿线国家的专利法，以填补国内此类翻译的空白。确定翻译方向后，中心即选取了巴基斯坦、斯里兰卡、马来西亚、哈萨克斯坦、澳大利亚、以色列、希腊、匈牙利、罗马尼亚、捷克等十国的专利法作为第一期的翻译对象。经历初译、校对、审稿、最终统校等多道程序后，第一期的翻译工作于 2018 年 8 月完成，译稿得分两辑出版。随后，中心又启动了"一带一路"沿线国家商标法的翻译工作，即以原来的翻译团队为基础，翻译上列十国的商标法。其间因新冠肺炎疫情突发，教学、生活秩序受到严重影响，原定翻译计划也被波及。辗转至今，上列十国的商标法翻译工作总算完成，译稿仍分两辑（即第三、四辑）出版。

如所周知，法条翻译并非易事。尽管译校者沥尽心血，力求在准确把握原意基础之上，以符合汉语表达习惯的方式表述出来，但囿于能力、时间等各方面因素，最终的译本恐仍难完全令人满意，错漏之处在所难免。在此恳请读者、专家批评指正。无论如何，必须向参与此次译丛工作的师生表示衷心的感谢。按照章节国别顺序对译者翻译内容记录如下：曹伟（澳大利亚），张惠彬、刘诗蕾（捷克），廖志刚（希腊），秦洁、肖柏杨、李宇航（匈牙利），郑重（罗马尼亚），田晓玲（哈萨克斯坦），康添雄、方雅洁（以色列），马海生（巴基斯坦），王广震（斯里兰卡），牟萍、唐涛（马来西亚）。尤其感谢牛奔林老师为此次译稿统校所付出的辛勤努力！此外，易健雄老师承担了此次翻译的主要组织工作，并为译稿作了最后的审校。最后，感谢知识产权出版社的大力支持，使译稿得以出版。

中心现已完成对"一带一路"上列十国专利法、商标法的译介，后续将适时完成上列十国版权法的译介。唯愿中心对"一带一路"沿线国家知识产权法律制度的译介能为响应"一带一路"倡议稍尽绵薄之力，也好在国家建设中实现中心的专业价值。

重庆知识产权保护协同创新中心

西南政法大学知识产权研究中心

2021 年 6 月 7 日

目　录

大洋洲

澳大利亚商标法 ···································· 3

欧　洲

捷克商标法 ·· 121

希腊商标法 ·· 154

匈牙利商标和地理标志保护法 ···················· 182

罗马尼亚商标和地理标志法 ······················ 259

大洋洲

·1995 年第 119 号法律·

澳大利亚商标法❶

曹 伟 译[*]

第一部分 序 言

第 1 条 简 称

本法可简称为 1995 年商标法。

第 2 条 生 效

(1) 第一部分于本法获得御准之日生效。

(2) 除第一部分外，本法于 1996 年 1 月 1 日生效。

第 3 条 本法对官方具有约束力

(1) 本法对英联邦、各州、澳大利亚首都领地和北领地的权利具有约束力。

(2) 本法任何规定均不会使官方因犯罪而被提起公诉。

第 4 条 本法的适用

本法延伸适用于：

(a) 圣诞岛；

---

❶ 澳大利亚于 2012 年 4 月 15 日颁布、2013 年 4 月 15 日实施的《知识产权法修正（提升标准）案》[Australia Intellectual Property Laws Amendment（Raising the Bar）Act] 对 1995 年商标法作了较大幅度的修改，增、删、替换了后者部分条款。此处翻译的系修正文本，故有条文序号不连贯的现象。

* 译者简介：西南政法大学知识产权学院副教授，硕士生导师，北京师范大学博士后。

（b）科科斯（基林）群岛；

（c）诺福克岛；

（d）澳大利亚大陆架；

（e）澳大利亚大陆架上方的水域；和

（f）澳大利亚大陆架上方的空域。

第4A 条　刑法典的适用

刑法典第二章适用于本法创设的所有犯罪。

第5 条　1994 年商标法的废除

1994 年商标法被废除。

第二部分　解　释

第6 条　定　义

（1）在本法中，除非出现相反意图：

"行动期"，就特定扣押货物而言，指根据第136C 条向异议人发出解除货物申索通知书后实施条例规定的期间。

"申请人"，就申请而言，指正在处理的以其名义提出申请的人。

"适用于"和"针对……适用于"，具有第9 条规定的含义。

"批准表格"指由商标注册处处长在该术语所出现的规定中予以批准的表格。

"转让"，就商标而言，指有关当事方的转让。

澳大利亚包括以下外部地区：（a）圣诞岛；（b）科科斯（基林）群岛；和（c）诺福克岛。

"澳大利亚大陆架"，具有1973 年海洋和淹没土地法中规定的含义。

"授权使用"，就商标而言，具有第8 条规定的含义。

"授权使用人"，就商标而言，具有第8 条规定的含义。

"Trans－Tasman 知识产权代理委员会"，具有1990 年专利法中规定的含义。

"证明商标"，具有第169 条规定的含义。

"申索期"，就特定扣押货物而言，指根据第 134 条将货物扣押通知书发送给指定所有人后实施条例规定的期间。

"集体商标"，具有第 162 条规定的含义。

"委员会"，指根据 2010 年竞争和消费者法设立的澳大利亚竞争和消费者委员会。

"公司"，指根据 2001 年公司法注册的公司。

"海关总署署长"，指根据 2015 年澳大利亚边境部队法第 11 条（3）款或第 14 条（2）款规定担任海关总署署长的人。

"公约国"，指实施条例规定类别的外国或地区。

"注册日期"：（a）就（b）款所适用的商标以外的特定商品或服务的商标注册而言，指该商品或服务的商标注册自该日起被视为已根据第 72 条（1）款或（2）款生效；或（b）就适用第 239A 条（3）款的商标而言，指第 239A 条（4）款所指日期。

"欺骗性类似"，具有第 10 条规定的含义。

"防御商标"，具有第 185 条规定的含义。

"注册处副处长"，指商标注册处副处长。

"指定管理人"，具有 1990 年专利法中规定的含义。

"指定所有人"，就进口至澳大利亚的商品而言，指：（a）根据 1901 年海关法第 68 条在与货物有关的条目中标记为货物所有人的人；或（b）不存在该条目的，根据本法第 133A 条被确定为货物所有人的人。

"分案申请"，具有第 45 条规定的含义。

"雇员"，指除处长或副处长以外的其他人：（a）是根据 1999 年公共服务法雇用的人员，并在商标局工作；或（b）不是上述人员，但在商标局为英联邦或代表英联邦提供服务的人。

"审查"，就商标注册申请而言，指根据第 31 条针对申请进行审查。

"现有注册商标"，指在 1996 年 1 月 1 日之前在旧注册簿的 A、B、C 或 D 部分注册的商标，其根据废除法的注册应在该日之后到期。

"联邦巡回法院"，指澳大利亚联邦巡回法院。

"联邦法院"，指澳大利亚联邦法院。

"申请"，指向商标局申请。

"申请日期"，指：

（a）就本定义另一款所指的申请以外的商标注册申请而言，提出申请的

日期；或

（b）就商标注册的分案申请而言，与分案申请有关的作为母案申请的申请提交日期（第45条含义范围内）；或

（c）就适用第241条的申请而言，第241条（5）款所指日期；或

（d）就根据第243条提出的申请而言，第243条（6）款所指日期；或

（e）就规定的申请而言，以规定方式确定的日期。

"地理标志"，就商品而言，指将商品标识为原产于某个国家或该国某个地区或地方的标志，其中商品的特定质量、声誉或其他特征基本上可归因于其地理产地。

"人的商品"，指人在贸易过程中处理或提供的商品。

"合并法律业务"，指根据英联邦、州或地区的法律认可为合并法律业务的法人团体（无论如何描述）。

"合并商标代理人"，具有第228A条（6B）款规定的含义。

"知识产权建议"，具有第229条（3）款规定的含义。

"律师"，指州或地区的高等法院或最高法院的出庭律师或事务律师。

"限制"，指对商标注册所赋予的商标专用权的限制，包括以下方面的限制：

（a）使用方式；

（b）在澳大利亚境内的领土范围内使用；或

（c）针对要出口的商品或服务的使用。

"月"，指根据第6A条计算出以月表示的时长。

"已通知商标"，指根据第132条发出的通知对其有效的商标。

"异议人"，就扣押的货物而言，指根据第132条发出对该等货物有效的通知的任何人。

"官方公报"，指第226条提及的商标官方公报。

"旧注册簿"，指根据已废除法律保存的商标注册簿。

"反对人"，就商标注册而言，指：

（a）已根据第52条提出反对商标注册通知的人；或

（b）适用第53条的，视为以其名义提出异议通知的人。

"原产地"，就葡萄酒而言，具有第15条规定的含义。

"专利律师"，指根据1990年专利法注册为专利律师的人。

"未决"，就商标注册申请而言，具有第11条规定的含义。

"人"，包括众人组成的团体，无论是否是法人。

"个人信息"，具有1988年隐私法规定的含义。

"PPSA担保权益"（"个人财产担保法担保权益"的简称），指2009年个人财产担保法所指且该法适用的担保权益，但不包括该法意义上的过渡担保权益。

"所有权前任人"，就主张是商标所有人的人而言，指：

（a）如果该商标在转让或传转给该人前已转让或传转给一个或多个他人，则为该一个或多个他人中的任何一人；或

（b）如果（a）款不适用，则为将商标转让给该人的人或从其将商标传转给该人的人。

"首选方式"：

（a）就向商标局提交文件而言，指第213A条（4）款规定的方式；或

（b）就支付费用而言，指第223AA条（4）款规定的方式。

"规定法院"，指就本法而言第190条项下规定的法院。

"优先权日"，具有第12条规定的含义。

"注册簿"，指根据第207条保存的商标注册簿。

"注册所有人"，就注册商标而言，指以其名义注册商标的人。

"注册商标"，指根据本法在注册簿中录入其详细信息的商标。

"注册商标律师"，指根据本法注册为商标律师的人。

"处长"，指商标注册处处长。

"注册号"，就注册商标而言，指根据第68条（2）款给予其的编号。

"从注册簿中删除"，就商标而言，具有第13条规定的含义。

"已废除法律"，具有第16条规定的含义。

"扣押货物"，指根据第133条扣押的货物。

"人的服务"，指人在贸易过程中处理或提供的服务。

"标志"，包括以下内容或以下内容的任意组合，即，任何字母、单词、名称、签名、数字、图形、品牌、标题、标签、票据、包装方面、形状、颜色、声音或气味。

"类似商品"，具有第14条（1）款规定的含义。

"类似服务"，具有第14条（2）款规定的含义。

"本法"，包括相关条例。

"商标"，具有第17条规定的含义。

"商标代理人总监",具有第228A条(6C)款规定的含义。

"商标作品",具有第157A条(8)款规定的含义。

"传送",指:

(a)根据法律的传送;

(b)移交死者的遗产代理人;或

(c)除转让外的任何其他转让形式。

"商标的使用",其含义受第7条(1)款、(2)款和(3)款影响。

"针对商品使用商标",具有第7条(4)款规定的含义。

"针对服务使用商标",具有第7条(5)款规定的含义。

"单词",包括单词的缩写。

"工作日",不包含下列日子:

(a)星期六;

(b)星期日;或

(c)澳大利亚首都领地的公共假日。

"世界贸易组织",指根据《世界贸易组织协定》于1994年4月15日在马拉喀什建立的机构。

(2)就本法而言,对国家的提述,包括对世界贸易组织成员的提述。

(3)尽管有2003年立法法第14条(2)款的规定,为定义(1)款中"公约国"的目的而制定的法规,仍可通过适用、采纳或并入(经修改或不经修改)不时有效或存在的任何其他文书或其他文件中所含事项而针对某一事项作出规定。

第6A条　以月表示的期间

就本法而言,以某一事件开始且以月表示的期间于下列日期结束:

(a)在随后的相关月份中与活动发生日期相同的日期;或

(b)如果随后的相关月份中没有相同编号的日期,则为该月最后一日。

第7条　商标的使用

(1)如果能够确定某人使用商标虽具有增补或更改但并未实质性影响商标本质,处长或规定法院在考虑个案情况后认为适当的,可决定该人使用了商标。

(2)为避免任何疑义,现声明,如果商标由以下内容或以下内容的任意组合组成，即任何字母、单词、名称或数字，则就本法而言，该商标的任何声音表示是对商标的使用。

（3）就本法而言，个人对商标的授权使用（参见第8条）被视为商标所有人对商标的使用。

（4）在本法中：

"针对商品使用商标"，指在商品（包括二手商品）上使用商标，或就商品的实体或其他方面而使用商标。

（5）在本法中：

"针对服务使用商标"，指就服务的实体或其他方面而使用商标。

第8条　授权使用人和授权使用的定义

（1）他人在商标所有人的控制下针对商品或服务使用商标的，该人是该商标的授权使用人。

（2）商标授权使用人对商标的使用，只有在其受商标所有人控制下使用商标的范围内，才是授权使用商标。

（3）如果商标所有人对商品或服务进行质量控制：

（a）且该商品或服务是由他人在交易过程中处理或提供；且

（b）针对该商品或服务使用商标，

就（1）款而言，该人被视为在所有人的控制下针对商品或服务使用商标。

（4）如果：

（a）他人在交易过程中处理或提供针对其使用商标的商品或服务；且

（b）商标所有人对他人的相关交易活动实施财务控制，

就（1）款而言，该人被视为在所有人的控制下针对商品或服务使用商标。

（5）（3）款和（4）款不限制（1）款和（2）款中"在……控制下"的含义。

第9条　"适用于"和"针对……适用"的定义

（1）就本法而言：

（a）商标是编织、压印、加工、粘贴或随附在商品、材料或物品上的，认为该商标"适用于"该商品、材料或物品；且

（b）在下列任一情况下，商标被认为"针对商品或服务适用"：

（i）如果适用于在贸易过程中或意图在贸易中处理或提供货物的任何覆盖、文件、标签、卷轴或东西上；或

（ii）如果以可能导致人们相信该商品是指、描述或指定该商品或服务的方式使用该商品；且

（c）以下列任一方式使用商标的，亦认为该商标针对商品或服务适用：

（i）在招牌或广告（包括电视广告）中；或

（ii）在发票、酒单、目录、商务信函、商务文件、价目表或其他商业文件中；

且通过提述使用的商标提出请求或命令向他人交付货物或提供服务（视情况而定）。

（2）在（1）款（b）项（i）目中：

"覆盖"包括包装、框架、包装纸、容器、塞子、盖子或帽。

"标签"包括带子或票证。

第 10 条 "欺骗性相似"的定义

就本法而言，商标与另一商标过于相似，以至于其很可能造成欺骗或混淆的，认为该商标与另一商标属于欺骗性相似。

第 11 条 "未决"的定义

本法项下的注册申请

（1）根据本法提出的商标注册申请从提交之日起至下列时间视为"未决"：

（a）失效（见第 37 条和第 54A 条）、被撤销（见第 214 条）或被拒绝（见第 33 条）；

（b）处长（根据第 55 条）拒绝注册商标且未对该决定提出申诉的，申诉期限到期之时；或

（c）处长（根据第 55 条）拒绝注册商标，且：

（i）对该决定提出申诉；且

（ii）申诉确认该决定；

申诉确认该决定之日；或

（d）商标根据第 68 条注册。

根据已废除法律申请注册

（2）紧接 1996 年 1 月 1 日之前，根据该废除法案进行的商标注册申请，

在该日期之前：

（a）申请没有失效［见第48条（1）款］，撤回［见第40A条（1）款］或被拒绝［见第44条（1）款］；和

（b）处长未（根据第50条）拒绝注册该商标，或其曾拒绝该商标的：

（i）允许对该决定提出申诉的期间尚未结束；或

（ii）已对该决定提出申诉，但尚未作出决定；且

（c）该商标未根据第53条注册。

第12条 "优先权日期"的定义

针对特定商品或服务而注册商标的优先权日期：

（a）该商标已注册的，是该商标针对该等商品或服务的注册日期；或

（b）正在寻求注册商标的，是假使该商标已获注册，该商标针对该等商品或服务的注册日期的日期。

第13条 "从注册簿中删除"的定义

处长在注册簿中作出记载，表明注册簿中与该商标有关的所有记载均视为已从注册簿中删除的，该商标即视为已从注册簿中删除。

第14条 "类似商品"和"类似服务"的定义

（1）在本法中，有下列任一情形的，商品与其他商品类似：

（a）其与其他商品相同的；或

（b）其与其他商品的描述相同的。

（2）在本法中，有下列任一情形的，服务与其他服务类似：

（a）其与其他服务相同的；或

（b）其与其他服务的描述相同的。

第15条 "与葡萄酒有关的原产地"的定义

在本法中：

（a）只有当葡萄酒是由外国或澳大利亚境内某区域种植的葡萄酿制而成时，才被视为原产于外国或澳大利亚；且

（b）只有当葡萄酒是由外国或澳大利亚某地区或地方的葡萄酿制而成时，才会被视为原产于该地区或地方。

第 16 条 "废除法"的定义

（1）"废除法"，指：

（a）在其废除前有效的 1955 年商标法；和

（b）在该法废除前有效的根据该法制定的条例。

（2）在本法中，除非出现相反意图，否则对废除法特定条款的提述，包括对为该条目的而制定的、在本法被废除前有效的条例的提述。

第三部分　商标和商标权

第 17 条 "商标"的定义

"商标"，指用以将某人在贸易过程中交易或提供的商品或服务与他人交易或提供的商品或服务相区分而使用或意图使用的标志。

第 18 条　不得作为商标使用的标志

（1）条例可规定，条例所指明的标志不得作为商标或商标的一部分而使用。

（2）根据（1）款制定的条例不影响在条例根据 2003 年立法法予以登记前的下列商标：

（a）曾是注册商标的；或

（b）就未注册商标而言，正善意使用的。

第 19 条　可以注册的商标

（1）可根据本法针对下列客体注册商标：

（a）商品；

（b）服务；或

（c）商品和服务。

（2）可针对一类以上的商品或服务注册商标。

（3）条例可规定为本法的目的将商品和服务划分的类别。

第 20 条　商标注册赋予的权利

（1）商标已注册的，在符合本部分规定的情况下，针对商标注册的商品和/或服务，商标注册所有人享有下列专有权利：

（a）使用商标；和

（b）授权他人使用商标。

（2）商标受到侵犯的，商标注册所有人亦有权根据本法获得救济。

（3）自商标注册之日起，上述权利即被视为已归注册所有人享有。

（4）商标注册受条件或限制约束的，注册所有人的权利受该等条件或限制的约束。

（5）商标是以两人或多人的名义作为商标共同所有人注册的，根据本条赋予其的权利，由其行使，如同该等权利是一个人的权利一样。

第 21 条　注册商标的财产性质

（1）注册商标是个人财产。

（2）注册商标的衡平权利可按与任何其他个人财产的衡平权利相同的方式强制执行。

第 22 条　注册所有人处理商标的权力

（1）商标的注册所有人可在不影响注册簿上显示属于他人的权利的情况下，作为该商标的绝对所有人处理该商标，并善意地免除该处理的任何对价。

（2）与注册所有人进行交易但不符合下列条件的，不受本条保护：

（a）作为善意购买人进行有价交易；且

（b）未发现所有人有任何欺诈行为。

（2A）尽管有（1）款的规定，在注册簿中登记属于 PPSA 担保权益的权利，并不影响对商标的交易。

（3）针对注册商标的衡平权利可针对注册所有人强制执行，但损害善意有价购买人权益的除外。

（4）针对属于 PPSA 担保权益的衡平权利，（3）款不适用。

第 23 条　不同人注册类似商标时的权利限制

实质上相同或欺骗性近似的商标已被多于一人注册的（不论是针对相同或不同的商品或服务），其中任何一个商标的注册所有人无权阻止其中任何其他商标的注册所有人使用该商标，但前述所有人根据其商标注册授权使用的情况除外。

第24条　由被接受为描述物品的标志所组成的商标

（1）注册商标由一项标志组成或含有一项标志，而该标志在该商标注册日期后，在有关行业内获普遍接受为描述某物品、物质或服务的标志或该物品、物质或服务的名称的，适用本条。

（2）商标由该标志组成的，注册所有人：

（a）没有任何专有权就下列事项使用或授权他人使用该商标：

（i）该物品或物质或其他相同描述的商品；或

（ii）该服务或其他相同描述的服务；且

（b）自法院根据（4）款决定的日期起（包括该日），即视为已不再拥有该等专有权利。

（3）该商标含有该标志的，注册所有人：

（a）没有任何专有权就下列事项使用或授权他人使用该标志：

（i）该物品或物质或其他相同描述的商品；或

（ii）该服务或其他相同描述的服务；且

（b）自法院根据（4）款决定的日期起，即视为已不再拥有该等专有权利。

（4）就（2）款和（3）款而言，订明法院可决定某标志首次在有关行业内获普遍接受为描述有关物品、物质或服务的标志或作为该物品、物质或服务的名称的日期。

第25条　针对先前根据专利而制造的物品等的商标

（1）有下列任一情况的，适用本条：

（a）注册商标由描述以下事项或属以下事项名称的标志组成，或含有该标志：

（i）先前根据专利开发的物品或物质；或

（ii）先前作为专利方法提供的服务；且

（b）该专利已期满或终止至少2年；且

（c）该标志是描述或识别该物品、物质或服务的唯一为人所知的方式。

（2）商标由该标志组成的，注册所有人：

（a）不具有就下列事项使用或授权他人使用该商标的任何专有权：

（i）该物品或物质或其他相同描述的商品；或

（ii）该服务或其他相同描述的服务；且

（b）自该专利期满或终止后的 2 年期间结束时起，即视为已不再拥有该等专有权。

（3）商标含有该标志的，注册所有人：

（a）没有任何专有权就下列事项使用或授权他人使用该标志：

（i）该物品或物质或其他相同描述的商品；或

（ii）该服务或其他相同描述的服务；且

（b）自该专利到期或停止后的 2 年期间结束时起，即视为已不再拥有该等专有权。

第 26 条　注册商标授权使用人的权力

（1）在不抵触注册商标的注册所有人与该商标的授权使用人之间任何约定的情况下，该授权使用人可作出下列任何行为：

（a）授权使用人可在该商标所注册的商品和/或服务上使用该商标，但须受该商标注册的任何条件或限制的约束；

（b）授权使用人可在下列时间［在符合（2）款的前提下］就商标侵权行为提起诉讼：

（i）经注册所有人同意，任何时间；

（ii）注册所有人在规定期间内拒绝提起该诉讼的，在规定期间；或

（iii）注册所有人在规定期间内未提出诉讼的，在规定期间结束后。

（c）授权使用人可安排在商标注册商品上，或其包装上，或在向公众提供的容器上，显示禁止实施第 121 条（2）款规定的与商品有关的禁止行为的通知；

（d）授权使用人可：

（i）向海关总署署长发出第 132 条项下的通知，反对进口侵犯该商标的商品；或

（ii）撤销该通知；

（e）授权使用人可允许任何人对应用于任何商品的注册商标，或针对注册商标的任何商品或服务进行：

（i）更改或污损；或

（ii）任何补充；或

（iii）全部或部分删除、抹去或涂掉。

（f）授权使用人可允许任何人将商标应用于注册商标的商品，或针对商品或服务应用商标。

（2）授权使用人针对商标侵权提起诉讼的，授权使用人必须将该商标的注册所有人作为诉讼的被告。但是，注册所有人不参加诉讼的，不承担费用。

第四部分　申请注册

第一分部　一般规定

第 27 条　如何提出申请

（1）符合下列任一情况的，可申请针对商品和/或服务申请注册商标：

（a）该人声称是商标的所有人；且

（b）适用下列任一情况的：

（i）该人正在或意图在有关商品和/或服务上使用该商标；

（ii）该人已授权或意图授权他人针对商品和/或服务使用商标；

（iii）该人意图将该商标转让给他人即将成立的法人团体，以便该法人团体针对相关商品和/或服务使用该商标。

（2）申请必须：

（a）符合条例规定；

（b）与任何规定的文件一起根据条例提交；且

（c）由具有法人资格的人提出。

（2A）尽管有（2）款（c）项的规定，集体商标的注册申请无须由具有法人资格的人提出。

（3）在不限制可包括在申请中的细节的前提下，申请必须：

（a）包括该商标的图示；且

（b）根据条例指明寻求注册商标的商品和/或服务。

（4）为施行（3）款（b）项而订立的条例，可适用、采纳或纳入由处长不时公布的任何商品和/或服务名录中所载的任何事宜，该名录可供公众在商标局及其分处（如有）查阅。

（5）可就根据第 19 款（3）项订立的条例所规定的一项或多项类别的商品和服务提出申请。

第 28 条　共同所有人的申请

除下列情况外，对商标具有利害关系的两人或多人之间的关系是，其中任何一人均无权使用该商标的：

（a）代表其中所有人；或

（b）就贸易过程中与其中所有人相关的商品和/或服务，其中所有人可根据第 27 条（1）款共同申请商标注册。

第 29 条　已在某公约国寻求注册的商标的注册申请——主张优先权

（1）（a）已在一个或多个公约国提出商标注册申请；且

（b）在提出该申请或其中第一份申请之日后 6 个月内，该人或该人是所有权前任人的另一人（所有权继承人）向处长提出申请，要求就已在该国或该等国家申请注册的部分或全部商品和/或服务注册商标的，该人或该人的所有权继承人可在提交申请时，或在提交申请后但在申请被接受前的规定期限内，根据条例就任何或全部商品和/或服务主张商标注册的优先权。

（2）所主张的优先权是针对该商品或服务的商标注册：

（a）商标注册申请只在一个公约国提出的，从在该国提出申请之日（包括当日）起算；或

（b）商标注册申请是在一个以上的公约国提出的，从最早提出申请之日（包括当日）算起。

（3）条例可规定提交支持优先权主张的通知的文件，特别是规定提交在公约国提出的任何商标注册申请的核证副本。

第 30 条　公布申请详情

处长必须根据条例公布申请详情。

第 31 条　处长审查申请并就申请作出报告

处长必须根据条例审查并报告下列情况：

（a）申请是否根据本法提出；及

（b）是否存在本法项下的拒绝理由。

第 32 条　处长对有争议的商品分类等作出决定

对包含商品或服务的类别产生质疑的：

（a）该问题将由处长决定；且

（b）处长的决定不可上诉，且不可在根据本法提出的上诉或其他程序中被质疑。

第 33 条　申请的接受或拒绝

（1）处长在审查后必须接受申请，但处长信纳存在下列任一情况的除外：

（a）申请未根据本法提出；或

（b）存在本法项下的拒绝理由。

（2）处长可在施加条件或限制的情况下接受申请。

（3）处长信纳存在下列任一情况的，必须拒绝申请：

（a）申请未根据本法提出的；或

（b）存在本法项下的拒绝理由的。

（4）处长不得在不给予申请人陈词机会的情况下拒绝申请。

第 34 条　告知决定

处长必须：

（a）将其根据第 33 条作出的决定告知申请人；且

（b）在政府公报上刊登该决定。

第 35 条　上诉

申请人可就处长的下列决定向联邦法院或联邦巡回法院提出上诉：

（a）在施加条件或限制的情况下接受申请；或

（b）拒绝申请。

第 36 条　延期接受

处长可在条例规定的情况下和期间内，延期接受申请。

第 37 条　未及时接受时申请的失效

（1）除（2）款另有规定外，申请未在规定期间或按照条例延长的规定期间内被接受的，即失效。

（2）在规定期间或经延长的规定期间（视情况而定）届满后，处长根据第 224 条延长接受申请的期间的，该申请：

（a）视为在规定期间届满时并未失效；且

（b）在延长的期限内未被接受的，即失效。

第 38 条　接受的撤销

（1）在商标注册前，处长信纳存在下列情况的，可撤销对该商标注册申请的接受：

（a）考虑到申请被接受时存在的所有情况（无论处长当时是否知道该等情况的存在），该申请本不应被接受；且

（b）经考虑所有情况后，撤销接受是合理的。

（2）处长撤销对申请的接受的：

（a）申请视为从未被接受；且

（b）处长必须根据第 31 条对申请进行必要审查和报告；且

（c）第 33 条和第 34 条再次针对该申请适用。

第二分部　拒绝申请的理由

第 39 条　含有某些标志的商标

（1）商标含有根据为第 18 条制定的条例不得作为商标使用的标志或由其组成的，必须拒绝该商标的注册申请。

（2）商标含有下列标志或由下列标志组成的，可拒绝该商标的注册申请：

（a）为本款目的而规定的标志；或

（b）与下列标志极为相似以致相当可能会被视为该标志的标志：

（i）（a）项所述的标志；或

（ii）（1）款所述的标志。

第 40 条　不能以图形表示的商标

商标不能以图形表示的，必须拒绝该商标的注册申请。

第 41 条　商标不能区分申请人的商品或服务

（1）商标的注册申请不能将申请人寻求商标注册的商品或服务（指定商

品或服务）与他人的商品或服务相区分的，必须拒绝该商标的注册申请。

（2）只有在（3）款或（4）款适用于某商标的情况下，该商标才被视为不能够将指定商品或服务与他人的商品或服务相区分。

（3）商标存在下列情况的，适用本款：

（a）商标没有在任何程度上本身适合将指定的商品或服务与他人的商品或服务相区分；且

（b）申请人在提交日期前没有就该申请使用该商标，以致该商标实际上能将指定的商品或服务区分为申请人的商品或服务。

（4）商标存在下列情况的，适用本款：

（a）商标在某种程度上（但并非充分地）本身适合将指定的商品或服务与他人的商品或服务相区分；且

（b）在考虑到下列因素的综合影响后，该商标没有也不会将指定的商品或服务区分为申请人的商品或服务：

（i）该商标本身适合将商品或服务与他人的商品或服务相区分的程度；

（ii）申请人对商标的使用或意图使用；和

（iii）任何其他情况。

（5）就本条而言，商标注册申请人的所有权前任人对商标的使用，视为申请人对商标的使用。

第 42 条　商标具有诽谤性或其使用违反法律规定

商标存在下列情况的，必须拒绝商标注册申请：

（a）该商标含有诽谤性内容或由其组成；或

（b）其使用违反法律。

第 43 条　可能欺骗或造成混淆的商标

由于商标或商标所包含的标志具有某种内涵，在商品或服务上使用该商标将有可能欺骗或造成混淆的，必须拒绝针对该等商品或服务的商标注册申请。

第 44 条　相同商标

（1）（3）款和（4）款另有规定外，有下列任一情况的，必须拒绝针对商品（申请人的商品）的商标（申请人的商标）注册申请：

（a）申请人的商标与下列商标实质上相同或具欺骗性地相似：

（i）他人就类似商品或密切相关的服务而注册的商标；或

（ii）他人正在就类似商品或密切相关服务申请注册的商标；且

（b）申请人针对申请人的商品的商标注册优先权日期，不早于针对类似商品或密切相关的服务的另一商标注册的优先权日期。

（2）除（3）款和（4）款另有规定外，有下列任一情况的，必须拒绝针对服务（申请人的服务）提出的商标（申请人的商标）注册申请：

（a）其与下列商标实质上相同或具欺骗性地相似：

（i）他人就类似服务或密切相关的商品而注册的商标；或

（ii）他人正在就类似服务或密切相关的商品申请注册的商标；且

（b）申请人针对申请人的服务的商标注册优先权日期，不早于针对类似服务或密切相关的商品的另一商标注册的优先权日期。

（3）处长在上述任何一种情况下信纳存在下列任一情况的，可在施加处长任何适当的条件或限制的情况下，接受申请人的商标注册申请：

（a）该两项商标曾被诚实地同时使用的；或

（b）由于其他情况，这样做是适当的。

申请人的商标仅在特定地区使用的，相关限制可包括该商标的使用仅限于该特定地区。

（4）处长在上述任何一种情况下，信纳申请人或者申请人和申请人的所有权前任人已连续使用该商标一段期间：

（a）该期间在针对下列商品或服务注册商标的优先权日期之前开始：

（i）类似商品或密切相关的服务；或

（ii）类似服务或密切相关的商品；且

（b）在申请人商标注册的优先权日期结束；

处长不得因另一商标的存在而拒绝该申请。

第三分部　分案申请

第 45 条　分案申请

（1）针对特定商品和/或服务注册商标的一项申请（母申请）未决期间，申请人可提出另一申请（分案申请），要求针对母申请所申请注册的部分商品和/或服务注册该商标。

（2）为避免疑义，母申请本身可以是分案申请。

第 46 条　关于分案申请的规则

（1）分案申请必须：

（a）是为了注册母申请所涉及的商标；

（b）指明与之相关的商品和/或服务；且

（c）指明留在母申请中的商品和/或服务。

（2）进行分案申请的，除非母申请已失效，否则处长必须对母申请进行修订，排除分案申请所涉及的商品和/或服务。

第四分部　系列商标的注册申请

第 51 条　系列商标的申请

（1）商标在重要事项上相似，仅在以下一项或多项事宜上不同的，可根据第 27 条（1）款，就商品和/或服务提出一项申请：

（a）针对使用或意图使用该等商标的商品或服务所作的陈述或申述；

（b）关于数量、价格、质量或地名的陈述或申述；

（c）商标任何部分的颜色。

（2）（a）申请符合本法所有要求的；且

（b）处长须（根据第 68 条）注册该等商标的；

其必须在一项注册中将该等商标作为一个系列进行注册。

第 51A 条　连接系列申请

（1）符合下列条件的，适用（2）款：

（a）在本条生效前，已提出两项或多项申请（系列申请），每项申请均寻求就不同类别的商品或服务注册相同的两项或多项商标；

（b）每项系列申请的提交日期相同；且

（c）每项商标的所有人是同一人。

（2）有关商标的所有人可向处长提出书面申请，要求：

（a）对系列申请；或

（b）在向处长提出的申请中所确定的众多系列申请；

根据本法进行处理，如同其是就系列申请或已确定的系列申请中指明的所有商品和服务提出的商标注册申请一样。

（3）申请根据（2）款提出的，处长必须根据该款处理属于该申请客体的系列申请，如同其是一项申请一样。

第五部分　注册异议

第一分部　一般规定

第 52 条　异议

（1）处长已接受商标注册申请的，任何人均可提交异议通知对注册表示异议。

（2）异议通知必须：

（a）以条例规定的格式提交；且

（b）在规定期间内提交，或在根据条例或根据（5）款延长的期间内提交。

（3）为（2）款（a）项或（b）项目的而订立的条例，可就异议通知的不同部分（如有）作出不同的规定。

（3A）（3）款不限制 1901 年法律解释法第 33 条（3A）款的规定。

（4）商标注册可基于本法规定的任何理由而非其他理由提出异议。

（5）（a）获准延长异议通知的提交时间；且

（b）在提交异议通知前，该人本可据以提交异议通知的权利或利益已归属另一人；且

（c）该另一人以书面形式通知处长该权利或利益已归属于该另一人的；

（d）该另一人被视为已获准延长异议通知的提交时间；且

（e）该延期在（a）项所述的延期结束时结束。

第 52A 条　意图就注册异议作出抗辩的通知

（1）根据第 52 条提交异议通知的，申请人可提交意图就商标注册申请进行抗辩的通知。

（2）该通知必须在规定的期限内提交，或在处长根据条例延长的期限内提交。

第 53 条　可以以提交通知的人以外的人的名义提出异议的情况

（a）提出提交异议通知后，该人提出异议通知所依据的权利或利益归属另一人；且

（b）该另一人：

（i）以书面形式通知处长该权利或利益归属于该另一人；且

（ii）不撤回异议的；

对异议的处理，如同该异议通知是以该另一人的名义提出的一样。

第 54 条　异议程序

（1）处长必须给予异议人和申请人就该异议进行陈词的机会。

（2）在符合（1）款规定的情况下，处理异议的程序必须符合条例。

（3）在不限制（2）款的情况下，条例可规定处长可驳回异议的情况。

第 54A 条　未针对申请提交答辩通知的，异议申请失效

（1）除（2）款另有规定外，有下列情况的，申请失效：

（a）提交商标注册异议通知的［见第 52 条（1）款］；且

（b）申请人未在规定期间或延长期间（见第 52A 条）内，就商标注册申请提交答辩意图的。

（2）规定期间届满后，处长延长提交申请答辩通知期限的（见第 52A 条）：

（a）该申请视为在规定期间届满时并未失效；且

（b）未在延长期限内提交申请答辩通知的，该申请失效。

第 55 条　决定

（1）除非（3）款适用于相关程序，否则处长必须在程序结束时，在顾及对申请提出异议的理由获确立的程度（如有）的情况下，决定：

（a）拒绝注册商标；或

（b）就申请中当时指明的商品和/或服务注册该商标（施加或不施加条件或限制）。

（2）在不限制（1）款的前提下，申请因第 62 条（a）款规定的理由（该申请或为支持该申请而提交的文件修改后违反本法）而遭受异议的，处长可撤销对该申请的接受，并根据第 31 条重新审查该申请。

（3）有下列任一情况的，本款适用于相关程序：

（a）程序被中止；

（b）诉讼被驳回；或

（c）申请因第 54A 条的实施而失效（该条涉及未针对申请提交答辩通知的，异议申请失效）。

第 56 条　上诉

申请人或异议人可根据第 55 条对处长的决定向联邦法院或联邦巡回法院提出上诉。

第二分部　对注册提出异议的理由

第 57 条　对注册提出异议的理由可以与拒绝接受的理由相同

对商标注册提出异议的理由可以与根据本法拒绝商标注册申请的理由相同，但不能以图形表示商标的理由除外。

第 58 条　申请人不是商标所有人

可以以申请人不是商标所有人为由，对商标注册提出异议。

第 58A 条　异议人在先使用类似商标

（1）本条适用于因下列原因而获接受注册申请的商标（第 44 条商标）：

（a）第 44 条（4）款；或

（b）为第 17A 部分的目的而制定的条例的类似规定。

（2）第 44 条商标的注册可基于下列理由提出异议，即该实质上相同或具欺骗性相似的商标（相似商标）的所有人或所有权前任人：

（a）在第 44 条商标的所有人或与该第 44 条商标有关的所有权前任人首次使用该第 44 条商标之前首先针对下列内容使用了该相似商标：

（i）类似商品或密切相关的服务；或

（ii）类似服务或密切相关的商品；且

（b）自首次使用以来，已针对该等商品或服务连续使用类似商标。

第 59 条　申请人无意图使用商标

可基于下列理由对商标注册提出异议，即申请人无意图针对申请中指明的商品和/或服务：

（a）在澳大利亚使用或授权使用该商标；或

（b）将该商标转让给某法人团体，由该法人团体在澳大利亚使用。

第60条　与在澳洲已获得声誉的商标相似的商标

针对特定商品或服务的商标注册，可基于下列理由提出异议：

（a）另一商标在上述针对该等商品或服务的商标注册的优先权日之前，已在澳大利亚获得了声誉；且

（b）由于该另一商标的声誉，使用上述商标很可能会造成欺骗或混淆。

第61条　含有虚假地理标志或由其组成的商标

（1）有关商品与指定商品相似，或针对有关商品使用商标可能欺骗或造成混淆的，针对特定商品（有关商品）的商标注册可基于下列理由提出异议，即该商标含有源于下列地区的商品（指定商品）的地理标志或由其组成：

（a）某国或某国的某地区或某地，而非有关商品的原产国；或

（b）有关商品原产国的某地区或某地，而非有关商品的原产地区或地点。

（2）申请人证明存在下列情况的，以（1）款所述理由提出的异议不成立：

（a）有关商品源自该地理标志所指明的国家、地区或地点；或

（aa）该标志在指定商品的原产国不被承认为指定商品的地理标志；或

（b）该标志在指定商品的原产国已不再用作指定商品的地理标志；或

（c）申请人或申请人的所有权前任人在下列时间之前就有关商品善意地使用该标志，或就有关商品善意地申请注册该商标：

（i）1996年1月1日；或

（ii）该标志在原产国被承认为指定商品的地理标志之日；

以较晚者为准；或

（d）针对葡萄酒或烈酒（有关的葡萄酒或烈酒）寻求商标注册的，该标志与于1995年1月1日在有关的葡萄酒或烈酒的原产国内，用作生产有关的葡萄酒或烈酒的葡萄品种的惯用名称相同。

（3）申请人证明存在下列情况的，以（1）款所述理由提出的异议亦不成立：

（a）虽然该标志是指定商品的地理标志，但它亦是有关商品的地理标

志；且

（b）申请人没有且并未意图以相当可能在有关商品的来源方面欺骗或混淆公众人士的方式针对有关商品使用该商标。

（4）申请人证明存在下列情况的，以（1）款所述理由提出的异议亦不成立：

（a）该标志由属于地理标志的词语或术语组成；

（b）该词语或术语是通用的英文词语或术语；且

（c）申请人没有且并未意图针对有关商品以很可能在有关商品的来源方面欺骗或混淆公众的方式使用该商标。

第 62 条　申请有瑕疵

可基于下列任何理由对商标注册提出异议：

（a）申请或为支持申请而提交的文件修改后违反本法的；

（b）处长根据在重要细节上存在虚假的证据或陈述接受注册申请的。

第 62A 条　恶意申请

可基于申请是恶意提出的对商标注册提出异议。

第六部分　商标注册申请及其他文件的修改

第 63 条　修改商标注册申请

（1）处长可应申请人或其代理人的要求，根据第 64 条、第 65 条或第 65A 条修改商标注册申请。

（2）（a）商标注册申请可根据第 65 条修改的；且

（b）申请人没有要求修改该申请的，

处长可为下列目的根据条例对该申请进行必要修改：

（c）删除可拒绝该申请的任何理由；或

（d）确保申请是根据本法提出的。

第 64 条　申请详情公布前的修改

（a）申请详情尚未根据第 30 条公布的；且

（b）修改的要求是在规定期限内提出的，

可以进行修改，以更正文书错误或明显错误。

第 65 条　申请详情公布后的修改——请求对修改不予公告

（1）申请详情已根据第 30 条公布的，该申请可根据本条规定予以修改。

（2）对商标图示的修改在该申请详情公布时并不实质影响该商标本质的，可对商标表述进行修改。

（3）可对适用第 51 条的申请进行修改，以从该申请中删除一项或多项商标。

（4）可进行修改以更正申请中指明的商品或服务的分类错误。

（5）处长认为在申请中指明的商品或服务类别中加入一项或多项其他类别的商品或服务，在所有情况下是公平和合理的，可进行修改。

（6）可进行修改，以更改申请中所寻求的注册类别（例如，将某商标注册为证明商标的申请可修改为将该商标注册为集体商标的申请）。

（7）可对申请中指明的任何其他详情进行修改，除非该修订具有扩大申请人如获批注册会在该项注册下拥有的权利（除该修订外）的效力。

（8）在不限制（7）款的原则下，申请指明的申请人不具法人资格的，可根据该款进行修改，将对该指明申请人的提述，改为对具有法人资格的人的提述，如果该人可被识别为提出该申请。

第 65A 条　申请详情公布后的修改——请求对修改进行公告

（1）存在下列情况的，适用本条：

（a）申请详情已根据第 30 条公布的；且

（b）所要求的修改并非可根据第 65 条作出的修改。

（2）处长认为根据本条进行修改，在有关个案的所有情况下是公平和合理的，可对申请进行修改，以改正申请中的文书错误或明显错误。

（3）在符合（5）款规定的情况下，处长须在官方公报中公告有关修改要求。

（4）在符合（5）款规定的情况下，任何人可按规定的方式对修改要求的批准提出异议。

（5）处长信纳即使没有根据（4）款提出异议，也不会批准修改要求的：

（a）处长无须根据（3）款公告该要求；

（b）尽管有（4）款的规定，但不能反对该请求的；且

（c）处长须拒绝批准该要求。

第 66 条　其他文件的修改

（1）应为本法目的提交申请（商标注册申请除外）、通知或其他文件的人的要求，或应该人的代理人的要求，处长可修改该申请、通知或文件：

（a）以更正文书错误或明显错误；或

（b）处长认为在有关个案的所有情况下，这样做是公平和合理的。

（2）（1）款不适用于由异议人就下列事项提交的异议通知：

（a）根据第 52 条对商标注册提出的异议；或

（b）根据第 92 条对申请提出的异议。

第 66A 条　处长可规定特定要求须以书面提出

处长认为根据第 63 条或第 66 条提出的要求并非轻微修改的，可要求该要求以书面提出。

第 67 条　上诉

对处长根据本部分作出的决定，可向联邦法院或联邦巡回法院提出上诉。

第七部分　商标的注册

第一分部　初始注册

第 68 条　注册的义务

（1）有下列任一情况的，处长必须在条例规定的期限内，对接受注册的商标进行注册：

（a）没有人对注册提出异议的；或

（b）有人提出异议的：

（i）处长决定，或（在对处长的决定提出上诉的情况下）上诉后的决定是该商标应予注册；或

（ii）异议被撤回的；或

（iii）异议已根据第 222 条或为施行第 54 条（2）款而订立的条例（如

有）被驳回的。

否则，商标注册申请即失效。

（2）注册商标时，处长须给予该商标一个可供识别的号码。

第 69 条　注册如何生效

（1）商标注册必须：

（a）以注册申请人的名义注册；

（b）针对注册时申请中指明的商品和/或服务；且

（c）受处长在接受该商标的注册申请或决定注册该商标时所施加的条件（如有）及限制（如有）的约束。

处长须在注册簿中记录该等详情。

（2）处长亦须在注册簿中记录下列内容：

（a）商标图示；

（b）注册号；和

（c）本法规定应记录注册簿的任何其他详情。

（3）两人或多人共同申请商标注册的（见第 28 条），申请人必须作为商标共同所有人注册。

第 70 条　注册商标的颜色

（1）商标注册时，可对颜色作出限制。

（2）该等限制可就该商标的全部或部分作出。

（3）商标注册时没有颜色限制的，视为针对所有颜色注册。

第 71 条　注册通知

商标获注册的，处长必须：

（a）在官方公报上对该注册进行公告；且

（b）以核准格式向商标注册所有人发出注册证书。

第 72 条　注册日期和期限

（1）除（2）款另有规定外，针对注册商标的商品和/或服务的商标注册，视为自该商标的注册申请的提交日期起（包括当日）生效。

（2）（a）该申请涉及的商标已在一个或多个公约国家申请注册；且

（b）申请人针对特定商品或服务对商标注册享有第 29 条项下优先权
的；且

（c）该商标是根据本法注册的；

针对该等商品或服务的商标注册视为于下列时间生效：

（d）商标注册申请仅在一个公约国提出的，自该国提出申请之日（包括
本日）起；或

（e）商标注册申请在多个公约国提出的，自最早提出申请之日（包括本
日）起。

（3）除非该商标被提前注销，或提前从注册簿中删除，否则该商标的注
册在其注册申请提交日期后 10 年届满。

第 73 条　停止注册

存在下列任一情况的，商标注册即停止：

（a）该商标根据第 78 条或第 80F 条或根据第九部分从注册簿中删除；或

（b）该商标注册被撤销。

第 74 条　权利放弃

（1）商标注册申请人或注册商标的注册所有人，可通过向处长发出书面
通知，放弃使用或授权使用该商标特定部分的任何专有权。

（2）该弃权仅影响本法在商标注册时给予该商标注册所有人的权利。

（3）处长在注册商标或接收权利放弃通知时（以较后者为准），必须在
注册簿上记录该权利放弃的详情。

（4）妥为作出的权利放弃不得撤销。

第二分部　注册的续展（一般规定）

第 74A 条　本分部的适用

存在下列任一情况的，注册商标适用本分部规定：

（a）注册详情在该项注册申请提交日期后的 10 年期限结束前，已根据第
69 条登录注册簿；或

（b）同时符合下列两项条件：

（i）（a）款不适用；且

（ii）注册已根据第三分部展期，展期期间包括根据第三分部将注册详情登录注册簿的日期。

第 75 条　续展请求

（1）任何人均可在商标注册期满前规定期限内，要求处长对注册进行展期。

（2）该请求必须：

（a）符合核准的格式；且

（b）根据条例提交。

第 76 条　到期续展通知

在规定期限开始时，处长没有收到商标注册续展申请的，必须根据条例通知商标注册人到期续展。

第 77 条　注册期满前续展

（1）根据第 75 条提出商标注册续展要求的，处长必须将该商标注册续展 10 年，自该商标注册如不续展则到期之日算起。

（2）处长须根据条例将续展一事通知该商标的注册所有人。

第 78 条　未续展

商标的注册未根据第 77 条续展的：

（a）在不违反第 79 条和第 80 条的情况下，该注册在到期时停止生效；且

（b）除非注册根据第 79 条续展的，否则处长须在注册期满之日后 6 个月内将该商标从注册簿中删除。

第 79 条　在注册期满后 6 个月内续展

商标注册期满后 6 个月内根据第 75 条（2）款要求处长将商标注册续展的，处长须自商标注册期满之日起续展 10 年。

第 80 条　未续展商标的状态

（a）商标注册（未续展商标）未根据第 77 条或第 79 条续展的；且

（b）商标注册申请是由非注册为未续展商标所有人的人提出或已提出的；

就该申请而言，该未续展商标在本可根据第 79 条续展的任何时间均视为注册商标。

第三分部 注册续展（在提交日期后延迟 10 年或以上的注册）

第 80A 条 本分部的适用

（1）根据第 69 条将商标注册详情登录注册簿之日（注册簿登录之日）发生在注册申请的提交日之后 10 年期间结束后，商标适用本分部规定。

（2）就本分部而言，下列各项期间均可能成为注册商标的续展期间：

（a）在注册申请提交日期后 10 年开始的 10 年期间（首个潜在续展期）；

（b）任何连续 10 年的期间，即在注册簿登录之日前开始的期间。

（3）就本分部而言，规定期间是符合下列规定的期间：

（a）在条例中指明；且

（b）在注册簿登录之日开始。

第 80B 条 注册期满

为避免疑义，商标注册视为在提交注册申请日期后 10 年届满。

第 80C 条 续展通知

在注册簿登录之日后，处长必须根据条例在切实可行的范围内尽快通知商标注册人，可以提出续展注册的要求。

第 80D 条 续展要求

（1）任何人可在规定的期间内，要求处长续展或连续续展商标注册，期间为请求中指明的一个或多个潜在续展期间。

（2）指明期间必须至少涵盖首个潜在续展期。

（3）指明期间涉及多个潜在续展期的，指明期间必须涵盖连续的期间。

（4）该要求必须：

（a）符合核准的格式；且

（b）根据条例提交。

第 80E 条　在规定期间内续展

（1）根据第 80D 条提出商标注册续展要求的，处长须续展或连续续展商标注册，期间为请求中指明的一个或多个潜在续展期间。

（2）处长须根据条例将续展情况通知商标注册所有人。

第 80F 条　未能续展

商标注册未根据第 80E 条续展，或未根据第 80E 条在每个潜在的续展期间获得续展的：

（a）除第 80G 条及第 80H 条另有规定外，该注册于下列时间不再有效：

（i）注册未根据第 80E 条续展的，在该注册根据第 72 条（3）款届满时；或

（ii）注册根据第 80E 条就一个或多个潜在续展期间续展的，在该等期间的最后一期结束时；且

（b）除非根据第 80G 条对注册续展的，否则处长须在规定期间结束后 10 个月内将该商标从注册簿中删除。

第 80G 条　在规定期间结束后 10 个月内续展

（1）（a）商标注册未根据第 80E 条续展的；且

（b）在规定期间结束后的 10 个月内，要求处长续展或连续续展商标注册，期间为请求中指明的一个或多个潜在续展期间的；

处长须续展或连续续展商标注册，期间为要求中涉及的一个或多个潜在续展期间。

（2）规定期间必须至少涵盖首个潜在续展期。

（3）规定期间涉及多个潜在续展期间的，规定期间必须涵盖连续的期间。

（4）该要求必须：

（a）符合核准的格式；且

（b）根据条例提交。

第 80H 条　未续展商标的状态

（a）商标注册未根据第 80E 条续展的；

（b）商标（未续期的商标）注册未根据第 80G 条续展的；且

（c）商标注册申请是由非注册为未续展商标所有人的人提出或已提出的；

就该申请而言，在该未续展商标的注册本可根据第80G条续展的任何时间，该未续展商标须视为注册商标。

第八部分　修改、取消及撤销注册

第一分部　处长的行为

A节　修改注册簿

第81条　更正注册簿

处长可主动纠正在注册簿登录有关商标注册任何详情的任何错误或遗漏。

第82条　调整分类

处长可根据条例修改注册簿（不论是通过添加、删除还是更改条目），调整已注册商标的商品或服务的名称，以反映为本法目的而对商品或服务的分类所作出的任何改变。

第82A条　关联系列注册

（1）存在下列情况的，适用（2）款：

（a）在本条生效前，提出两项或多项申请，且每项申请均寻求就不同类别的商品或服务注册同样的两项或多项商标；

（b）每项申请的提交日期相同；且

（c）就本法而言，该等商标是同一注册所有人的注册商标。

（2）注册所有人可向处长提出书面申请，要求根据本法处理该等商标或在向处长提出的申请中确定的商标，如同该等商标或被确定的商标已就其注册的所有商品和服务作为一个系列进行一次注册一样。

（3）申请根据（2）款提出的，处长须将该等商标或已确定的商标作为一项注册处理。

第83条　对登录注册簿中的商标详情进行修改

（1）除第十一部分另有规定外，处长可应注册商标的注册所有人的书面要求：

（a）修改已登录注册簿的商标图示，但前提是该修改对该商标在根据第30条公布的注册申请详情时的本质并无重大影响；或

（b）修改已登录注册簿的有关商标注册的任何商品或服务的详情，但前提是该修改不具有扩大所有人在该项注册下所拥有的权利（除修改外）的效力；或

（c）修改或在注册簿中登录商标的任何其他详情，但前提是该修改或登录不具有扩大所有人在该项注册下所拥有的权利（除修改或登录外）的效力。

（2）对处长根据（1）款作出的决定，可向联邦法院或联邦巡回法院提出上诉。

第83A条 因与国际协定不一致而修改注册商标

（1）存在下列情况的，注册商标适用本条规定：

（a）就商标注册的任何或全部商品或服务使用该商标，会与澳大利亚根据国际协定承担的任何相关义务相抵触；且

（b）在该商标的注册详情登录注册簿时，该义务并不存在。

（2）注册商标的注册所有人可书面要求处长作出以下任——项或两项行为：

（a）修改登录注册簿的商标图示，以删除或替换部分（而非全部）图示；

（b）修改针对商标登录注册簿的详情，以删除或替换任何或全部详情。

（3）处长必须在官方公报中公告修改要求。

（4）可按规定，以该商标在作出修改后会与下列商标实质上相同或具欺骗性地相似为理由，对批准修改要求提出异议：

（a）以该人的名义就类似或密切相关的商品或类似或密切相关的服务而注册的商标；或

（b）该人正针对类似或密切相关的商品或类似或密切相关的服务而使用的商标。

（5）处长信纳修改是合理的，可批准修改要求，但须考虑到：

（a）修改涉及不一致性的程度；

（b）修改是否涉及以使用该商标的行业所认可的另一术语取代某项术语（现有术语）；

（c）有人根据（4）款对修订要求提出异议的，反对该要求的理由在多

大程度上（如有）已获确立；及

（d）在任何情况下，任何其他相关情况。

（6）即使修订存在下列任一情况，处长仍可批准修改要求：

（a）实质性影响商标本质；或

（b）扩大注册所有人根据注册享有的权利。

（7）处长信纳即使不存在（4）款项下的异议，同样不会批准修改要求的：

（a）处长无须根据（3）款公告该要求；

（b）尽管有（4）款的规定，无法针对该要求提出异议；且

（c）处长必须拒绝批准该项要求。

（8）提出修改请求的注册所有人，或根据（4）款对请求提出异议的人，可针对处长根据本条作出的决定向联邦法院或联邦巡回法院提出上诉。

B 节　取消注册

第 84 条　取消注册

（1）注册所有人书面要求取消商标注册的，处长必须根据条例规定取消商标注册。

（2）在取消商标注册前，处长须根据条例通知下列人员：

（a）根据第十一部分记录为对该商标主张权利或权益的人；和

（b）（i）已向处长提出申请，要求将该商标转让或转移给他人的记录登录注册簿的（见第 109 条）；且

（ii）该转让尚未记录的；

向其转让或转移该商标的人。

C 节　撤销注册

第 84A 条　注册可撤销

撤销权

（1）处长信纳存在下列情况的，可撤销商标注册：

（a）考虑到商标注册时存在的所有情况（无论处长当时是否知道该等情况），该商标本不应注册的；且

（b）经考虑所有情况后，撤销登记是合理的。

（2）根据（1）款（a）项须考虑的情况包括：

（a）直接或间接导致注册的任何错误（包括判断错误）或遗漏；

（b）澳大利亚根据国际协定承担的任何相关义务；

（c）使下列行为成为适当的任何特殊情况：

（i）不注册该商标；或

（ii）只有在商标注册受条件或限制约束的情况下才能注册商标，而实际上注册并未受相关条件或限制约束。

（3）根据（1）款（b）项须考虑的情况包括：

（a）商标曾被使用的情况；

（b）任何过去、当前或拟进行的涉及该商标作为注册商标或该商标注册的法律程序；

（c）针对该商标作为注册商标而采取的其他行为；

（d）使下列行为成为适当的任何特殊情况：

（i）撤销商标注册；或

（ii）不撤销登记。

作出撤销决定的先决条件

（4）处长只有在商标注册后 12 个月内，将拟议撤销通知下列每一人，方可撤销商标注册：

（a）商标的注册所有人；

（b）根据第十一部分记录为针对商标主张权利或利益的人。

（5）处长不得在未给予以下每一人陈词机会的情况下，撤销商标注册：

（a）商标的注册所有人；

（b）根据第十一部分记录为针对商标主张权利或利益的人。

无责任考虑是否撤销商标

（6）不论是否有人要求处长考虑是否根据本条撤销相关注册，处长均无责任如此行事。

第 84B 条　注册过程中未考虑异议的，必须撤销注册

在下列情况下，处长必须撤销商标注册：

（a）以下两种情况之一：

（i）根据第 52 条（2）款已提交注册异议通知；或

（ii）在注册前，根据条例申请延长提出注册异议通知的期限；且

（b）处长在决定商标注册时未考虑异议或申请；且

（c）处长在提交通知或提出申请后 1 个月内意识到该情况。

撤销必须在该月内进行。

第 84C 条　撤销注册的效力

（1）处长根据第 84A 条或第 84B 条撤销商标注册的，适用本条。

（2）本法一般性适用，如同该注册从未发生过一样，但：

（a）第 129 条（4）款的适用，如同该商标在被撤销时已停止注册；且

（b）海关总署署长声称根据第十三部分采取行动，扣押了在撤销前已注册商标的商品的，联邦对因扣押而遭受的任何损失或损害不负赔偿责任，但以下情况除外：

（i）处长向海关总署署长发出撤销的书面通知；且

（ii）扣押发生在向海关总署署长发出通知之后；且

（c）第十四部分的适用，如同该商标在撤销时已停止注册一样；

（d）第 230 条（2）款针对在撤销前是该商标注册所有人的被告而适用，如同该商标在撤销时已停止注册一样；且

（e）第 230 条（2）款针对在撤销前是该商标授权使用人的被告而使用，如同该商标在被告知悉撤销时已停止注册一样。

（3）为避免疑义，存在（2）款（b）项（i）目和（ii）目所述情况的，（2）款（b）项本身并不使联邦承担责任。

（4）本法的适用，如同在紧接撤销后：

（a）该商标的注册申请反映了该商标注册簿中紧接撤销前的详情；且

（b）该商标的注册申请人是该商标在紧接撤销前以其名义注册的人。

（5）处长在撤销注册后，撤销接受商标注册申请的，本款具有效力。处长在拒绝申请前，可以（但无须）根据第 31 条再次审查该申请。尽管有第 38 条（2）款（b）项的规定，本条仍有效力。

第 84D 条　针对撤销注册提出上诉

针对处长根据第 84A 条撤销商标注册的决定，可向联邦法院或联邦巡回法院提出上诉。

第二分部　法院的行为

第85条　为更正错误或遗漏而作出修改

订明法院可根据被侵害人申请，命令通过下列方式更正注册簿：

（a）在注册簿内加入被错误遗漏的详情；或

（b）更正注册簿内任何记录项的错误。

第86条　以违反条件等为理由而修改或取消

订明法院可根据被侵害人或处长的申请，以违反注册簿内就该商标登录的条件或限制为理由，命令通过下列方式更正注册簿：

（a）取消商标注册；或

（b）删除或修改注册簿内关于该商标的任何记录项。

第87条　修改或取消——丧失使用商标的专有权

（1）第24条或第25条适用于某注册商标的，订明法院可应被侵害人或处长的申请，在符合（2）款及第89条的规定下，命令通过下列方式更正注册簿：

（a）取消商标注册；或

（b）删除或修改注册簿中关于该商标的任何记录项；

但要顾及第24条或第25条（视情况而定）对该商标的注册所有人就特定商品或服务使用该商标或属该商标一部分的任何标志的权利的影响。

（2）第24条或第25条因该商标载有符合以下说明的标志而针对该商标适用的：

（a）已在有关行业内获普遍接受为描述某物品、物质或服务的标志，或是该物品、物质或服务的名称；或

（b）描述了以下内容或者是以下内容的名称：

（i）以前根据专利开发的物品或物质；或

（ii）以前作为专利方法提供的服务；

法院可决定不根据（1）款作出命令，并容许该商标就以下内容在注册簿上保留：

（c）该物品或物质或属相同描述的商品；或

（d）相同描述的服务；

但应受法院所施加的任何条件或限制的约束。

第88条　修订或取消——其他规定理由

（1）在符合（2）款及第89条规定的情况下，订明法院可根据任何被侵害人或处长的申请，命令通过下列方式更正注册簿：

（a）取消商标注册；或

（b）删除或修改注册簿上错误登录或仍留在注册簿上的记录项；或

（c）登录任何应登录的影响商标注册的条件或限制。

（2）申请可基于下列任何理由提出，而不得基于其他理由：

（a）根据本法可以针对商标注册提出异议的任何理由；

（b）商标注册申请的修改是由于欺诈、虚假建议或虚假陈述而获得的；

（c）由于提出更正申请时适用的情况，该商标的使用很可能产生欺骗或造成混淆；

（e）申请针对的是注册簿中记录项的，该记录项是由于欺诈、虚假建议或虚假陈述而作出或先前已被修订。

第88A条　处长的申请

除非处长认为就公众利益而言，该申请是可取的，否则不得根据第86条、第87条或第88条提出申请。

第89条　注册所有人并无过错的，在特定情况下不可批准作出更正

（1）法院可决定不批准根据下列理由提出的更正申请：（a）第87条；或（b）以该商标有可能欺骗或混淆为由（可对注册表示异议的理由，见第88条（2）款（a）项）；或（c）第88条（2）款（c）项，条件是商标注册所有人使法院信纳，申请人所依据的理由不是由于注册所有人的任何行为或过错而产生的。

（2）在根据（1）款作出决定时，法院：

（a）还必须考虑到任何订明事项；且

（b）可考虑法院认为相关的任何其他事项。

第 90 条　处长的职责和权力

（1）被侵害人根据本分部向订明法院提出申请的，必须将该项申请通知处长。

（2）针对被侵害人提出的申请，处长可以自行酌情出庭陈情，但法院指示处长出庭的除外。

（3）申请由被侵害人提出的，申请人须向处长提供法院根据本分部作出的任何命令的副本。

（4）处长须遵守法院根据本分部作出的任何命令。

第三分部　注册证书的修改

第 91 条　注册证书的修改

处长在修改注册簿中针对商标登录的任何详情时，如认为适当，亦可修改注册证书。

第九部分　因不使用而将商标从注册簿中删除

第 92 条　申请将商标从注册簿中删除等

（1）除（3）款另有规定外，可向处长申请将已注册或可注册的商标从注册簿中删除。

（2）该申请：

（a）须符合条例；且

（b）可针对商标注册或可注册的任何或全部商品和/或服务提出。

（3）涉及商标的诉讼在订明法院待决的，不得根据（1）款向处长提出申请，但该人可向法院申请命令，指示处长将该商标从注册簿中删除。

（4）根据（1）款或（3）款提出的申请（不使用申请），可基于以下任何一项或两项理由提出，而不得基于其他理由：

（a）在提交商标注册申请当日，针对未使用申请所涉及的商品和/或服务，注册申请人并没有真诚地意图：

（i）在澳大利亚使用该商标；

（ii）授权他人在澳大利亚使用该商标；或

（iii）将该商标转让给法人团体，由该法人团体在澳大利亚使用；

且在截至未使用申请提交之日 1 个月前的任何时间，针对该等商品和/或服务，该注册所有人：

（iv）未在澳大利亚使用该商标；或

（v）未在澳大利亚善意地使用该商标；

（b）截至提出未使用申请之日前 1 个月该商标已连续注册 3 年，且在这期间，当时的注册所有人在任何时间均未针对与该申请有关的商品和/或服务：

（i）在澳大利亚使用该商标；或

（ii）在澳大利亚善意地使用该商标。

（5）某人据以提出未使用申请的权利或权益归属于另一人的，该另一人在向处长或法院（视情况而定）发出有关事实的通知后，可代替前述之人成为申请人。

第 93 条　提出申请的时间

（1）基于第 92 条（4）款（a）项所述理由提出未使用申请的，可在商标注册申请的提交日期后任何时间提出。

（2）基于第 92 条（4）款（b）项所述理由提出未使用申请的，只可在自商标详情根据第 69 条登录注册簿的日期起计的 3 年后提出。

第 94 条　转介法院

（a）已根据第 92 条（1）款向处长提出申请的；且

（b）处长认为该事宜应由订明法院决定的，处长可将该事宜转介法院，法院可审理和裁定该事宜，如同申请是根据第 92 条（3）款向法院提出一样。

第 95 条　申请的通知

（1）根据第 92 条向处长提出申请的，处长须根据条例提供申请副本。

（2）针对已登录注册簿的商标提出申请的，处长须在官方公报中公告该申请。

（3）针对正在申请注册的商标提出申请的，只有在商标已注册的情况下，处长才须在官方公报中公告该申请。

第 96 条　异议通知

向处长提出申请

（1）任何人均可向处长提交异议通知，对第 92 条（1）款所指申请提出异议。

（2）（1）款所指异议通知须：

（a）以条例规定的格式提交；且

（b）在规定的期间内提交。

（3）为（2）款（a）项或（b）项的目的而制定的条例，可就异议通知的不同组成部分（如有）作出不同的规定。

（4）（3）款并不限制 1901 年法律解释法第 33 条（3A）款。

向订明法院提出申请

（5）任何人均可向法院提交异议通知，对第 92 条（3）款所指申请提出异议。

（6）（5）款所指异议通知：

（a）须采用法院批准的格式；且

（b）须根据法院规则提交。

第 96A 条　可以以提交通知以外的人的名义进行异议程序的情况

（a）某人提出异议通知后，其据以提出异议通知的权利或权益归属于另一人的；且

（b）该另一人：

（i）以书面形式通知处长或法院（视情况而定）该权利或利益归属于该人；且

（ii）不撤回异议的，该异议将继续进行，如同该异议通知是以该另一人的名义提交一样。

第 97 条　申请无异议等情况下，将商标从注册簿中删除

（1）（a）无人对根据第 92 条（1）款向处长提出的申请提出异议的；或

（b）根据该款提出的申请异议已被驳回的（见第 99A 条），处长须针对该申请所指明的商品和/或服务从注册簿中删除该商标。

（2）无人对根据第 92 条（3）款向法院提出的申请提出异议的，法院须

命令处长就该申请所指明的商品和/或服务从注册簿中删除该商标。法院须安排将该命令的副本送达处长，而处长须遵从该命令。

第98条　在延长期间内提交异议通知的，商标恢复登录注册簿

（a）因为没有在条例规定的期限内提交异议通知，处长根据第97条（1）款将商标从注册簿中删除；

（b）处长随后延长提交通知的期限；且

（c）异议通知在延长的期限内提出的，处长须将商标恢复登录注册簿。同时，该商标视为未从注册簿中删除。

第99条　处长席前的程序

向处长提出的申请遭受异议的，处长须根据条例处理。

第99A条　驳回向处长提出的异议

（1）处长可在规定情况下，驳回根据第96条（1）款向处长提出的异议。

（2）可向行政上诉审裁处提出申请，要求复核处长根据（1）款驳回异议的决定。

第100条　异议人证明商标使用等的责任

（1）在涉及被异议申请的任何程序中，异议人须反驳：

（a）根据第92条（4）款（a）项提出的任何主张，即在该商标的注册申请提交当日，针对被异议申请相关的商品和/或服务，注册申请人并未善意意图：

（i）在澳大利亚使用该商标；

（ii）授权他人在澳大利亚使用该商标；或

（iii）将该商标转让给某法人团体，由该法人团体在澳大利亚使用；或

（b）根据第92条（4）款（a）项提出的任何主张，即该商标在截至被异议申请提交之日止的1个月期间前的任何时间，未被其注册所有人针对相关商品和/或服务使用或善意使用；或

（c）根据第92条（4）款（b）项提出的任何主张，即该商标在截至被异议申请提交之日前1个月的3年期间的任何时间，未被其注册所有人针对相关商品和/或服务使用或善意使用。

（2）就 1 款（b）项而言，在下列情况下，异议人须视为已反驳关于该商标的主张，即该商标在该款所提述的期间之前的任何时间，未被其注册所有人针对相关商品和/或服务使用或善意使用：

（a）异议人已证实，在该期间之前，商标的注册所有人已针对该等商品或服务善意地使用了该商标或经添加或更改后对其特性无实质性影响的商标；或

（b）该商标已被转让，但该转让的记录未登录注册簿的：

（i）异议人已证实，在该期间之前，受让人已针对该等商品或服务善意地使用该商标或经添加或更改后未对其特性产生实质性影响的商标，且该使用符合转让条款；且

（ii）处长或法院经考虑有关个案的所有情况后，认为将受让人在该段期间之前使用该商标视为注册所有人针对该等商品或服务使用该商标是合理的。

（3）就 1 款（c）项而言，在下列情况下，异议人须视为已反驳关于该商标的主张，即该商标在该款所提述的期间之内的任何时间，未被其注册所有人针对相关商品和/或服务使用或善意使用：

（a）异议人已证实，在该期间之内，商标的注册所有人已针对该等商品或服务善意地使用了该商标或经添加或更改后对其特性无实质性影响的商标；或

（b）该商标已被转让，但该转让的记录未登录注册簿的：

（i）对方已证实，在该期间之内，受让人已针对该等商品或服务善意地使用该商标或经添加或更改后未对其特性产生实质性影响的商标，且该使用符合转让条款；且

（ii）处长或法院经考虑有关个案的所有情况后，认为将受让人在该段期间之内使用该商标视为注册所有人针对该等商品或服务使用该商标是合理的；或

（c）异议人已证实，在该期间之内，由于妨碍使用该商标的情况（无论是影响一般商人还是只影响该商标的注册所有人），该商标的注册所有人在该期间未针对该等商品和/或服务使用该商标。

第 101 条　被异议申请的确定——一般规定

（1）除（3）款和第 102 条另有规定外：

（a）与被异议申请相关的程序并未中止或被撤销的；且

（b）处长信纳据以提出申请的理由已获证实的，

处长可决定针对该申请所涉及的任何或所有商品和/或服务，将该商标从注册簿中删除。

（2）在符合（3）款和第 102 条的规定下，在涉及被异议申请的程序结束时，法院信纳据以提出该申请的理由已获确立的，法院可命令处长针对该申请所涉及的任何或所有商品和/或服务，将商标从注册簿中删除。

（3）即使提出申请的理由已获确立，如果处长或法院信纳是合理的，处长或法院仍可决定不将该商标从注册簿中删除。

（4）在不局限处长根据（3）款决定不将某商标从注册簿中删除时可考虑的事项的原则下，处长可考虑该商标的注册所有人是否曾就以下事项使用该商标：

（a）类似商品或密切相关的服务；或

（b）类似服务或密切相关的商品。

第 102 条　被异议申请的裁定——商标的本地化使用

（1）本条适用于下列情况，即将商标（异议商标）从注册簿中删除的申请是基于第 92 条（4）款（b）项所述理由提出的，且

（a）申请人是某商标的注册所有人，而该商标与异议商标实质上相同或欺骗性地相似，且针对该申请所指明的商品和/或服务而注册，但该商标的使用须受下列条件或限制约束：

（i）在澳大利亚某地（指定地点）经营或提供的商品和/或服务（不用于从澳大利亚出口）；或

（ii）将出口到某一特定市场（指定市场）的商品和/或服务；或

（b）处长或法院认为该商标可在附有该条件或限制的情况下以申请人的名义妥为注册。

（2）处长或法院信纳：

（a）异议商标在第 92 条（4）款（b）项所述期间内保持注册状态；且

（b）在该期间内，没有在以下方面使用或善意使用异议商标：

（i）在指定地点经营或提供的商品或服务；或

（ii）将出口至指定市场的商品或服务；处长可决定，或法院可命令，不将异议商标从注册簿中删除，但该商标的注册应受处长或法院认为必要的条件或限制约束，以确保该注册不延伸至就以下事项使用该商标：

（c）在指定地点经营或提供的商品或服务；或

（d）将出口至指定市场的商品或服务。

第 103 条　处长须遵从法院命令

法院根据第 101 条或第 102 条作出命令，须安排将命令的文本送达处长，而处长须遵从该命令。

第 104 条　上诉

对于处长根据第 101 条或第 102 条作出的决定，可向联邦法院或联邦巡回法院提出上诉。

第 105 条　证书——商标使用

（1）在涉及异议申请的任何程序中，处长或法院认定：

（a）商标在特定期间内被善意地使用的；或

（b）商标在特定期间内未被使用，完全是由于存在阻碍其使用的情况的；

如该商标的注册所有人提出要求，处长或法院须向该注册所有人发出针对该认定的证明。

（2）在主张商标未使用的任何后续程序中：

（a）该证明一经出示，即为其中所述事实的证据；且

（b）相关程序作出有利于异议人的裁定，且在提交异议通知之时或之前，异议人将证明的内容告知申请人的，除非处长或法院另有指示，否则异议人有权要求申请人支付异议人的全部费用。

第十部分　商标的转让和传转

第 106 条　商标的转让等

（1）已注册或正寻求注册的商标，可根据本条进行转让或传转。

（2）该转让或传转可以是部分的，即可以只适用于申请注册或已注册商标的部分商品和/或服务，但不得就某一特定领域的商标使用进行部分转让或传转。

（3）转让或传转可带有或不带有相关商品和/或服务涉及的企业商誉。

第 107 条　申请对寻求注册商标的转让等进行记录

（1）正在寻求注册的商标被转让或传转的：

（a）该商标的注册申请人；或

（b）获转让或转移的人；须向处长申请将该项转让或传转进行记录。

（2）该申请须：

（a）符合核准的格式；且

（b）连同任何订明文件根据条例提交。

第 108 条　对寻求注册商标的转让等进行记录

（1）申请符合本法的，处长须：

（a）在条例规定的时间或在条例规定的时间内，以处长认为合适（但未在注册簿中规定）的方式记录转让或传转的详情；且

（b）根据条例公布转让或传转的详情。

（2）在处长记录转让或传转详情之日和之后，就本法而言，接受该商标转让或传转的人即被视为该商标的注册申请人。

第 109 条　申请将注册商标的转让等记录登录注册簿

（1）注册商标被转让或传转的：

（a）注册为该商标所有人的人；或

（b）接受该商标转让或传转的人，须向处长申请将该转让或传转的记录登录注册簿。

（2）该申请须：

（a）符合核准的格式；且

（b）连同任何订明文件根据条例提交。

第 110 条　注册商标的转让等的记录

（1）申请符合本法的，处长须在条例规定的时间或在条例规定的时间内：

（a）在注册簿中登记转让或传转详情；并

（b）将向其转让或传转商标的人（受益人）针对转让或传转对其具有效力的商品和/或服务注册为该商标的所有人。

（2）有关详情须视为已于提交申请的日期登录注册簿，且将受益人注册

为商标所有人须视为自该日（包括本日）起生效。

（3）处长须在官方公报上公告：

（a）转让或传转记录；和

（b）将受益人注册为商标所有人。

第 111 条　向被记录为主张商标权益的人发出申请通知等

根据第 107 条或第 109 条提出的有关商标转让或传转的申请符合本法的，处长须根据条例通知根据第十一部分记录的主张对该商标拥有权益或权利的人。

第十一部分　对商标权益和权利主张的自愿记录

第一分部　一般规定

第 112 条　本部分的目的

本部分针对下列事项作出规定：

（a）在注册簿中记录无法根据另一部分进行记录的注册商标的权益和权利主张；及

（b）处长记录寻求注册的商标权益和权利主张。

第二分部　注册商标的权益和权利

第 113 条　申请注册商标的权益或权利

范围

（1）注册商标的权益或权利无法根据第十部分登录注册簿的，本条就该权益或权利而适用。

申请注册权益或权利

（2）主张有关权益或权利的人可向处长申请将该项主张的详情登录注册簿。

（3）该申请须：

（a）符合核准的格式；

（b）附有令处长合理地满意的证明，证明申请人有资格享有所主张的权益或权利；且

（c）根据条例进行提交。

第 114 条　权益主张等的记录

（1）根据第 113 条提出申请的，处长须在注册簿内登录该申请所列主张的详情。

（2）（a）商标已注册的；且

（b）在紧接注册之前，已根据第三分部对商标权益或权利主张的详情进行记录的，处长须将该等详情登录注册簿。

第 115 条　修改和取消

条例可就修改和取消根据本分部登录注册簿的详情作出规定。

第 116 条　记录并非权利等存在的证明

已根据本部分在注册簿中记录某人主张注册商标的权益或权利的事实，不是该人拥有该权利或权益的证明或证据。

第三分部　未注册商标的权益和权利

第 117 条　申请记录商标权益或权利
范围
（1）已申请商标注册的，本条就该商标的权益或利益而适用。
申请记录权益或权利
（2）主张有关权益或权利的人可向处长申请对该主张进行记录。
（3）该申请须：
（a）符合核准的格式；
（b）附有令处长合理地满意的证明，证明申请人有资格享有所主张的权益或权利；且
（c）根据条例进行提交。

第 118 条　权益主张等的记录
根据第 117 条提出申请的，处长须以他认为合适（但未在注册簿中规定）

的方式记录该申请所列主张的详情。

第119条　修改和取消

条例可就修改和取消根据本分部记录的详情作出规定。

第十二部分　侵犯商标权

第120条　何时会侵犯商标权

（1）针对注册商标的商品或服务使用与该商标实质上相同或欺骗性地相似的标志作为商标的，即属侵犯该注册商标。

（2）针对下列内容使用与该商标实质上相同或欺骗性地相似的标志作为商标的，即属侵犯该注册商标：

（a）与该商标所注册的商品（注册商品）的描述相同的商品；或

（b）与注册商品密切相关的服务；或

（c）与该商标所注册的服务（注册服务）描述相同的服务；或

（d）与注册服务密切相关的商品。

但是，能够证明使用该标志的行为不太可能使人受骗或导致混淆的，不被视为侵犯商标权。

（3）存在下列任一情况的，即属侵犯注册商标：

（a）该商标在澳大利亚广为人知；且

（b）该人就以下事项使用与该商标实质相同或欺骗性地相似的标志作为商标：

（i）与注册商标的商品（注册商品）描述不同或与注册商标的服务（注册服务）没有密切关系的商品（无关商品）；或

（ii）与注册服务描述不同或与注册商品没有密切关系的服务（无关服务）；且

（c）由于该商标广为人知，该标志很可能被视为表明无关商品或服务与该商标的注册所有人之间的联系；且

（d）因此，注册所有人的利益很可能受到不利影响。

（4）为了（3）款（a）项的目的，在决定商标是否在澳大利亚广为人知时，必须考虑该商标在相关公众领域内的知名程度，不论是由于该商标的宣

传还是由于任何其他原因。

第 121 条　违反特定限制的商标侵权行为

（1）注册商标的注册所有人或该商标的授权使用人安排在该商标注册的商品（注册商品）上，或在商品包装上，或在向公众提供的容器上，显示禁止［根据（2）款属针对商品的禁止行为的］任何行为的公告的，本条适用于该注册商标。

（2）以下各项均属禁止行为：

（a）将该商标应用于注册商品，或在该等商品的实物关系中使用该商标，而该等商品原先向公众提供时的状态、状况、装束或包装已被改变；

（b）更改、部分删除或抹去应用于注册商品或在实际关系上使用该商标的任何图样；

（c）商标已应用于注册商品，或在与该等商品有实际关系的情况下使用，连同显示注册所有人或获授权使用人已处理该等商品的其他事项的，全部或部分删除或抹去该商标的任何图样，但未完全删除或抹去其他事项；

（d）将另一商标应用于注册商品，或在实际关系上使用另一商标；

（e）商标已应用于注册商品，或在与该等商品有实际关系的情况下，在该等商品、该等商品的包装或容器上使用任何相当可能损害该商标信誉的物品。

（3）除（4）款另有规定外，存在下列情况的，即属侵犯本条所适用的商标：

（a）该人是注册商品的所有人；且

（b）在贸易过程中，或为了在贸易过程中进行商品交易：

（i）作出禁止通知所禁止的行为；或

（ii）授权他人实施该行为。

（4）商品所有人有下列行为的，不构成商标侵权行为：

（a）善意获得商品，且不知道禁止通知的；或

（b）凭借从如此获得该商品的人所衍生的所有权而成为该商品的所有人。

第 122 条　何时不会侵犯商标权

（1）尽管有第 120 条的规定，下列情况不构成注册商标侵权行为：

（a）善意使用：

（i）自己的姓名或其营业地点的名称；或

（ii）该人的业务前任人的姓名或前任人的营业地点的名称；或

（b）该人善意使用标志，以显示：

（i）商品或服务的种类、质量、数量、预期目的、价值、地理来源或其他特征；或

（ii）生产商品或提供服务的时间；或

（c）该人善意使用该商标，以显示商品（特别是作为配件或零件）或服务的预期用途；或

（d）该人将该商标用于比较性广告的目的；或

（e）该人行使根据本法给予该人的商标使用权；或

（f）法院认为，如果该人提出申请，该商标将以其名义获得注册；或

（fa）同时符合下列两项条件：

（i）该人使用与前述商标实质上相同或欺骗性地相似的商标；且

（ii）法院认为，如果该人提出申请，就会以其名义获得实质上相同或欺骗性相似的商标注册；或

（g）该人在以该款规定的方式使用第 120 条（1）款、（2）款或（3）款所述标志时，因为该商标的注册受某项条件或限制的约束，而不会侵犯注册所有人使用该商标的专有权。

（2）尽管有第 120 条的规定，针对注册商标的某部分登记权利放弃的，使用该部分商标不构成商标侵权。

第 122A 条　针对商品用尽注册商标

（1）尽管有第 120 条的规定，存在下列情况的，针对商品使用注册商标的不构成商标侵权：

（a）该商品与注册商标的商品相似；且

（b）在使用前，该人已针对该商标作出合理查询；且

（c）在使用时，理性人在作出该等查询后，会得出结论认为该商标已由他人（有关人士）或经其同意应用于该商品或针对该商品进行应用，而该人在申请或同意时（视情况而定）是：

（i）该商标的注册所有人；或

（ii）该商标的授权使用人；或

（iii）经注册所有人允许使用该商标的人；或

（iv）有权根据第 26 条（1）款（f）项给予许可的授权使用人允许使用该商标的人；或

（v）对注册所有人或授权使用人使用该商标有重大影响的人；或

（vi）（i）目、（ii）目、（iii）目、（iv）目或（v）目中提到的相关人士的关联实体（2001 年公司法所指的含义）。

（2）在（1）款（c）项中，对同意在商品上应用商标或针对商品应用商标的提述，包括但不限于对下列行为的提述：

（a）有条件限制的同意（例如，该商品只在外国销售的条件）；以及

（b）可从相关人士的行为中合理推断出的同意。

（3）在确定（1）款（c）项（iii）目或（iv）目所述相关人士是否获准使用该商标时，无须理会该许可是如何产生的，例如：

（a）该许可是直接或间接产生的；或

（b）该许可是通过所有人利益、合同、安排、谅解、其组合或其他方式产生的。

（4）在确定（1）款（c）项（v）目所述相关人士是否对商标使用有重大影响时，无须理会该影响是如何产生的，例如：

（a）该影响是直接或间接产生的；或

（b）该影响是通过所有人利益、合同、安排、谅解、其组合或其他方式产生的。

第 123 条　已由注册所有人应用或经注册所有人同意应用注册商标的服务

尽管有第 120 条的规定，针对与注册商标的服务相似的服务而使用注册商标，且该商标是由该商标的注册所有人或经其同意针对服务应用的，不构成商标侵权行为。

第 124 条　在先使用相同的商标等

（1）针对下列内容使用与注册商标实质相同或欺骗性相似的非注册商标的，不构成注册商标侵权行为：

（a）与注册商标的商品（注册商品）相似的商品；

（b）与注册商品密切相关的服务；

（c）与注册商标的服务（注册服务）相似的服务；或

（d）与注册服务密切相关的商品；

如果该单独人或该人和该人的所有权前任人共同自下列时间之前，已在贸易过程中针对该等商品或服务连续使用该未注册商标：

（e）注册商标的注册日期；或

（f）注册商标的注册所有人或所有权前任人，或根据废除法是该商标的注册使用人的人，首次使用该商标；

以较早者为准。

（2）未注册的商标仅在澳大利亚的某一地区连续使用的，（1）款仅适用于该人在该地区使用该商标。

第 125 条　可以审理注册商标侵权诉讼的法院

（1）注册商标侵权诉讼可在规定法院提出。

（2）（1）款并不妨碍在任何其他有管辖权审理该诉讼的法院提起注册商标侵权诉讼。

第 126 条　可以从法院获得的救济

（1）法院在注册商标侵权诉讼中可给予的救济包括：

（a）禁令，可受制于法院认为合适的任何条件；和

（b）损害赔偿或追缴利润，由原告选择，但应符合第 127 条规定。

（2）在评估注册商标侵权损害赔偿时，法院在顾及以下各因素后，认为适宜加入额外款额的，可在评估中加入该款额：

（a）侵权行为的公然性；

（b）阻止类似注册商标侵权行为的需要；和

（c）注册商标侵权人在下列时间的行为：

（i）其行为构成侵权后；或

（ii）其被告知诉称已侵犯注册商标后；和

（d）证明该方因侵权行为而获得的任何利益；和

（e）所有其他相关事项。

第 127 条　特殊情况——原告无权要求损害赔偿等

（a）在侵犯就特定商品或服务而注册的商标的诉讼中，法院裁定被告侵犯该商标的；且

（b）符合下列任一条件：

（i）被告已根据第 92 条（3）款向法院申请作出命令，指示处长针对该等商品或服务从注册簿中删除该商标；或

（ii）被告已根据第 92 条（1）款向处长提出申请，要求针对该等商品或服务将该商标从注册簿中删除，而该事宜已根据第 94 条提交法院；且

（c）法院裁定，由于该商标的注册所有人在某段期间（关键期间）内没有针对该等商品或服务善意使用该商标，因此有理由〔根据第 92 条（4）款〕将该商标从注册簿中删除的；

法院不得就在关键期内发生的任何侵犯该商标的行为，以损害赔偿或追缴利润的方式向原告提供救济。

第 128 条　不可提起诉讼的情况

（1）商标注册在期满后 6 个月内根据第 79 条获得续展的，不得就下列行为提起诉讼：

（a）侵犯商标的行为；且

（b）在注册期满后但在续展前实施的行为。

（2）商标注册在规定期间结束后的 10 个月内根据第 80G 条获得续展的，不得就以下行为提起诉讼：

（a）侵犯商标的行为；且

（b）是在规定的期限结束后但在注册续展前实施的行为。

（3）在（2）款中，"规定期间"的含义，与第七部分第三分部中的含义相同。

第 129 条　申请免于无理威胁

（1）以他人（受威胁的人）侵犯了下列商标为由，威胁要对其提起诉讼的：

（a）注册商标；或

（b）宣称将要注册的商标；

任何因该威胁而被侵害的人（原告）可针对作出该威胁的人（被告）（在规定法院或任何其他有司法管辖权的法院）提起诉讼。

（2）诉讼的目的是向法院获得：

（a）宣告该威胁是无理的；和

（b）禁止被告继续发出威胁的禁令。

原告也可追讨其因被告的行为而蒙受的任何损害赔偿。

（2A）在评估原告因被告的行为而蒙受的损害赔偿时，法院在顾及以下各因素后，认为适宜加入额外款额的，可在评估中加入该款额：

（a）威胁的公然性；

（b）阻止类似威胁的需要；

（c）被告在作出威胁后发生的行为；

（d）证明被告因该威胁而获得的任何利益；和

（e）所有其他相关事项。

（3）无论被告是否是被宣称受侵犯商标的注册所有人或授权使用人，均可提出诉讼。

（4）被告令法院信纳存在下列情况的，法院不得作出有利于原告的裁定：

（a）该商标已注册的；且

（b）被告威胁提起诉讼所针对的受威胁人的行为构成商标侵权的。

（6）本条并不使律师、注册商标律师或专利律师须就以专业身份代表客户作出的行为而承担法律责任。

第 130 条　侵权的反诉

被告在根据第 129 条提起的诉讼中有权针对原告提起注册商标侵权诉讼的（侵权诉讼）：

（a）被告可向法院提出针对原告的反诉，要求获得被告在侵权诉讼中有权获得的任何救济；且

（b）本法中适用于侵权诉讼的规定适用于反诉，如同该反诉是被告对原告提起的侵权诉讼一样。

第 130A 条　仅告知存在注册商标不构成威胁

仅告知存在注册商标并不构成第 129 条所指的威胁提起诉讼。

第十三部分　进口侵犯澳大利亚商标的商品

第 131 条　本部分的目的

本部分的目的是，通过制定条款，允许海关总署署长在进口到澳大利亚的

商品侵犯或看似侵犯注册商标的情况下，扣押和处理该商品，以保护注册商标。

第 132 条　反对进口的通知

（1）注册商标的注册所有人可向海关总署署长发出书面通知，反对在通知日期之后进口侵犯该商标的商品。该通知须与任何规定的文件一起发出。

（2）（a）注册商标的注册所有人没有根据（1）款发出通知的；或

（b）根据（1）款发出的任何通知不再有效的；有权根据（1）款发出通知的商标授权使用人可要求注册所有人就该商标发出该通知。

（3）授权使用人可于下列时间向海关总署署长发出通知：

（a）随时，但应经注册所有人同意；或

（b）在规定期间内，如注册所有人在规定期间内某次拒绝遵从该要求；或

（c）在规定期间结束后，如注册所有人未在规定期间内发出该通知。

获授权使用人亦须将该通知连同下列文件送交海关总署署长：

（d）为（1）款的目的而规定的任何文件；和

（e）任何其他规定文件。

（4）商标注册所有人发出的通知，自该通知发出之日起计 4 年内有效，除非在该段期间结束前由当时为该商标的注册所有人的人向海关总署署长发出书面通知，否则将该通知撤销。

（5）商标的授权使用人发出的通知，除非在该期限结束前由下列人员以书面通知海关总署署长的方式撤销，否则该通知的有效期为 4 年：

（a）授权使用人有权撤销该通知的，由授权使用人撤销；或

（b）在任何其他情况下，由当时是该商标的注册所有人的人撤销。

第 133 条　海关总署署长可没收侵犯商标的商品

（1）本条适用于在澳大利亚境外制造的商品，且该商品：

（a）进口到澳大利亚的；且

（b）根据 1901 年海关法受海关管制。

（2）本条所适用的商品：

（a）已在其上或与之有关的商品上使用了海关总署署长认为与已通知商标基本相同或欺骗性相似的标志；且

（b）是已注册通知商标的商品的；

除非海关总署署长信纳没有合理理由相信该等商品的进口侵犯了已通知商标，否则其必须扣押该等商品。

（3）除（3A）款另有规定外，海关总署署长可决定不扣押商品，除非异议人（或一名或多名异议人）向海关总署署长作出可接受的书面承诺，向联邦偿还扣押商品的费用。

（3A）存在下列情况的，海关总署署长可决定不扣押商品，除非其已得到异议人（或一名或多名异议人）提供的担保，而非承诺，担保的金额是海关总署署长认为足以向联邦偿还扣押商品的费用：

（a）根据异议人（或一名或多名异议人）就其他商品作出的承诺所应支付的金额没有按照该承诺支付；且

（b）海关总署署长认为在所有情况下要求提供担保是合理的。

（3B）海关总署署长书面同意异议人提出的书面请求的，承诺可予撤回或更改。

（4）根据本条扣押的商品须根据海关总署署长的指示存放在安全的地方。

（5）在本条中，"扣押商品的费用"，指如果商品被扣押，联邦可能产生的费用。

第 133A 条　关于商品所有人的确定

如果某人是商品所有人［在 1901 年海关法第 4 条（1）款规定的含义内］，海关官员［定义见 1901 年海关法第 4 条（1）款］可为"指定所有人"定义中（b）款的目的确定某人是商品的所有人。

第 134 条　扣押通知

（1）在根据第 133 条扣押商品后，海关总署署长必须在实际可行的情况下尽快通过任何通信手段（包括电子手段）向指定所有人和异议人发出通知（扣押通知），以确定商品并说明确定商品已被扣押。

（2）存在下列情况的，扣押通知须述明该等商品会被释放予指定所有人：

（a）指定所有人在主张期内提出释放商品的主张；且

（b）在诉讼期结束前，异议人没有：

（i）就该商品提起侵犯通知商标的诉讼；且

（ii）向海关总署署长发出关于该诉讼的书面通知。

（3）扣押通知还必须：

（a）规定商品的主张期；且

（b）规定商品的诉讼期，并说明只有在指定所有人提出商品释放要求时，诉讼期才开始；且

（c）通知是发给异议人的，注明指定所有人的姓名和营业地点或住所（如已知），但海关总署署长出于保密理由，信纳不宜如此行事的，不在此限；且

（d）通知是发给指定所有人的，注明下列人士的姓名及营业地点或住所的地址：

（i）异议人；或

（ii）异议人已为本部分的目的指定某人作为异议人的代理人或代表的，该人；

但海关总署署长出于保密理由，信纳不宜如此行事的，不在此限。

（4）海关总署署长可在扣押商品后的任何时间，向异议人提供：

（a）代表指定商品所有人安排将商品运到澳大利亚的任何个人或机构（无论是在澳大利亚境内还是境外）的名称和营业地点或居住地，或海关总署署长所掌握并有合理理由认为可能有助于识别和确定该个人或机构的任何信息；和

（b）海关总署署长有合理理由认为可能与识别和确定商品进口商有关的任何信息（包括个人信息）；和

（c）海关总署署长有合理理由认为可能与识别和确定商品指定所有人有关的任何信息（包括个人信息）。

第134A条　检查、释放被扣押商品

（1）海关总署署长可允许异议人或指定所有人检查被扣押的商品。

（2）异议人向海关总署署长作出必要承诺的，海关总署署长可允许异议人从海关总署署长的保管中拿走一个或多个被扣押商品的样品，供异议人检查。

（3）指定所有人向海关总署署长作出所需承诺的，海关总署署长可允许指定所有人从海关总署署长的保管中拿走一个或多个将被扣押商品的样本，供指定所有人检查。

（4）所需承诺是以书面形式作出的承诺，即作出承诺的人将：

（a）在海关总署署长满意的特定时间，将样本归还海关总署署长；且

（b）采取合理的谨慎措施，防止样本商品受到损害。

（5）海关总署署长允许异议人根据本条规定检查被扣押商品或拿走样本商品的，联邦对指定所有人因下列原因而遭受的任何损失或损害不负任何责任：

（a）检查期间对任何被扣押商品造成的损害；或

（b）异议人或任何其他人对从海关总署署长保管的样本所作的任何行为，或与该等样本有关的任何行为，或异议人对该等样本的任何使用。

第135条　同意放弃被扣押商品

（1）任何被扣押商品的指定所有人，可在异议人就该商品侵犯通知商标提起诉讼前的任何时候，向海关总署署长发出书面通知，同意将该商品没收归联邦所有。

（2）指定所有人发出上述通知的，该商品没收归联邦所有。

第136条　主张释放被扣押商品

（1）指定所有人可向海关总署署长主张释放被扣押商品。

（2）主张须在商品主张期结束前提出。

（3）主张须：

（a）符合条例规定的格式（如有）；且

（b）包括条例规定的资料。

第136A条　扣押商品未被认领即被没收

（1）扣押商品没有在商品主张期内提出释放商品要求的，没收归联邦所有。

（2）但是，海关总署署长允许对商品提出逾期主张的（见第136B条），不视为商品被没收。

第136B条　逾期主张释放被扣押商品

（1）海关总署署长可允许指定所有人在商品主张期结束后向海关总署署长提出释放扣押商品的主张（逾期主张）。

（2）只有存在下列情况的，海关总署署长才可允许逾期主张：

（a）尚未就该商品提出侵犯通知商标的诉讼的；且

（b）海关总署署长认为在这种情况下是合理的；且

（c）该商品没有根据第 139 条予以处理。

（3）可向行政上诉审裁处提出申请，要求复核海关总署署长根据（1）款作出的拒绝批准逾期主张释放被扣押商品的决定。

第 136C 条　将主张通知异议人

（1）指定所有人提出释放被扣押商品要求的，海关总署署长必须在实际可行的情况下尽快将该要求通知异议人。

（2）该通知：

（a）必须以书面形式作出；且

（b）可包括海关总署署长有合理理由认为可能相关的任何信息，以便识别和确定下列任何一项或两项内容：

（i）商品的进口商；

（ii）安排将商品带入澳大利亚的任何其他人或机构（无论是在澳大利亚境内还是境外）。

第 136D 条　释放被扣押商品

（1）存在下列情况的，海关总署署长必须将扣押商品释放给指定所有人：

（a）异议人向海关总署署长发出书面通知，说明异议人同意释放扣押商品；且

（b）该商品没有根据第 139 条进行处置。

（2）存在下列情况的，海关总署署长可随时将扣押商品释放给指定所有人：

（a）海关总署署长在考虑商品被扣押后获悉的信息后，确信没有合理理由相信该商品的进口侵犯了通知商标；且

（b）异议人没有就该商品提出侵犯通知商标的诉讼。

（3）存在下列情况的，海关总署署长必须将被扣押商品释放给指定所有人：

（a）指定所有人已提出释放商品的主张；且

（b）在诉讼期结束前，异议人没有：

（i）就该商品提起侵犯通知商标的诉讼；并

（ii）向海关总署署长发出关于该诉讼的书面通知。

（4）存在下列情况的，海关总署署长必须将扣押商品释放给指定所有人：

（a）指定所有人已提出释放商品的主张；并

（b）已就该商品侵犯通知商标提起诉讼；且

（c）在自提起该诉讼之日开始的 20 个工作日的期间结束时，提起诉讼的法院没有发出阻止释放商品的生效命令。

（5）除第 140 条另有规定外，本条具有效力。

第 136E 条　已释放但未收取的商品须予没收

存在下列情况的，扣押商品将被没收归联邦所有：

（a）海关总署署长将商品释放给指定所有人的；且

（b）指定所有人没有在释放后 90 日内接收该商品的。

第 137 条　侵犯商标的诉讼

（1）异议人可就扣押商品提起侵犯通知商标的诉讼。

（2）审理该诉讼的法院：

（a）可应他人申请，允许将该人作为被告加入诉讼；且

（b）必须允许海关总署署长出庭作证。

（3）除法院在本条以外可给予的任何救济外，法院还可：

（a）在任何时候，如其认为公正，可命令将扣押商品释放给指定所有人，但须遵守法院认为适合施加的条件（如有）；或

（b）命令将扣押商品没收归联邦所有。

（4）（a）法院裁定商品进口没有侵犯该商标的；且

（b）商品的指定所有人或任何其他被告令法院信纳其因该等商品被扣押而蒙受损失或损害的；

法院可命令异议人就该损失或损害中可归因于提起该诉讼当日或之后的任何期间的任何部分，向指定所有人或其他被告支付补偿，金额由法院确定。

（6）法院命令释放商品的，在符合第 140 条的前提下，海关总署署长必须遵守该命令。

第 138 条　授权使用人提起的侵权诉讼

通知商标的授权使用人是针对任何扣押商品的异议人的，该授权使用人可在规定的期限内就该商品提起商标侵权诉讼，无须首先确定注册所有人是

否愿意提起诉讼。

第 139 条　对没收归联邦所有的扣押商品的处置

（1）没收归联邦所有的商品必须以下列方式处置：

（a）按条例规定的方式处置；或

（b）条例没有规定处置方式的，按海关总署署长的指示处置。

（2）然而，根据第 136A 条没收的商品，在没收后 30 日内不得处置。

（3）（1）款不要求处置与商标侵权诉讼有关的商品。

特定情况下的补偿权

（4）尽管扣押商品已被没收归联邦所有，但仍可根据本条向有管辖权的法院申请对商品的处置要求赔偿。

（5）下列情况下，产生赔偿权：

（a）商品没有侵犯异议人的通知商标；且

（b）该人能够证明，并使法院信纳：

（i）其在商品被没收前是商品的所有人；且

（ii）存在有合理理由不提出释放商品主张的情况。

（6）存在（4）款所指赔偿权的，法院必须命令联邦向该人支付相当于商品在处置时市场价值的金额。

第 140 条　海关总署署长保留对商品控制的权力

尽管有本部分的规定，如果根据联邦任何其他法律，海关总署署长被要求或被允许保留对商品的控制，海关总署署长：

（a）不得释放或处置任何扣押商品；或

（b）不得对商品采取任何行动，以执行法院根据第 137 条发出的任何命令。

第 141 条　担保不足

根据第 132 条就某一商标发出通知的异议人根据第 133 条（3A）款提供的担保，不足以支付联邦因海关总署署长根据本部分就该通知采取行动而产生的费用的，该费用与担保金额之间的差额：

（a）是异议人共同或其中每一异议人单独应向联邦承担的债务；且

（b）可以通过在具司法管辖权的法院提起诉讼追讨。

第 141A 条　未遵从承诺等

（1）根据承诺就根据第 132 条发出的通知所涵盖的商品所应支付的金额没有按照该承诺支付的，海关总署署长可决定不扣押该通知所涵盖的商品，直至欠款支付为止。

（2）根据承诺未支付的金额：

（a）是异议人共同或其中每一异议人单独应向联邦承担的债务；且

（b）可藉在具司法管辖权的法院提起诉讼追讨。

（3）就根据第 132 条发出的通知所涵盖的商品而根据承诺支付的款额符合该承诺，但不足以支付联邦因海关总署署长根据本部分就该通知采取行动而产生的费用的，该等费用与所支付款额之间的差额：

（a）是异议人共同或其中每一异议人单独应向联邦承担的债务；且

（b）可藉在具司法管辖权的法院提起诉讼追讨。

第 142 条　联邦对因扣押而遭受的损失等不负责任

联邦对他人因下列原因遭受的任何损失或损害不负责任：

（a）海关总署署长根据本部分扣押或未扣押商品的；或

（b）释放任何被扣押的商品。

第 143 条　要求提供信息的权力

（1）（a）根据本部分可能被扣押的商品被进口到澳大利亚的；且

（b）海关总署署长根据所获信息，基于合理理由信纳，应用于该等商品或与该等商品有关的商标使用具有欺诈性的；

海关总署署长可要求该等商品的进口商或进口商的代理人：

（c）出示其所拥有的与商品有关的任何文件；及

（d）提供以下信息：

（i）将商品运至澳大利亚的委托人的姓名和地址；和

（ii）澳大利亚境内受托人的姓名和地址。

（2）进口商或其代理人未在规定期间内遵从该要求的，即属犯罪，一经定罪，可处以不超过 6 个月的监禁。

第 144 条　与诺福克岛等有关的修改

条例可就本部分在适用于以下情况时的修改或适应作出规定：

（a）诺福克岛；或

（b）圣诞岛；或

（c）科科斯（基林）群岛。

第十四部分　犯　罪

第 145 条　伪造或移除注册商标

可公诉罪

（1）任何人实施下列行为的，即属犯罪：

（a）将注册商标应用于商品或针对商品或服务而应用；且

（b）该商品或服务正在或将要在贸易过程中经营或提供；且

（c）该人：

（i）更改或污损该商标；或

（ii）对该商标作任何补充；或

（iii）全部或部分移除、擦除或抹去该商标；且

（d）该人实施上述行为：

（i）未经商标注册所有人或授权使用人许可；或

（ii）未经本法、处长指示或法院命令的要求或授权。

惩罚：监禁 5 年或 550 个罚金单位，或两者并处。

即决犯罪

（2）任何人实施下列行为的，即属犯罪：

（a）将注册商标应用于商品或针对商品或服务而应用；且

（b）该商品或服务正在或将要在贸易过程中经营或提供；且

（c）该人：

（i）更改或污损该商标；或

（ii）对该商标作任何补充；或

（iii）全部或部分移除、擦除或抹去该商标；且

（d）该人实施上述行为：

(i) 未经商标注册所有人或授权使用人许可；或

(ii) 未经本法、处长指示或法院命令的要求或授权。

惩罚：监禁 12 个月或 60 个罚金单位，或两者并处。

(3)（2）款（a）项、（b）项和（d）项的过错要件为疏忽。

第 146 条　虚假应用注册商标

可公诉罪

（1）任何人实施下列行为的，即属犯罪：

（a）在商品上或针对商品或服务适用标记或标志；且

（b）该商品或服务正在或将要在贸易过程中经营或提供；且

（c）该标记或标志是注册商标或与其实质上相同；且

（d）该人应用该标记或标志：

(i) 未经商标注册所有人或授权使用人许可；或

(ii) 未经本法、处长指示或法院命令的要求或授权。

惩罚：监禁 5 年或 550 个罚金单位，或两者并处。

即决犯罪

（2）任何人实施下列行为的，即属犯罪：

（a）在商品上或针对商品或服务适用标记或标志；且

（b）该商品或服务正在或将要在贸易过程中经营或提供；且

（c）该标记或标志是注册商标或与其实质上相同；且

（d）该人适用该商标或标志：

(i) 未经商标注册所有人或授权使用人许可；或

(ii) 未经本法、处长指示或法院命令的要求或授权。

惩罚：监禁 12 个月或 60 个罚金单位，或两者并处。

（3）（2）款（b）项、（c）项和（d）项的过错要件为疏忽。

第 147 条　制作模具等用于商标犯罪

可公诉罪

（1）任何人实施下列行为的，即属犯罪：

（a）制造印模、印版、机器或仪器；且

（b）该印模、印版、机器或仪器很可能被用于犯罪或在犯罪过程中使用；且

（c）该行为是违反第 145 条或第 146 条的犯罪行为。

惩罚：监禁 5 年或 550 个罚金单位，或两者并处。

（2）（1）款（c）项适用严格责任。

即决犯罪

（3）任何人实施下列行为的，即属犯罪：

（a）制造印模、印版、机器或仪器；且

（b）该印模、印版、机器或仪器很可能被用于犯罪或在犯罪过程中使用；且

（c）该行为是违反第 145 条或第 146 条的犯罪行为。

惩罚：监禁 12 个月或 60 个罚金单位，或两者并处。

（4）（3）款（b）项的过错要件为疏忽。

（5）（3）款（c）项适用严格责任。

第 147A 条　图纸等商标用于犯罪

可公诉罪

（1）任何人实施下列行为的，即属犯罪：

（a）绘制或用计算机或其他装置编程绘制注册商标或部分注册商标；且

（b）该注册商标或部分注册商标很可能被用于犯罪，或在犯罪过程中使用；且

（c）该行为是违反第 145 条或第 146 条的犯罪行为。

惩罚：监禁 5 年或 550 个罚金单位，或两者并处。

（2）（1）款（c）项适用严格责任。

即决犯罪

（3）任何人实施下列行为的，即属犯罪：

（a）绘制或用计算机或其他装置编程绘制注册商标或部分注册商标；且

（b）该注册商标或部分注册商标很可能被用于犯罪，或在犯罪过程中使用；且

（c）该行为是违反第 145 条或第 146 条的犯罪行为。

惩罚：监禁 12 个月或 60 个罚金单位，或两者并处。

（4）（3）款（b）项的过错要件为疏忽。

（5）（3）款（c）项适用严格责任。

第147B条　持有或处置物品用于商标犯罪

可公诉罪

（1）任何人实施下列行为的，即属犯罪：

（a）持有或处置：

（i）印模、印版、机器或仪器；或

（ii）计算机或其他装置，其程序用以绘制注册商标或部分注册商标；或

（iii）注册商标或部分注册商标图示；且

（b）该印模、印版、机器、仪器、计算机、装置或图示很可能被用于犯罪或在犯罪过程中使用；且

（c）该行为是违反第145条或第146条的犯罪行为。

惩罚：监禁5年或550个罚金单位，或两者并处。

（2）（1）款（c）项适用严格责任。

即决犯罪

（3）任何人实施下列行为的，即属犯罪：

（a）持有或处置：

（i）印模、印版、机器或仪器；或

（ii）计算机或其他装置，其程序用以绘制注册商标或部分注册商标；或

（iii）注册商标或部分注册商标图示；且

（b）该印模、印版、机器、仪器、计算机、装置或图示很可能被用于犯罪或在犯罪过程中使用；且

（c）该行为是违反第145条或第146条的犯罪行为。

惩罚：监禁12个月或60个罚金单位，或两者并处。

（4）（3）款（b）项的过错要件是疏忽。

（5）（3）款（c）项适用严格责任。

第148条　带有虚假商标的商品

可公诉罪

（1）任何人实施下列行为的，即属犯罪：

（a）（i）出售商品；或

（ii）陈列商品以供出售；或

（iii）为贸易或制造目的持有商品；或

（ⅳ）为贸易或制造目的向澳大利亚进口商品；且

（b）以下任何一项适用：

（ⅰ）商品上有注册商标；

（ⅱ）商品上有与注册商标实质上相同的标记或标志；

（ⅲ）商品上的注册商标已被更改、污损、增补、全部或部分移除、抹去或涂改；且

（c）该注册商标、标识或标志被应用、更改、污损、添加、全部或部分移除、抹去或涂改（视情况而定）：

（ⅰ）未经该商标注册所有人或授权使用人许可；或

（ⅱ）未经本法、处长指示或法院命令的要求或授权。

惩罚：监禁 5 年或 550 个罚金单位，或两者并处。

即决犯罪

（2）任何人实施下列行为的，即属犯罪：

（a）（ⅰ）出售商品；或

（ⅱ）陈列商品以供出售；或

（ⅲ）为贸易或制造目的持有商品；或

（ⅳ）为贸易或制造目的向澳大利亚进口商品；且

（b）以下任何一项适用：

（ⅰ）注册商标已应用于商品；

（ⅱ）与注册商标实质上相同的标记或标志已应用于商品；

（ⅲ）应用于该商品的注册商标已被更改、污损、增补、全部或部分移走、抹去或涂改；且

（c）该注册商标、标识或标志被应用、更改、污损、添加、全部或部分移除、抹去或涂改（视情况而定）：

（ⅰ）未经该商标注册所有人或授权使用人许可；或

（ⅱ）未经本法、处长指示或法院命令的要求或授权。

惩罚：监禁 12 个月或 60 个罚金单位，或两者并处。

（3）（2）款（b）项及（c）项的过错要件为疏忽。

第 150 条　帮助和教唆犯罪

（1）（a）帮助、教唆、怂恿或促致；或

（b）在明知的情况下以任何方式直接或间接地牵涉或参与：

在澳大利亚境外实施的行为，且该行为如果在澳大利亚实施，将构成违反本法的犯罪行为的，视为该人实施了该犯罪行为，并可据此受到惩罚。

（2）（1）款不影响刑法典第 11.2 条或第 11.2A 条的施行。

第 151 条　关于商标的虚假陈述

（1）任何人不得作出意为某商标是注册商标的陈述，除非该人知道或有合理理由相信该商标在澳大利亚注册。

惩罚：60 个罚金单位。

（2）任何人不得作出意为某注册商标的某部分已注册为商标的陈述，除非该人知道或有合理理由相信该部分在澳大利亚注册。

惩罚：60 个罚金单位。

（3）任何人不得作出意为某商标已针对商品或服务注册的陈述，除非该人知道或有合理理由相信该商标在澳大利亚针对该等商品或服务注册。

惩罚：60 个罚金单位。

（4）任何人不得作出意为商标注册赋予专有权使用该商标的陈述，而在考虑到注册簿中所记载的条件或限制后，该注册并未赋予该等权利，除非该人有合理理由相信该注册确实赋予该专有权。

惩罚：60 个罚金单位。

（5）就本条而言，在澳大利亚针对商标使用：

（a）"注册"字样；或

（b）任何其他（明示或暗示）提及注册的文字或符号；

视为陈述该商标针对其使用的商品或服务在澳大利亚注册，除非商标针对该等商品或服务在澳大利亚以外的国家注册，且

（c）该文字或符号本身表明该商标已在该其他国家或澳大利亚以外的国家注册；或

（d）该文字或符号与相同或更大的其他文字或符号一起使用，表明该商标在该其他国家或澳大利亚以外的国家注册；或

（e）该文字或符号是针对向该国出口的商品使用的。

第 152 条　在注册簿上作虚假登记等

不得故意：

（a）在注册簿中作虚假记项；或

（b）促致在注册簿中作虚假记项；或

（c）提交伪称是注册簿内某项记项或商标局某文件的复制品或摘录的文件作为证据。

惩罚：监禁 2 年。

第 153 条　不服从传唤等

（1）（a）被传唤以证人身份出现在处长席前；且

（b）已向其支付合理金额负担相关费用的，不得拒绝针对传唤作出回应。

惩罚：10 个罚金单位。

（2）（a）处长要求出示任何文件或任何其他物品；且

（b）已向其支付合理金额负担相关费用的，不得拒绝出示该文件或物品。

惩罚：10 个罚金单位。

（2A）有合理理由的，（1）款和（2）款不适用。

（3）本条所订犯罪行为属于严格责任犯罪行为。

第 154 条　拒绝提供证据等

（1）以证人身份出现在处长席前的不得：

（a）拒绝宣誓或拒绝作出誓言；或

（b）拒绝回答依法应回答的问题；或

（c）不出示依法应出示的任何文件或物品。

惩罚：10 个罚金单位。

（1A）有合理理由的，（1）款不适用。

（2）本条所订犯罪行为属于严格责任犯罪行为。

第 156 条　未经注册而充当或显示为商标律师

个人

（1）任何个人实施下列行为的，即属犯罪：

（a）将自己描述为、显示为或允许自己被描述为或显示为商标律师；且

（b）该个人不是注册商标律师。

惩罚：30 个罚金单位。

（2）任何个人实施下列行为的，即属犯罪：

（a）将自己描述为、显示为或允许自己被描述为或显示为商标代理

人；且

（b）该人不是注册商标律师、专利律师或律师。

惩罚：30 个罚金单位。

公司

（3）公司实施下列行为的，即属犯罪：

（a）将公司描述为、显示为或允许将公司描述为或显示为商标律师；且

（b）该公司不是注册商标律师。

惩罚：150 个罚金单位。

（3A）公司实施下列行为的，即属犯罪：

（a）将公司描述为、显示为或允许将公司描述为或显示为商标代理人；且

（b）该公司不是注册商标律师、专利律师或法人律师事务所。

惩罚：150 个罚金单位。

一般规则

（4）尽管有 1914 年犯罪法第 15B 条的规定，针对本条犯罪提出指控的，可在犯罪发生后 5 年内提出。

（6）本条所订犯罪行为属于严格责任犯罪行为。

第 157 条　关于商标局的虚假陈述

（1）（a）（i）不得在办公室所在建筑物上放置或允许放置；或

（ii）在宣传其办公室或业务时使用；或

（iii）对其办公室或业务的描述在文件上放置，"商标局"或"商标注册局"等字样，或具有类似含义的字样（无论是单独还是连同其他文字）；或

（b）不得以任何其他方式在其业务中使用可能合理导致他人相信其办公室是商标局或与商标局有正式联系的文字。

惩罚：30 个罚金单位。

（2）本条所订犯罪行为属于严格责任犯罪行为。

第 157A 条　法人型商标律师必须有商标律师主任

犯罪——未告知缺乏商标律师主任

（1）法人型商标律师存在下列任一情形的，即属犯罪：

（a）没有商标律师主任；且

（b）未在 7 日内通知指定管理人。

惩罚：150 个罚金单位。

犯罪——7 日后在无商标律师主任的情况下行事

（2）法人型商标律师存在下列任一情形的，即属犯罪：

（a）没有商标律师主任；

（b）在之前的 7 日内没有商标律师主任；且

（c）将其描述为、显示为或允许将其描述为或显示为商标律师。

惩罚：150 个罚金单位。

指定管理人可指定注册商标律师

（3）法人型商标律师没有商标律师主任的，指定管理人可通过书面形式委任另一注册商标律师负责该法人型商标律师的商标工作。

（4）该项委任须经该另一注册商标律师同意方可做出。

委任的效力

（5）就本法而言，根据（3）款获得委任的注册商标律师（委任律师）视为该法人型商标律师的商标律师主任。

（6）就 2001 年公司法而言：

（a）委任律师不会仅因下列原因而成为法人型商标律师的董事：

（i）委任律师负责该法人型商标律师的商标工作；且

（ii）就本法而言，委任律师视为该法人型商标律师的商标律师主任；且

（b）指定管理人不会仅因由其对委任律师进行委任而成为该法人型商标律师的董事。

指定管理人可将法人型商标律师从注册簿中删除

（7）法人型商标律师没有商标律师主任的，指定管理人可将该法人型商标律师从注册簿中删除。

商标工作的含义

（8）商标工作是指代表他人为获得利益而进行的下列一项或多项工作：

（a）在澳大利亚或其他任何地方申请或获得商标；

（b）为本法或其他国家的商标法的目的准备商标申请或其他文件；

（c）就商标有效性或商标侵权行为提供建议（科学或技术性建议除外）。

开始起诉的时间

（9）尽管有 1914 年刑事犯罪法第 15B 条的规定，针对本条犯罪提出指控的，可在犯罪发生后 5 年内提出。

第 159 条 根据犯罪所得相关立法发出的没收令

（1）检察长以外的人就违反本部分的可公诉罪对另一人提起诉讼的，适用没收令的规定，如同该等规定中对犯罪所得当局（或负责当局）的提述包括对提起诉讼之人的提述。

（2）在本条中，"没收令规定"指：（c）2002 年犯罪收益法第 2 - 2 部分；和（d）2002 年犯罪收益法第 2 - 3 部分。

第 160 条 自然人的雇员和代理人的行为

（1）本条适用于对下列犯罪的检控：

（a）本法规定的犯罪；或

（b）1914 年刑事犯罪法第 6 条规定的与本法有关的犯罪；或

（c）违反刑法第 11.1 条、第 11.4 条或第 11.5 条与本法有关的犯罪。

（4）有必要证明某人对某项行为具有特定心理状态的，只需证明下列事项即可：

（a）该行为是由该人的雇员或代理人在其实际或表面权限范围内实施的；且

（b）该雇员或代理人具有相关心理状态。

（5）该人的雇员或代理人在其实际或表面权限范围内代表该人从事的任何行为，应视为该人也从事了该行为，除非该人证明其采取了合理预防措施，并尽了适当勤勉避免该行为。

（6）（a）个人被判定犯有本法规定犯罪的；且

（b）如果未制定（4）款和（5）款规定，该人就不会被判定犯有该犯罪的，

则不会针对该犯罪被判定承担监禁刑。

（7）在本条中，

"从事行为"，包括没有或拒绝从事行为。

"心理状态"，就某人而言，包括：

（a）该人的知识、意图、意见、认知或目的；和

（b）该人针对该意图、意见、认知或目的的理由。

第十五部分 集体商标

第 161 条 本部分的目的

本部分：

（a）界定了集体商标的定义；且

（b）规定本法中有关商标的规定适用于集体商标的范围，以及应受到何种修改或补充。

第 162 条 集体商标的定义

集体商标是指一个协会成员在贸易过程中经营或提供的商品或服务上使用或意图使用的标志，以区别于非协会成员经营或提供的商品或服务。

第 163 条 本法的适用

（1）在符合本部分规定的情况下，本法有关商标的规定〔第十部分（商标的转让和转移）除外〕适用于集体商标，且其适用如同：

（a）对商标的提述包括对集体商标的提述；且

（b）提述某人为注册商标而做某事，包括提述为注册集体商标而做该事的组织；且

（c）提述个人注册的商标包括提述协会注册的集体商标。

（2）就本法而言：

（a）作为集体商标注册申请人的协会成员对集体商标的使用，被认为是申请人对集体商标的使用；且

（b）由属该集体商标的注册所有人的协会成员使用该注册集体商标，须视为该注册所有人使用该集体商标。

（3）第 41 条（商标不能区分申请人的商品或服务）针对集体商标适用，如同对申请人的提述是对申请注册该集体商标的协会成员的提述。

第 164 条 申请注册

申请注册集体商标必须由该商标所属的协会提出。

第 165 条 对注册集体商标所赋予权利的限制

以其名义注册集体商标的协会成员无权阻止该协会的另一成员根据该协会规章（如有）使用该集体商标。

第 166 条 集体商标的转让等

集体商标不得转让或传转。

第 167 条 侵犯集体商标的行为

在以其名义注册集体商标的协会就侵犯该集体商标的行为寻求救济的诉讼中，该协会在主张损害赔偿时，可考虑该协会成员因该侵权行为而遭受或招致的任何损害或利润损失。

第十六部分 证明商标

第 168 条 本部分的目的

本部分：

（a）界定了证明商标的定义；且

（b）规定本法中有关商标的规定适用于证明商标的范围，以及应受到何种修改或补充；且

（c）概述委员会在监管证明商标方面的作用。

第 169 条 证明商标的定义

证明商标是指用于或意图用于将下列商品或服务的标志：

（a）在贸易过程中经营或提供的商品或服务；且

（b）由某人（证明商标所有人）或由该人认可的另一人就质量、准确度或其他特征［包括（就商品而言）原产地、材料或制造方式］作出的证明，与在贸易过程中经营或提供但未经如此证明的其他商品或服务相区分。

第 170 条 本法的适用

在符合本部分规定的情况下，本法有关商标的规定（不包括第 8 条、第

26 条、第 27 条（1）款（b）项、第 33 条、第 34 条、第 41 条、第 121 条、第 127 条；第九部分（因不使用而从注册簿中删除）和第十七部分（防御商标））适用于证明商标，且其适用如同对商标的提述包括对证明商标的提述。

第 171 条　注册证明商标所赋予的权利

第 20 条针对证明商标适用，如同省略了（1）款而代之以下列规定一样：

"（1）注册证明商标的，在符合本部分的规定下，注册所有人具有就该证明商标所注册的商品和/或服务而使用该证明商标及允许其他人使用该证明商标的专有权利。但是，注册所有人只能按照调整该证明商标使用的规则使用该证明商标。"

第 172 条　证明商标获准使用人的权利

注册证明商标的注册人允许他人（获准使用人）就其注册的商品或服务使用该证明商标时，获准使用人有权根据该证明商标的使用规则针对该等商品或服务使用该证明商标。

第 173 条　证明商标的使用规则

（1）已提交证明商标注册申请的人必须按照条例提交一份调整证明商标使用的规则文本。该规则文本须与根据第 27 条（2）款规定的任何文件一起提交。

（2）该规则须指明：

（a）商品和/或服务要适用证明商标必须符合的要求（证明要求）；

（b）确定商品和/或服务是否符合证明要求的程序；

（c）成为获准评估商品和/或服务是否符合证明要求的人（获准证明人）必须具备的资质；

（d）证明商标的所有人或获准使用人要在商品和/或服务上使用该证明商标必须满足的要求；

（e）关于证明商标所有人或获准使用人使用该证明商标的其他要求；

（f）解决关于商品和/或服务是否符合证明要求的争议的程序；且

（g）解决有关该证明商标的任何其他问题的争议的程序。

（3）规则还必须包括委员会要求列入的任何其他事项。

（4）规则还可包括委员会允许列入的任何其他事项。

第 174 条 处长向委员会发送文件

处长必须根据条例向委员会发送与申请有关的订明文件。

第 175 条 委员会的证明

（1）委员会须根据条例考虑该申请及根据第 174 条收到的任何文件。

（2）如委员会信纳：

（a）任何人成为获准证明人所须具备的资质，足以使该人能够胜任地评估商品和/或服务是否符合证明要求；且

（b）第 173 条所提述的规则：

（i）不会对公众不利；且

（ii）在顾及为施行本段而订明的准则后，是令人满意的，

委员会须为此发出证明，并将证明副本送交处长。委员会亦须将该等规则的核证文本送交处长。

（3）委员会可要求申请人对该规则作出其认为必要的修改或变更。

（4）委员会不信纳（2）款所列情况的：

（a）委员会须将其不发出证明的决定，以书面通知申请人和处长。

（b）处长须根据条例在官方公报上刊登有关事宜。

（5）可向行政上诉法庭提出申请，要求复核委员会拒绝颁发证书的决定。

第 176 条 接受或拒绝申请

（1）符合下列条件的，处长须接受申请：

（a）申请是根据本法提出的；

（b）没有理由拒绝申请；且

（c）委员会已根据第 175 条（2）款发出证明，否则，处长须拒绝该申请。

（1A）但是，处长在仅因（1）款（a）项及（b）项中的一项或两项条件不符合而拒绝申请前，须给予申请人陈词的机会。

（2）处长可在施加条件或限制的情况下接受该申请。

（3）处长须：

（a）将处长根据本条作出的决定通知申请人；且

（b）在官方公报上公布该决定。

第 177 条　驳回申请或反对注册的额外理由——证明商标不区分所证明的商品或服务

（1）除以下任何其他理由外：

（a）证明商标的注册申请可能被拒绝；或

（b）对证明商标的注册提出异议；如果该商标不能将申请人或获准证明人的证明的商品或服务与未证明的商品或服务相区分，必须驳回申请，或者对注册提出异议。

（2）处长在决定证明商标是否能如此区别经申请人或获准证明人认证的商品或服务时，必须考虑以下情况：

（a）该证明商标本身适合识别商品或服务的程度；或

（b）由于其使用或任何其他情况，该证明商标变得适合识别商品或服务的程度。

第 178 条　规则的更改

（1）除（2）款另有规定外，调整注册证明商标使用的规则可根据条例予以更改。

（2）未经委员会批准，不得更改该等规则。

（3）在决定批准某项更改前，委员会须信纳经更改的规则：

（a）不会对公众造成损害；且

（b）在顾及为第 175 条（2）款（b）项的目的而订明的准则后，令人满意。

（4）委员会须根据规则通知批准更改或不批准更改的决定。

（5）可向行政上诉审裁处提出申请，要求复核批准更改或不批准更改的决定。

第 179 条　处长须公布规则

处长必须根据条例公布调整证明商标使用的规则。

第 180 条　注册证明商标的转让

（1）注册证明商标只有在委员会同意的情况下才能转让。

（2）向委员会提出同意转让注册证明商标的申请，必须符合本条例的规定。

（3）委员会在决定是否给予同意时，须顾及条例规定的事宜。

（4）可向行政上诉法庭提出申请，要求复核委员会拒绝给予同意的决定。

第180A条　未注册证明商标的转让

（1）（a）已提出注册证明商标申请的；且

（b）申请的副本已送交委员会，但该证明商标尚未注册的，

该证明商标只有在委员会同意的情况下方可转让。

（2）向委员会申请同意转让证明商标的，必须符合条例的规定。

（3）委员会在决定是否给予同意时，必须考虑条例规定的事项。

（4）可向行政上诉法庭提出申请，要求复核委员会拒绝给予同意的决定。

第181条　藉法院命令更正注册簿

（2）订明法院除具有第八部分第二分部所赋予的涉及证明商标的权力外，还可应被侵害人的申请，基于下列理由，通过取消某证明商标的注册，或删除或修订注册簿中关于该证明商标的记录项，命令更正注册簿：

（a）注册所有人或获准证明人不再有能力证明该商标所注册的任何商品和/或服务；或

（b）调整证明商标使用的规则对公众不利；或

（c）注册所有人或获准证明人未遵守调整证明商标使用的规则的任何规定。

（3）向订明法院提出申请的通知，须向处长和委员会各发送一份。

（4）除法院指示处长出庭的案件外，处长可自行酌情出庭陈情。

（5）除法院指示委员会出席的案件外，委员会代表可自行酌情出庭陈情。

（6）法院根据本条作出的任何命令须向处长发送一份，处长须遵从该命令。

第182条　藉法院命令更改规则

（1）订明法院可应被侵害人申请，作出其认为合适的命令，以更改调整证明商标使用的规则。

（2）向订明法院提出的申请，须向委员会发出通知。

（3）除法院指示委员会出庭的案件外，委员会代表可自行酌情出庭陈情。

（4）法院根据本条作出的任何命令，须向委员会发送一份。

（5）法院命令更改规则的，证明商标注册所有人须向处长提供一份经更改的规则文本，该文本须经委员会核证为真实文本。

第183条　委员会权力和职能的委托

委员会可藉决议将其在本部分项下的所有或任何权力和职能委托给委员会的成员。

第十七部分　防御商标

第184条　本部分的目的

本部分：

（a）就某些商标注册为防御商标作出规定；且

（b）规定本法中有关商标的规定适用于防御商标的范围，以及应受到何种修改或补充。

第185条　防御商标

（1）注册商标已就其所注册的全部或任何商品或服务而使用，且该商标就其他商品或服务的使用，很可能会被视为表明该等其他商品或服务与该商标注册所有人有关联的，该商标可根据该注册所有人的申请，就任何或全部该等其他商品或服务注册为防御商标。

（2）即使注册所有人针对该等商品或服务不使用或不意图使用该商标，该商标仍可就该等商品或服务注册为防御商标。

（3）即使商标已针对该等商品或服务以申请人的名义注册为防御商标以外的商标，该商标仍可就该等商品或服务注册为防御商标。

（4）针对特定商品或服务注册为防御商标的商标，可随后以注册所有人的名义针对相同商品或服务注册为防御商标以外的商标。

第186条　本法的适用

在符合本部分规定的情况下，本法的规定［不包括第20条（1）款、第27条（1）款（b）项、第41条、第59条、第121条和第127条、第九部分

（因不使用商标而从注册簿中删除）和第十六部分（证明商标）〕适用于防御商标，且其适用如同对商标的提述包括对防御商标的提述。

第187条　驳回注册申请或反对注册的额外理由

除以下任何其他理由外：

（a）将商标注册为防御商标的注册申请可能被拒绝；或

（b）对将商标注册为防御商标提出异议；

存在下列任一情况的，须驳回申请：

（c）商标没有以申请人的名义注册为商标的；或

（d）就注册商标而言，针对寻求将该商标注册为防御商标的商品或服务而使用该商标，不大可能会被视为表明该等商品或服务与注册所有人之间有关联的。

第189条　处长取消注册

商标没有以其他方式以防御商标注册所有人的名义注册的，处长可以取消该商标作为防御商标的注册。

第十七A部分　《马德里议定书》项下受保护的国际商标

第189A条　《马德里议定书》实施条例

（1）条例可规定必要的事项，使澳大利亚能够履行《马德里议定书》规定的义务，或为澳大利亚获得任何优势或利益。

（2）特别是〔但不限制（1）款〕，条例可涉及下列事项：

（a）通过商标局中介向国际局提交商标国际注册申请的处理程序；

（b）将商标国际注册所产生的保护扩及澳大利亚的申请处理程序；

（c）在澳大利亚对受保护国际商标给予保护；

（d）保护终止的情况及在终止保护的情况下须采取的程序；

（e）根据《马德里议定书》第6条的规定，应澳大利亚要求取消国际注册；

（f）注销国际注册的效力。

（3）为本节的目的而制定的条例：

（a）可与本法相抵触；且

（b）就该不一致之处优先于本法（包括根据本法制定的任何其他条例或其他文书）。

（4）在本条中：

"国际局"，指世界知识产权组织的国际局。

"商标国际注册"，指在国际局注册簿上注册该商标。

"《马德里议定书》"，指1989年6月28日在马德里签署的《商标国际注册马德里协定有关议定书》。

"受保护国际商标"，指根据条例在澳大利亚对该商标国际注册所产生的保护范围扩大的商标。

第十八部分　法院的管辖权和权力

第 190 条　订明法院

就本法而言，下列法院均为订明法院：

（a）联邦法院；

（aa）联邦巡回法院；

（b）州最高法院；

（c）澳大利亚首都领地最高法院；

（d）北领地最高法院；

（e）诺福克岛最高法院。

第 191 条　联邦法院的管辖权

（1）联邦法院对根据本法产生的事项拥有管辖权。

（2）对于处长决定、指示或命令提出的上诉，联邦法院拥有审理和裁定的专属管辖权，但下列法院的管辖权除外：

（a）联邦巡回法院根据本法第191A条（2）款享有的管辖权；和

（b）高等法院根据宪法第75条享有的管辖权。

（3）不得在联邦法院对违反本法的犯罪行为提起诉讼。

第 191A 条　联邦巡回法院的管辖权

（1）联邦巡回法院对根据本法产生的事项拥有管辖权。

（2）对于处长决定、指示或命令提出的上诉，联邦巡回法院拥有审理和裁定的专属管辖权，但下列法院的管辖权除外：

（a）联邦法院根据本法第 191 条（2）款享有的管辖权；和

（b）高等法院根据宪法第 75 条享有的管辖权。

（3）不得在联邦巡回法院对违反本法的犯罪行为提起诉讼。

第 192 条　其他订明法院的管辖权

（1）各订明法院（联邦法院和联邦巡回法院除外）对根据本法可在订明法院提起诉讼或程序的事项拥有管辖权。

（2）（1）款赋予各地区最高法院的管辖权，是在宪法针对下列诉讼或事项允许的范围内所赋予的：

（a）商标侵权诉讼；或

（b）根据第 129 条提起的诉讼；或

（c）根据本法产生的、可在该诉讼过程中审理和裁定的事项。

（3）在任何其他情况下，管辖权仅赋予由诉讼或程序开始时是该地区居民的自然人或主要营业地在该地区的公司提起的诉讼或程序。

第 193 条　管辖权的行使

第 191 条、第 191A 条或第 192 条所指的订明法院的管辖权，须由一名法官行使。

第 194 条　程序的移交

（1）根据本法提起诉讼或程序的订明法院，可根据一方在任何阶段提出的申请，通过命令将该诉讼或程序移交给另一有管辖权的订明法院，由其审理和裁定该诉讼或程序。

（2）法院将诉讼或程序移交另一法院的，

（a）向原法院提交的所有相关记录文件，须由处长或原法院的其他适当人员送交另一法院；且

（b）诉讼或程序须在另一法院继续进行，如同：

（i）该诉讼或程序是在该法院开始的；且

（ii）在原法院采取的所有步骤已在另一法院采取。

（3）本条不适用于联邦法院与联邦巡回法院之间的程序移交。

第 195 条　上诉

（1）针对下列法院的判决或命令，可向联邦法院提出上诉：

（a）根据本法行使管辖权的另一订明法院；或

（b）根据第十二部分提出诉讼的任何其他法院。

（2）非经联邦法院许可，不得针对联邦法院或联邦巡回法院一名法官在行使其审理和裁定对处长决定或指示提出上诉的管辖权时作出的判决或命令，向联邦法院合议庭提出上诉。

（3）经高等法院特别许可，可针对（1）款所述判决或命令向高等法院提出上诉。

（4）除非本条另有规定，否则不得针对（1）款所述判决或命令提出上诉。

第 196 条　处长可出席上诉

在审理针对处长决定或指示而向联邦法院或联邦巡回法院提出的上诉时，处长可出庭作证。

第 197 条　联邦法院和联邦巡回法院在审理上诉时的权力

联邦法院或联邦巡回法院在审理针对处长决定或指示的上诉时，可实施下列任何一项或多项行为：

（a）以口头、宣誓书或其他形式采纳证据；

（b）允许询问和交叉询问证人，包括曾向处长作证的证人；

（c）命令按其指示审理事实问题；

（d）确认、推翻或更改处长的决定或指示；

（e）作出其认为在所有情况下适当的任何判决或命令；

（f）命令一方向另一方支付费用。

第 198 条　订明法院的惯例和程序

条例可就订明法院在本法项下的诉讼或程序中的惯例和程序作出规定，包括下列规定：

（a）规定开始诉讼或程序或作出任何其他行为或事情的时间；或

（b）时间延长。

第十九部分　行政管理

第 199 条　商标局和办事分处

（1）就本法而言，应设立称为商标局的办公室。

（2）处长可在其认为适当的情况下，设立一个或多个商标局分处。

（3）处长可取消任何该等分处。

第 200 条　商标局的印章

商标局应刻制印章，须对印文盖印进行司法认知。

第 201 条　商标处长

（1）应设立商标处长一职。

（2）处长拥有本法或任何其他法律（包括根据该法制定的条例）赋予其的权力和职能。

第 202 条　处长的权力

就本法而言，处长可：

（a）传唤证人；

（b）接受经宣誓或确认的书面或口头证据；

（c）要求出示文件或物品；

（d）判处向处长提起程序的一方支付费用；且

（e）将其认为应提请任何人注意的任何事项通知该人。

第 203 条　处长行使权力

处长不得在未给予申请行使该权力的人合理陈词机会之前，以任何方式行使本法项下对该人造成不利影响的权力。

第 204 条　处长须在切实可行范围内尽快行事

（a）根据本法要求处长作出任何行为或事情的；且

（b）没有规定作出该作为或事情的时间或期限的，

处长须在实际可行的情况下尽快作出该行为或事情。

第 205 条　商标副处长

（1）应至少设立一名商标注册副处长。

（2）除处长的任何指示外，副处长具有处长的所有权力及职能，但第 206 条所指的委托权力除外。

（3）处长的权力或职能由副处长行使的，视为由处长行使。

（4）副处长行使处长的权力或职能的，并不妨碍处长行使该权力或职能。

（5）处长行使权力或职能是取决于处长就某事项的意见、信念或心态的，该权力或职能可由副处长按其就该事项的意见、信念或心态行使。

（6）本法或其他法律的某项规定的施行，取决于处长就某事项所持的意见、信念或心态，该规定可根据副处长就该事项所持的意见、信念或心态而施行。

第 206 条　处长权力和职能的委托

（1）处长可藉经签署的文书，将其全部或任何权力或职能委托给指定雇员或指定类别的雇员。

（2）如委托文书要求，受委托人必须在下列人员的指示或监督下，行使或执行委托的权力或职能：

（a）处长；或

（b）该文书所指明的人，即（1）款所提述的人。

第二十部分　注册簿和正式文件

第 207 条　注册簿

（1）商标局应备存一份商标注册簿。

（2）处长须根据本法在注册簿中登记：

（a）对废除法进行废除时旧注册簿上的所有注册商标、证明商标和防御商标的细节和所有其他事项，但与商标注册用户有关的细节和其他事项除外；和

（b）根据本法必须注册的商标、证明商标、集体商标和防御商标以及所

有其他事项的细节；和

（c）其他规定事宜。

（3）两个或多个商标在旧注册簿内登录为关联商标的，不得在注册簿内记入将其命名为关联商标的相等记项。

（4）根据（2）款（a）项登录注册簿的所有详情，视为于 1996 年 1 月 1 日登录。

第 208 条　注册簿可在计算机上保存

（1）注册簿可使用计算机保存全部或部分内容。

（2）为备存注册簿的目的而使用计算机就某一特定事项或其他事项作出的任何记录，须视为注册簿的记项。

第 209 条　查阅注册簿

（1）注册簿必须在商标局办公时间内供任何人查阅。

（2）注册簿或注册簿的任何部分使用计算机备存的，欲查阅注册簿或该部分注册簿的人获准访问计算机终端，并可通过从该终端在屏幕上阅读或取得注册簿或该部分注册簿所记录的详情或其他事项的打印文本，即符合（1）款规定。

第 210 条　证据——注册簿

（1）注册簿是记入其中的任何特定或其他事项的表面证据。

（2）经处长核证为真实记录或摘录的注册簿文本或摘录，可在任何法律程序中获接纳为证据，如同其为原件一样。

（3）注册簿或部分注册簿以计算机备存的，经处长核证为以书面复制注册簿或注册簿该部分所包含的所有或任何详情的计算机记录的文件，可在任何法律程序中获接纳为该等详情的表面证据。

（4）对于针对 PPSA 担保权益记入注册簿的任何详情或事项，不适用本条。

第 211 条　证据——文件的核证副本

（1）由处长签署的证明，说明：

（a）本法或废除法所要求或允许做的任何事情在或截至某一特定日期已

做或未做；或

（b）本法或废除法所禁止的任何事情，在或截至某一特定日期已做或未做；或

（c）某文件在指定日期或指定期间在商标局供公众查阅；

是上述事项的表面证据。

（2）任何存放于商标局的文件的副本或摘录，经处长核证为真实副本或摘录的，在任何法律程序中可予接纳，如同该文件是正本一样。

第二十一部分 杂 项

第一分部 申请和其他文件

第212条 提出和签署申请等

本法规定或允许某人提出或签署的申请、通知或请求，可由任何其他人代表该人提出或签署。

第213条 文件的提交

就本法而言，文件可通过根据第213A条（1）款在文书中确定的方式向商标局提交。

第213A条 经批准的文件提交方式

（1）就第213条而言，处长可通过书面形式确定一种或多种向商标局提交文件的方式。

（2）该方式可以是电子方式或任何其他方式。

（3）处长须在官方公报上公布该决定。

（4）处长可在根据（1）款作出的决定中，指明一种或多种向商标局提交文件的方式是优选方式。

（5）根据（1）款作出的决定并非立法文书。

第213B条 处长对文件提交的指示

（1）处长可以书面形式发出指示，指明根据本法提交文件的形式。

（2）（1）款不适用于必须采用核准格式的文件。

（3）处长须在官方公报中刊登有关指示。

（4）（1）款所指的指示并非立法文书。

第 213C 条　处长针对提交证据的指示

（1）处长可通过书面形式就根据本法产生的某一事项的证据提交问题作出指示。

（2）在不限制（1）款的情况下，根据该款作出的指示可涉及下列事项：

（a）提交证据的份数；

（b）提交证据的形式（包括文件以外的实物物品获准或不获准提交的情况）；

（c）提交证据的方式。

（3）在不限制（2）款（b）项的原则下，（1）款所指的指示可规定书面证据须采用声明的形式。

（4）处长须在官方公报刊登（1）款所指的指示。

（5）（1）款所指的指示不是立法文书。

第 214 条　撤回申请等

（1）已提交申请、通知或要求的人，可在处长考虑该申请、通知或要求时，按照条例随时撤回该申请、通知或要求。

（2）（a）该人据以提交申请、通知或要求的权利或权益已归属另一人；且

（b）该另一人书面通知处长，该权利或权益归属该另一人，

该另一人可根据（1）款的规定撤回申请、通知或要求。

第 214A 条　处长根据本法发出的通知

（1）根据本法要求或允许处长：

（a）通知某人相关事项的；或

（b）通知某任须作出某事的；处长可藉任何通讯方式（包括电子方式）通知该人。

（2）然而，该通知所采用的通讯方式，必须能使该通知的内容易于查看，以供日后参考。

第 215 条　送达地址

（1）申请、通知或请求提交人的送达地址是：

（a）申请、通知或请求中所述送达地址；或

（b）该人其后以书面通知处长另一地址的，该另一地址。

（2）（a）商标已注册的；或

（b）对所拥有的注册商标的利益或权利主张已记入注册簿的，

处长须将注册所有人或该人的下列地址作为送达地址记入注册簿：

（c）（d）项不适用的，注册所有人或该人根据（1）款向处长提供或最后提供的地址；或

（d）处长注册商标或记录利益或权利主张前，注册所有人或其他人以书面形式向处长提供另一地址作为其送达地址的，该另一地址。

（3）注册商标的注册所有人或注册簿中记录其商标利益或权利主张的人，如其送达地址有任何更改，须书面通知处长，处长须据此修订注册簿。

（4）下列人员的送达地址：

（a）注册商标的注册所有人；或

（b）注册簿中记录其商标利益或权利主张的人，是指注册簿中不时列出的地址，作为送达注册所有人或其他人的地址。

（5）送达地址必须是澳大利亚或新西兰境内的地址。

（6）本法规定向某人送达、给予或送交文件的：

（a）如果该人有送达地址，该文件可通过规定的方式送达、给予或送交至该人的地址；或

（b）如该人没有送达地址，该文件可送达该人在澳大利亚或新西兰的代理人，或以订明方式送往处长所知的该人在澳大利亚或新西兰的任何地址。

（7）（6）款不影响 1901 年法律解释法第 28A 条的实施。

（8）在条例规定的时间后，本条中对地址的提述包括对电子地址的提述。

（9）根据（8）款规定的时间必须晚于根据 2003 年立法法登记该条例的日期。

（10）就本条而言，电子地址是否在澳大利亚境内，应根据条例确定。

（11）就本条而言，电子地址是否在新西兰境内，应根据条例确定。

第216条　姓名的变更

（1）申请、通知或请求提交人的姓名发生变更的，该人必须将变更以书面形式通知处长。

（2）下列人员的姓名或名称发生变更的：

（a）注册商标的注册所有人；或

（b）注册簿中记录其商标利益或权利主张的人，该注册所有人或该人须将该项变更书面通知处长，处长须据此修订注册簿。

第217条　申请人死亡等

（1）商标注册申请人在申请获准注册前死亡的，其法定代表人可继续处理该申请。

（2）在商标获注册后任何时间，处长信纳以其名义注册该商标的人在获批注册前已去世［或（如属法人团体）已不存在］的，处长可修订注册簿，以应为该商标注册所有人的姓名取代记入注册簿的姓名。

第217A条　供公众查阅的商标相关订明文件

（1）处长须在商标申请注册详情根据第30条公布之时或之后，允许公众查阅存放于商标局的商标相关订明文件。

（2）为施行（1）款，可全部或部分提述某文件不载有第226A条规定所涵盖的数据，而将该文件视为订明文件。这并不限制为该等目的而订明文件的方式。

第二分部　处长席前或法院的程序

第218条　注册商标的描述

在与注册商标有关的起诉书、公诉书、诉状或程序中，可通过其注册号识别该商标。没有必要复制或描述该商标。

第219条　贸易惯例作为证据

在与商标有关的诉讼或程序中，可接受相关贸易惯例和其他人合法使用的任何相关商标、商号或包装的证据。

第 220 条　处长席前法律程序的一方当事人死亡

处长席前待决程序的一方当事人死亡的，处长：

（a）如信纳死亡当事人的权益已转至另一人，可应要求在该程序中以该另一人代替死亡当事人；或

（b）如处长认为未亡当事人已充分代表死亡当事人利益，允许该法律程序继续进行，而无须任何替代。

第 221 条　处长判给费用

（1）处长可针对条例所规定的事项和数额判处向其提起法律程序的任何一方当事人支付费用。

（2）任何一方当事人如欲获得费用，须根据条例向处长申请。

（3）一方当事人被命令支付另一方的费用，可在有司法管辖权的法院作为对方所欠债项予以追讨。

第 222 条　费用的保证

既不在澳大利亚居住，也不在澳大利亚开展业务的人：

（a）根据第 52 条或第 65A 条（4）款、第 83A 条（4）款或第 224 条（6）款发出异议通知的；或

（b）根据第九部分向处长申请将某商标从注册簿中删除的，处长可要求该人就该法律程序的费用提供保证；该人不提供保证的，处长可驳回该法律程序。

第二 A 分部　计算机决策

第 222A 条　计算机决策

（1）处长可安排在处长的控制下，为处长根据本法可以或必须达到的任何目的使用计算机程序：

（a）作出决定；或

（b）行使任何权力或遵守任何义务；或

（c）作出与作出（a）项适用的决定有关的任何其他事情，或与行使（b）项适用的权力或遵守（b）项适用的义务有关的任何其他事情。

（2）就本法而言，处长须视为已：

（a）作出决定；或

（b）行使权力或履行义务；或

（c）作出与作出决定、行使权力或遵守义务有关的其他事情，而该决定、权力或义务是在根据（1）款作出的安排下通过操作计算机程序作出、行使、遵从或完成的。

替代决定

（3）处长认为通过操作计算机程序作出的决定不正确的，可另行作出决定以替代处长根据（2）款（a）项视为已作出的决定。

复核

（4）（a）处长被视为已根据（2）款（a）项作出决定（初步决定）的；且

（b）根据本法其他规定，可向行政上诉审裁处提出申请，要求复核初步决定；且

（c）处长根据（3）款以某项决定替代该初步决定的，可向行政上诉审裁处申请复核被替代的决定。

第三分部　一般规定

第223条　费用

（1）条例可规定为本法的目的应支付的费用，并可根据作出某项行为的时间规定不同费用。

（2）订明费用须按照条例缴付。

（2A）在不限制（1）款的原则下，可根据文件提交的方式，针对向商标局提交文件规定不同费用。

（2B）在不限制（1）款的原则下，可根据支付费用的方式规定不同的费用金额。

缴费方式

（2C）应向处长缴纳的费用，应以根据第223AA条（1）款在文书中决定的方式缴纳。

不缴费的后果

（3）条例可规定（就本法而言）未按照条例缴费的后果。

（4）特别是，就本法而言，条例可规定：

（a）未按照条例针对作出某项作为缴费的，不得作出该项作为，或视为未作出该项作为；

（b）未按照条例缴纳文件归档费的，不得对该文件进行归档，或该文件视为未归档；或

（c）未按照条例缴纳商标注册申请费的，申请失效，或视为失效。

（5）（4）款规定不限制（3）款规定。

第 223AA 条　核准的缴费方式

（1）就第 223 条（2C）款而言，处长可书面决定一种或多种缴费方式。

（2）缴费方式可以是电子方式或任何其他方式。

（3）处长应在官方公报中刊登有关决定。

（4）处长可在根据（1）款作出的决定中，指明一种或多种缴费方式是优先方式❶。

（5）根据（1）款作出的决定并非立法文书。

第 223A 条　在本来规定作出作为的期间结束后商标局重新营业后作出作为

（1）本法（本条除外）规定的作为期间的最后一日是商标局或商标局分处（如有）不开放营业的日子的，该作为可在规定的情况下在商标局或商标局分处的下一营业日作出。

（2）就本条而言，商标局或商标局分处在下列日子视为不开放营业：

（a）条例宣布其为商标局或商标局分处不营业的日子；或

（b）由规定人员书面以规定方式公布，宣布其为商标局或商标局分处不营业的日子。

声明

（3）（2）款（a）项或（b）项所述的声明可参照国家或地区的法律宣布或根据国家或地区的法律宣布该日为公共假日来确定该日。但这并不限制该声明确定该日的方式。

（4）（2）款（b）项所述的声明：

（a）可在该日之前、当日或之后作出；且

---

❶　根据条例，以优先方式缴费的，可减少缴费金额。

（b）不是立法文书。

与其他法律的关系

（5）尽管存在本法的其余部分，本条仍具有效力。

（6）1901 年法律解释法第 36 条（2）款不适用于本条（1）款所述行为。

订明行为的例外

（7）本条不适用于订明行为。

第 224 条　延长时间

（1）本法规定须在某段时间内实施的有关行为，因下列人员的错误或不作为而没有或不能在该段时间内实施的，处长须延长实施该行为的时间：

（a）处长或副处长；或

（b）雇员；或

（c）为商标局的利益提供或拟提供服务的人。

（2）因下列原因：

（a）相关人员或其代理人的错误或不作为；或

（b）相关人员无法控制的情况；本法要求在某期间内完成的有关行为没有或无法在该期间内完成的，处长可应相关人员根据条例的申请，延长实施行为的期间。

（3）（a）本法要求在特定期间内实施的相关行为没有或不能在该期间内实施的；且

（b）在该人根据条例提出申请后，处长认为存在特殊情况，有理由延长该期间的，

处长可延长实施该行为的期间。

（3A）处长已撤销商标注册的，可延长实施本法要求在特定期间内实施的与申请注册该商标有关的行为的期间。

（4）无论在该时间之前或之后，均可以延长实施相关行为的期间。

（5）根据（2）款或（3）款提出申请，要求将时间延长超过 3 个月的，处长须在官方公报中刊登该申请。

（6）任何人可按订明规定反对批准该申请。

（7）任何人可向行政上诉审裁处提出申请，要求复核处长不延长实施相关行为的期间的决定。

（8）在本条中，"相关行为"指：

（a）针对某商标实施的任何行为（订明行为除外）；或

（b）提交任何文件（订明文件除外）；或

（c）任何程序（法院程序除外）。

第 225 条　公约国家

（2）（a）条例宣布，根据两个或多个公约国之间存在的条约条款，在其中一个国家提出的商标注册申请等同于在其中另一国家提出申请的；且

（b）商标注册申请是在公约国之一提出的，就本法而言，该商标的注册申请亦被视为在另一公约国或其他公约国（视情况而定）提出。

（3）（a）条例宣布，根据公约国的法律，在另一国家提出商标注册申请等同于在公约国提出申请的；且

（b）商标注册申请是在该另一国家提出的，就本法而言，该商标的注册申请亦被视为已在该公约国提出。

第 226 条　官方公报的发布等

（1）处长须按其确定的时间间隔定期发布（电子版或其他方式）商标官方公报，内容包括：

（a）本法要求在官方公报中公布的事项；和

（b）处长认为合适的任何其他事宜。

（3）处长可按其认为合适的方式拟备、公布（电子或其他方式）和出售与商标有关的文件。

第 226A 条　对于商标局所持数据的保密处理规定

（1）根据条例，处长可：

（a）要求商标局以保密方式保存已提交或将提交的商标相关文件中的特定信息；

（b）使该要求受特定条件和/或限制的约束；

（c）更改或撤销上述要求、条件或限制。

（2）条例可就作出、更改或撤销本条所指的要求或该等要求的条件或限制所须遵循的程序作出规定。

（3）某项要求是根据本条以书面作出的，该项要求不属立法文书。

第226B条　特定法律程序不存在

不得针对处长、副处长或雇员因合理且善意地发布或以其他方式提供本法规定或准许发布或以其他方式提供数据而提出刑事或民事诉讼或程序。

第227条　关于行政上诉审裁处复核决定的通知

（1）根据本法规定可向行政上诉审裁处申请复核决定的：

（a）必须将该决定书面通知受其影响的任何人；

（b）通知必须包括一项声明，大意是：在不违反1975年行政上诉审裁处法的情况下，其利益受该决定影响的人或其代表可向行政上诉审裁处申请复核该通知所涉及的决定。

（2）未针对相关决定遵守（1）款的，不影响该决定的有效性。

（3）在本条中，"决定"与1975年行政上诉审裁处法中规定的含义相同。

第228条　在出口贸易中使用商标

（1）（a）某商标在澳大利亚：

（i）应用于将从澳大利亚出口的货物（出口货物）或针对出口货物进行应用；或

（ii）针对从澳大利亚出口的服务（出口服务）进行应用；或

（b）在澳大利亚为出口货物或出口服务而作出的任何其他行为，如果是针对在澳大利亚贸易过程中经营或提供的货物或服务作出的，将构成在澳大利亚使用该商标的；

就本法而言，该商标的应用或实施的其他行为被视为构成针对出口货物或出口服务的商标使用。

（2）（1）款适用于1996年1月1日之前实施的行为，如同适用于该日或之后作出的行为一样，但其不影响：

（a）法院在该日之前作出的决定；或

（b）对该决定的上诉裁定。

第228A条　商标律师的注册

（1）商标律师登记册由指定管理人备存。

（2）商标律师登记册可全部或部分使用计算机备存。

（3）商标律师登记册全部或部分使用计算机备存的，本法中对商标律师登记册中条目的提述，应理解为包括提述使用计算机备存的详情记录，视为由商标律师登记册或部分商标律师登记册组成。

个人登记

（4）指定管理人须将符合下列条件的个人登记为商标律师：

（a）持有条例指明或根据条例确定的资格；

（b）具有良好的名声、诚信和品格；

（c）在过去5年内未被认定犯有规定罪行；

（d）未因规定罪行被判处监禁；且

（e）符合条例规定的任何其他要求。登记的方式是将该个人的姓名记入商标律师登记册。

（5）为施行（4）款（a）项而订立的条例所指明或根据该等条例确定的资格，可包括通过委员会举办的考试。本款不限制（4）款（a）项。

（6）（4）款（c）项及（d）项不限制（4）款（b）项。

公司登记

（6A）指定管理人须将符合下列条件的公司登记为商标律师：

（a）至少有一名商标律师主任；

（b）已经以核准格式向指定管理人发出书面通知，表明其有意作为商标律师行事；且

（c）符合条例规定的要求（如有）。

登记的方式是在商标律师登记册上输入公司名称。

（6B）登记为商标律师的公司是法人商标律师。

（6C）公司的商标律师主任是同时具备以下两项条件的个人：

（a）是注册商标律师；及

（b）是该公司的有效委任董事。

（7）任何人可向行政上诉审裁处申请复核指定管理人不将该人登记为商标律师的决定。

（8）本条对定罪的提述，包括对根据1914年刑事犯罪法第19B条或某州或某地区的法律的相应条文就该犯罪作出的命令的提述。

第228B条　撤销商标律师的登记

登记为商标律师的人的姓名可按订明方式和订明理由从商标律师登记册

中删除。

第 229 条　商标律师和专利律师的特权

（1）为注册商标律师向当事人提供知识产权意见的主要目的而作出的通讯，与为律师向当事人提供法律意见的主要目的而作出的通讯，以同等方式且在同等范围内享有特权。

（1A）为注册商标律师向当事人提供知识产权意见的主要目的而制作的记录或文件，与为律师向当事人提供法律意见的主要目的而制作的记录或文件，以同等方式且在同等范围内享有特权。

（1B）在（1）款或（1A）款中对注册商标律师的提述，包括对根据另一国家或地区的法律获授权进行商标工作的个人的提述，但该人提供的知识产权意见的类型应以其获授权提供的类型为限。

（2）条例可规定，注册商标律师或专利律师在与商标有关的事宜中，针对客户的文件和财产享有的留置权，与律师针对客户的文件和财产享有相同的留置权。

（3）"知识产权意见"，指针对下列事项提供的意见：

（a）专利；或

（b）商标；或

（c）外观设计；或

（d）植物育种人权利；或

（e）任何有关事宜。

（4）本条并不授权注册商标律师拟备将由法院发出或在法院备存的文件，或在法院处理业务或进行法律程序。

第 229AA 条　指定管理人可向委员会披露信息

指定管理人可向委员会披露下列个人信息：

（a）关于注册商标律师的个人信息；和

（b）指定管理人认为与委员会的职能有关的信息。

第 229A 条　指定管理人可向澳大利亚证券及投资委员会披露信息

指定管理人可向澳大利亚证券及投资委员会披露下列信息（包括 1988 年隐私法所指的个人信息）：

（a）与委员会的职能有关的信息；和

（b）由指定管理人因针对法人商标律师而履行职能和职责或行使权力而获得的信息。

第229B条　注册商标律师个人信息的公布

（1）委员会可在其网站上公布下列有关注册商标律师的任何或全部个人信息：

（a）律师的姓名；

（b）律师工作地址所在国；

（c）律师工作地址位于澳大利亚境内的，律师工作地址所在的州或地区；

（d）律师工作地址位于外国的，律师工作地址所在国的州、地区、省、区域或其他政治分区（无论如何命名）。

（e）律师的工作电子邮件地址。

（2）（1）款并不妨碍委员会在获得律师书面同意的情况下，在其网站上公布有关注册商标律师的其他个人信息。

第230条　仿冒商标的诉讼

（1）除（2）款规定外，本法不影响有关仿冒商标的法律。

（2）在因被告使用注册商标而引起的仿冒商标诉讼中：

（a）被告是该注册商标的注册所有人或授权使用人；且

（b）该注册商标与原告的商标实质上相同或具欺骗性地相似；

被告令法院信纳存在下列情况的，不得判令被告支付损害赔偿：

（c）被告开始使用该商标时，不知道且没有合理途径发现原告的商标正在使用；且

（d）被告知道原告商标的存在和性质后，立即停止就原告使用该商标的商品或服务使用该商标。

第231条　条例

（1）总督可制定条例：

（a）规定本法要求或允许规定的事项；

（b）规定为执行或实施本法而需要或方便规定的事项；或

（c）订明为进行与商标局或商标局分处有关的任何业务而需要或方便规

定的事项。

（2）在不限制（1）款的原则下，条例可：

（a）针对处长根据本条例作出的决定而提出的上诉作出规定；且

（b）要求个人作出法定声明，以支持根据本法提出的任何申请、通知或请求；且

（ba）为下列事项及针对下列事项作出规定：

（i）根据本法提交文件的要求［包括要求该文件必须采用根据第 213B 条所作指示中指定的格式（如有）］；

（ii）文件不符合核准格式或不符合（i）项所述要求的后果；且

（bb）针对不遵从根据第 213C 条所作指示的后果作出规定；且

（c）为代表因属于未成年人或身体或精神上无能力而无法作出声明或实施行为的人根据本法作出声明或实施行为作出规定；且

（d）为在特殊情况下退还全部或部分根据本法支付的费用作出规定；且

（e）为减免指明类别人支付全部或部分费用作出规定；且

（f）为向出席处长席前程序的证人或其他人支付费用和津贴作出规定；且

（g）赋予处长下列权力：

（i）在特定情况下，要求根据第九部分申请将某一商标从注册簿中删除的人就该程序可能产生的任何费用提供担保；且

（ii）不提供担保的，不继续处理该申请；且

（iii）向申请人退还作为担保而未用于清偿判给申请人的费用的任何款项；且

（ha）就管制注册商标律师的职业行为和执业活动作出规定，并为此目的针对下列所有或任何内容作出规定：

（i）就注册商标律师的专业行为进行投诉和聆讯指控；

（ia）参照委员会不时制定的执业标准，评估注册商标律师的专业行为；

（ii）对注册商标律师作出处分（包括训诫、暂停或取消注册）；

（iii）传唤证人；

（iv）要求相关人员宣誓作证（不论是口头或其他方式）；

（v）向作证的人监督（不论是口头或其他方式）；

（vi）要求相关人员出示文件或物品；且

（i）规定对违反条例的行为处以不超过 10 个罚金单位的罚款；且

（j）因废除废除法和颁布本法而作出必要或方便的过渡性或相应规定；且

（k）规定根据废除法制定的条例为本法的特定目的（在订明修改的情况下）继续有效。

（3）在不限制（1）款的原则下，条例可规定与根据第 52 条、第 65A 条、第 83A 条和第 96 条提出的异议意见有关的事项，包括下列内容：

（a）关于提交和送达异议相关文件的规则；

（b）关于修订针对异议提交的文件的规则；

（c）处长可驳回异议的情况；

（d）对行政上诉审裁处复核处长根据条例作出的决定进行规定。

第 231A 条　条例可针对 2011 年烟草普通包装法作出规定

（1）条例可针对 2011 年烟草普通包装法和根据该法制定的任何条例的实施对下列内容的影响作出规定：

（a）本法的规定；或

（b）根据本法制定的条例，包括：

（i）适用本法某项规定的条例；或

（ii）以修改后的形式适用本法某项规定的条例。

（2）在不限制（1）款的前提下，为该款的目的而制定的条例可以澄清或说明 2011 年烟草普通包装法和根据该法制定的任何条例对本法规定或根据本法制定的条例的影响，包括认为或视为：

（a）某事已发生（或未发生）；或

（b）某事是实际情况（或不是实际情况）；或

（c）某事具有特定效果（或不具有特定效果）。

（3）为（1）款目的而制定的条例：

（a）可与本法相抵触；且

（b）在不一致的范围内优先于本法（包括根据本法制定的任何其他条例或其他文书）。

第二十二部分　废除和过渡

第一分部　废　除

第 232 条　废除

废除 1955 年商标法。

第二分部　根据废除法注册的商标

第 233 条　根据本法自动注册

（1）所有在紧接 1996 年 1 月 1 日之前，在旧注册簿的 A 部分或 B 部分，或同时在 A 部分和 B 部分注册的商标，就本法目的而言，均为注册商标。

（2）所有在紧接 1996 年 1 月 1 日之前在旧注册簿 C 部分注册为证明商标的商标，就本法目的而言，均为注册证明商标。

（3）所有在紧接 1996 年 1 月 1 日之前，在旧注册簿 D 部分注册为防御商标的商标，就本法而言，均为注册防御商标。

第 234 条　注册于 7 年后具有决定性

（1）本条针对下列事项适用：

（a）符合下列要求的注册商标：

（i）在紧接 1996 年 1 月 1 日之前已在旧注册簿的 A 部分注册；且

（ii）在该日或之后的任何时候均为停止注册；且

（b）符合下列要求的注册商标：

（i）其在旧注册簿 A 部分的注册申请已根据废除法被接受，并且在 1996 年 1 月 1 日之前仍未决；且

（ii）在该日或之后的任何时间均为停止注册。

（2）在任何法律程序中：

（a）（1）款（a）项提及的商标根据废除法进行的原注册；或

（b）（1）款（b）项所述商标根据本法进行的原注册；

在自该商标注册之日起 7 年后，在各方面均被视为有效，除非有证据

表明：

（c）原注册是以欺诈手段获得的；或

（d）注册该商标将违反废除法第 28 条；或

（e）在法律程序开始时，该商标没有将注册所有人使用该商标的商品或服务与其他人的商品或服务相区分。

第 235 条　注册期限

现有注册商标的注册有效期于废除法未被废除时根据废除法本应到期之日到期。

第 236 条　续展

（1）第七部分第二分部适用于现有注册商标的注册续展。

（2）在 1996 年 1 月 1 日之前，处长已（根据废除法第 69 条）将在该日或之后到期的商标注册续期 14 年：

（a）就本法而言，该续展没有效力；且

（b）处长须将该商标的注册续展 10 年，自该商标如不续期则注册届满之日算起。

第 237 条　在注册于 1996 年 1 月 1 日前 12 个月内届满的情况下，将详情恢复至注册簿及将注册续展

（1）根据废除法注册的商标在 1996 年 1 月 1 日前 12 个月内届满的，适用本条。

（2）处长须：

（a）在注册簿中作出记录项，内容是将（因为该商标没有续展）根据废除法从旧注册簿中删除的商标所有详情恢复至注册簿中；且

（b）将该等详情记入注册簿。

（3）在商标注册期满之日起 12 个月内根据本法提出续展申请的，处长须将该商标注册续展至 1996 年 1 月 1 日开始的期间，该期间加上该商标根据废除法未注册的期间，等于 10 年。

（4）商标注册没有根据（3）款续展的，处长须在该商标注册届满当日后 12 个月内，将该商标从注册簿中删除。

第 238 条　卸责声明

如果根据第 207 条（2）款（a）项针对现有注册商标在注册簿中登记的详情包括该商标的注册所有人（根据废除法第 32 条）就使用该商标的某一特定部分的专有权作出的卸责声明详情的，该卸责声明的效力如同根据本法第 74 条作出卸责声明一样。

第 239 条　调整使用在旧注册簿 C 部分注册的证明商标的规则

在紧接 1996 年 1 月 1 日之前，调整当时在旧注册簿 C 部分注册为证明商标的商标使用的任何规则：

（a）适用于在该日或之后对证明商标的使用，如同其是根据本法制定的规则一样；且

（b）可根据第 178 条更改。

第 239A 条　关联商标

（1）存在下列情况的，适用（2）款：

（a）同一商标在 1996 年 1 月 1 日之前已就不同类别的商品或服务注册；

（b）所有商标申请均在同一天向商标局提出（或根据废除法视为已提出）；且

（c）就本法而言，该等商标为同一注册所有人的注册商标。

（2）注册所有人可向处长提出书面申请，要求根据本法处理该等商标或在申请中确定的商标，犹如该等商标或确定的商标就其注册的商品或服务而言是一项注册商标。

（3）根据（2）款提出申请的，处长须将该等商标或确定的商标当作一项商标处理。

（4）该商标的注册日期，须视为根据废除法向商标局提交或视为已提交（1）款（b）项所述申请（视情况而定）的日期。

第三分部　在紧接废除法废除前的未决事宜

第 240 条　申请、通知等——一般规定

（1）除本分部的规定外：

（a）根据废除法向处长提出的申请、通知或请求；且（b）在紧接 1996 年 1 月 1 日之前未决的申请、通知或请求，须按照本法处理。

（2）该申请、通知或请求被视为已根据本法提交。

第 241 条　申请商标注册

（1）在紧接 1996 年 1 月 1 日之前，在旧注册簿 A 或 B 部分的商标注册申请仍未决的，适用本条。

（2）该申请已根据废除法被接受，且该接受在紧接 1996 年 1 月 1 日之前有效的，适用下列规定：

（a）除（4）款的规定外，废除法［第 45 条（1）款（b）项除外］继续针对该申请适用；

（b）在根据废除法处理申请后，根据该法第 53 条要求处长在旧注册簿上注册该商标的，处长应根据本法第七部分注册该商标。

（3）在紧接 1996 年 1 月 1 日之前申请未被接受的，适用下列规定：

（a）除第 240 条（2）款和（5）款的规定外，该申请应根据本法处理；

（b）（i）无人反对注册的；或

（ii）有人反对注册，但处长决定或（在对处长决定提出上诉的情况下）上诉决定该商标应予注册的，针对商标注册适用第七部分。

（4）在根据（2）款（a）项的规定处理根据废除法提出的申请时，处长根据该法第 44 条（3）款撤回对申请的接受的，适用下列规定：

（a）在不违反本条第 240 条（2）款和（5）款的情况下，该申请应根据本法处理，就像该申请是根据第 38 条（1）款被撤销接受的申请一样。

（b）（i）没有人反对注册的；或

（ii）有人反对注册，但处长决定或（在对处长决定提出上诉的情况下）上诉决定是该商标应予注册的，针对商标注册适用第七部分。

（5）该申请的提交日期为：

（a）（b）款不适用的，根据废除法向商标局提交申请的日期；或

（b）废除法第 43 条适用于该申请，且处长已作出适当指示的，该申请被视为已根据废除法向商标局提交的日期。

第 242 条　针对待决申请的分案申请

（1）在紧接 1996 年 1 月 1 日之前，在旧注册簿上注册商标的申请（初始

申请）未决且未被接受的，适用本条。

（2）（a）在1996年1月1日后6个月内的任何时间，初始申请仍未决的；且

（b）该商标的某部分本身可注册为商标的，

在符合（4）款的规定下，申请人可就初始申请所指明的任何或全部商品或服务，提出将该部分注册为商标的申请（分案申请）。

（3）初始申请：

（a）根据废除法进行修改，以排除在修改前申请中指明的某些商品和/或服务的；且

（b）在1996年1月1日后1个月内的任何时间，仍未决的，

在符合（4）款的规定下，申请人可就任何或所有不包括在初始申请中的商品和/或服务，提出商标注册申请（分案申请）。

（4）初始申请根据第四部分被接受的，在公报刊登该接受后，不得提出分案申请。

第243条 在同一天针对相同商标注册提交多份申请

（1）（a）在1996年1月1日之前提出多份申请，每份申请均寻求针对不同类别的商品或服务注册相同商标的；且

（b）所有申请是在或根据废除法被认为是在同一天向商标局提出的，

在本条中该等申请被称为关联申请。

（2）在紧接1996年1月1日之前有多份商标注册关联申请未决且未被接受的，适用本条。

（3）在1996年1月1日或之后的任何时间有关联申请未决的，申请人可在符合（4）款规定的情况下，向处长申请根据本法处理部分或全部该等申请，如同该等申请中所规定的所有商品和服务是一份商标注册申请一样。

（4）（a）其中一项关联申请已根据第四部分被接受的；且

（b）该接受已在官方公报中刊登的，该申请不得包括在根据（3）款向处长提出的申请。

（5）申请是根据（3）款提出的，处长须处理该等关联申请，如同其是在1996年1月1日提出的单一商标注册申请一样。

（6）根据（5）款视为已提出的单一申请的提交日期，是根据废除法向商标局提交或视为提交（视情况而定）关联申请的日期。

第 244 条　申请注册已在公约国申请注册的商标

（1）存在下列情况的，适用本条：

（a）根据废除法第 109 条，申请在澳大利亚注册的商标，其注册已在一个或多个公约国申请的；且

（b）在紧接 1996 年 1 月 1 日之前，该申请仍未决的。

（2）（a）就废除法而言，处长被告知已在该公约国或该等公约国提出商标注册申请的；且

（b）该商标是根据本法注册的，第 72 条（2）款适用于该注册，如同根据第 29 条针对该商标注册已主张优先权一样。

（3）就废除法而言，处长没有被告知已在该公约国或该等公约国提出商标注册申请的，申请人须在 1996 年 1 月 1 日后 6 个月内，但在不违反（5）款的情况下，根据第 29 条主张商标注册优先权，以便从该申请或最早申请在公约国提出的日期起获得注册。

（4）（a）申请人根据（3）款主张商标注册优先权的；且

（b）该商标已根据本法注册的；第 72 条（2）款适用于该注册。

（5）申请根据第四部分被接受的，在官方公报上公布接受后，申请人不得根据第 29 条主张优先权。

第 245 条　旧注册簿 C 部分的注册商标申请

（1）除第 16 部分另有规定外，第 241 条适用于将商标注册为旧注册簿 C 部分中的证明商标申请，如同（1）款中对旧注册簿 A 或 B 部分的提述，是对该注册簿 C 部分的提述一样。

（2）除第十六部分另有规定外，第 242 至 244 条适用于要求将商标注册为旧注册簿 C 部分中的证明商标申请。

第 246 条　在旧注册簿 D 部分注册商标的申请

（1）除第十七部分另有规定外，第 241 条适用于在旧注册簿 D 部分中注册为防御商标的申请，如同（1）款中对旧注册簿 A 或 B 部分的提述，是对该注册簿 D 部分的提述一样。

（2）除第十七部分另有规定外，第 242 至 244 条适用于要求将商标注册为旧注册簿 D 部分中的防御商标的申请。

第247条　变更申请——指明商品或服务

（1）存在下列情况的，适用本条：

（a）在紧接1996年1月1日之前，在旧注册簿A、B、C或D部分注册商标的申请（根据废除法第39条提出的申请除外）未决且未被接受的；且

（b）该申请先前已被变更的；且

（c）经变更的申请不涉及该申请在变更前所指明的所有商品或服务。

（2）存在下列情况的，申请人可在1996年1月1日后6个月内，向处长申请对申请再次进行变更，以便涉及根据废除法变更前申请中所规定的部分或全部商品或服务：

（a）申请根据本法仍未决的；且

（i）申请未被接受的；或

（ii）已接受但未在官方公报上公布接受情况的；且

（b）废除法仍有效的，其第43条（3）款将适用于针对原申请中所含商品或服务提出的商标注册的进一步申请。

（3）申请根据（2）款进行变更的，须（如有必要）同时进行变更以符合第四部分的规定。

第248条　对1996年1月1日之前已失效的商标注册申请恢复

（1）（a）根据废除法提出的商标注册申请［根据该法第48条（1）款］已经失效的；且

（b）存在下列情况的，该申请在紧接1996年1月1日之前本应处于未决的：

（i）已根据废除法向处长提出申请，要求延长接受注册申请的时间的；且

（ii）处长已根据该法允许延长该时间的；

申请人可向处长提出书面申请，要求宣布恢复申请。

（2）处长认为在有关个案的整体情况下，批准该申请是公平和合理的，须批准该申请。

（3）处长宣布恢复申请的，申请须视为在紧接1996年1月1日之前未决的申请处理。

第 249 条　转让等的登记申请

在紧接 1996 年 1 月 1 日之前，在旧注册簿上注册现有注册商标的转让或传转的申请仍未决的，针对该申请适用本法，如同：

（a）其是根据第 109 条提出的要求将转让或传转记入注册簿的申请；且

（b）该申请于 1996 年 1 月 1 日提交。

第 250 条　更正注册簿

在紧接 1996 年 1 月 1 日之前，根据废除法第 22 条（更正注册簿）向法院提出的申请所引起的法律程序仍未决的，该事项将根据废除法进行裁决，如同旧注册簿将被更正一样，但法院作出的任何命令只能是关于注册簿的更正。

第 251 条　以不使用为由从注册簿中删除商标的诉讼

在紧接 1996 年 1 月 1 日之前，因根据废除法第 23 条（关于不使用商标的规定）向处长或法院提出申请而引起的法律程序仍未决的，废除法：

（a）针对该等程序继续适用；且

（b）为对处长或法院根据该条发出的命令或指示提出的任何上诉的目的继续适用；

如同第 23 条（1）款中对注册簿的提述是对本法所指的注册簿的提述。

第 252 条　侵犯商标等的诉讼

针对紧接 1996 年 1 月 1 日之前的侵犯商标诉讼，废除法第 62 至 67 条和第 78 条继续适用。

第 253 条　根据本法对废除法项下的商标侵权行为提起诉讼

（a）在 1996 年 1 月 1 日之前对根据废除法注册的商标实施商标侵权行为；

（b）在紧接 1996 年 1 月 1 日之前，与该侵权行为有关的诉讼仍未决；且

（c）就本法而言，该商标是现有注册商标的；

在不违反提出该诉讼的诉讼时效法的情况下，可根据本法对该商标侵权行为提起诉讼，但根据本法不享有根据废除法本不应享有的任何禁令或其他救济。

第 254 条　不构成侵犯现有注册商标的行为

（1）存在下列情况的，适用本条：

（a）在紧接 1996 年 1 月 1 日之前实施的行为不构成对根据废除法注册的商标的侵犯；

（b）就本法而言，该商标是现有注册商标；

（c）该人在该日或之后持续实施且正在实施该行为；且

（d）该行为是对本法规定的现有注册商标的侵犯。

（2）尽管有第 120 条的规定，但该人并非因实施该行为而侵犯现有注册商标。

第 254A 条　不构成侵犯商标的行为——根据废除法的未决申请

（1）存在下列情况的，适用本条：

（a）在 1996 年 1 月 1 日之前，根据废除法提出的商标注册申请仍未决的；

（b）在紧接 1996 年 1 月 1 日之前实施的行为，如果在 1996 年 1 月 1 日之前根据废除法注册商标则不构成商标侵权的；

（c）该人在该日或之后持续实施和正在实施该行为的；

（d）该商标成为本法规定的注册商标的；且

（e）该行为是对本法规定的注册商标的侵犯的。

（2）尽管有第 120 条的规定，该人不因实施该行为而侵犯该注册商标。

第 254B 条　B 部分抗辩——侵犯现有注册商标

（1）存在下列情况的，适用本条：

（a）在紧接 1996 年 1 月 1 日之前，实施构成侵犯根据废除法注册的商标的行为的；

（b）就本法而言，该商标是现有注册商标的；

（c）该商标于 1996 年 1 月 1 日之前在旧注册簿的 B 部分注册的；

（d）在该日或之后持续实施和正在实施该行为的；且

（e）该行为是对本法项下现有注册商标的侵犯。

（2）在侵犯现有注册商标的诉讼中（不包括因第 121 条所述行为而发生的侵权行为），该人证明并使法院信纳该标识的使用不可能产生下列情况的，不得授予禁令或其他救济：

（a）欺骗或引起混淆；或

（b）被视为表明在贸易过程中，该商标所注册的商品及/或服务与作为注册所有人或授权使用者而有权使用该商标的人之间存在联系。

第254C条　B部分抗辩——侵犯商标（根据废除法提出的申请未决）

（1）存在下列情况的，适用本条：

（a）在紧接1996年1月1日之前，在旧注册簿B部分注册商标的申请仍未决的；

（b）在紧接1996年1月1日之前实施的行为，如果在1996年1月1日之前在旧注册簿B部分注册商标则构成商标侵权的；

（c）该人在该日或之后持续实施且正在实施该行为的；

（d）该商标成为本法规定的注册商标的；且

（e）该行为是对本法规定的注册商标的侵犯的。

（2）在侵犯注册商标的诉讼中（不包括因第121条所述行为而发生的侵权行为），该人证明并使法院信纳该标识的使用不可能产生下列情况的，不得授予禁令或其他救济：

（a）欺骗或引起混淆；或

（b）被视为表明在贸易过程中，该商标所注册的商品及/或服务与作为注册所有人或授权使用者而有权使用该商标的人之间存在联系。

第255条　本法的适用——一般规定

（1）（a）为废除法目的而有效提起的诉讼或程序在紧接1996年1月1日之前仍未决的；且

（b）如果本法在提起该诉讼或程序时已生效则可根据本法提起该诉讼或程序的，除本分部或条例另有规定外，针对该诉讼或程序适用本法，如同其是在1996年1月1日根据本法有关规定有效提起的诉讼或程序一样。

（2）为该诉讼或程序的目的而根据废除法作出的任何事情，均视为：

（a）于1996年1月1日作出；且

（b）根据本法作出。

第 256 条　费用

根据本法无须就根据废除法作出但被视为根据本法作出的行为支付费用。

第四分部　一般规定

第 257 条　处长和副处长

在紧接 1996 年 1 月 1 日之前担任商标注册处处长和副处长的人，在该日及之后继续担任各自的职务。

第 258 条　处长根据废除法第 74 条收到的保密信息

在紧接 1996 年 1 月 1 日之前废除法第 74 条（7）款要求处长确保不得向任何其他人披露为申请将某人注册为商标注册使用人而提供的任何文件、信息或证据的，处长必须继续确保不披露该文件、信息或证据，但有订明法院命令的除外。

第 259 条　根据废除法保存的文件

处长应根据本法继续保存紧接 1996 年 1 月 1 日之前由处长根据废除法保存的所有文件。

第 260 条　送达地址

（1）在紧接 1996 年 1 月 1 日之前，根据废除法第 132 条（1）款或（2）款，商标注册申请人或注册异议人的送达地址（现有地址）在澳大利亚境内的，该地址仍是本法中申请人或异议人的送达地址，直至其根据第 215 条向处长通知另一地址为止。

（2）商标注册申请人或注册异议人的现有地址不是在澳大利亚境内的，申请人或异议人须以书面形式向处长提供一个澳大利亚境内的地址作为其送达地址。

（3）在紧接 1996 年 1 月 1 日之前，现有注册商标所有人就废除法第 70 条（1）款而言在澳大利亚有代理人的，该代理人的地址就本法而言就是该商标注册所有人的送达地址，直至该注册所有人根据第 215 条通知处长另一地址为止。

（4）（a）在紧接 1996 年 1 月 1 日之前，现有注册商标所有人没有为废除法第 70 条（1）款的目的而在澳洲设立代理人的；且

（b）当时在旧注册簿中作为所有人地址输入的地址是在澳大利亚境内的，就本法而言，该地址是商标注册所有人的送达地址，直至注册所有人根据第 215 条向处长通知另一地址为止。

（5）（a）在紧接 1996 年 1 月 1 日之前，现有注册商标所有人在澳大利亚没有为废除法第 70 条（1）款的目的而设立代理人的；且

（b）当时在旧注册簿上作为所有人地址登记的地址不是在澳大利亚境内的，该地址不得用作商标注册所有人的送达地址，注册所有人须以书面形式向处长提供澳大利亚境内的地址作为其送达地址。

欧　洲

捷克商标法

张惠彬[*]　刘诗蕾[**]　译

第一部分　商　标

第一章

第 1 条

本法应实施欧盟相关规定，并进行商标管理。

总则

商标的定义

第 1a 条　构成商标的标识

根据本法要求，商标可以包含任何标记，尤其是：文字（包括人名）、颜色、图案、字母、数字、商品的形状或包装，或者声音，只要该标记能够：

a）将某企业的商品或服务区别于其他企业的商品或服务；和

b）以公共部门及公众能够清晰、准确地界定受保护对象的方式，表达在商标注册簿（以下简称"注册簿"）上。

第 2 条

以下商标在捷克共和国（以下简称"捷克"）境内受到保护：

a）在工业产权局的注册簿上注册的商标（以下简称"国家商标"）；

b）根据《商标国际注册马德里协定》（以下简称《马德里协定》）或《商标国际注册马德里协定有关议定书》（以下简称《马德里议定书》），通过世界知识产权组织国际局进行国际注册，在捷克具有效力的商标（以下简称

---

  * 译者简介：西南政法大学知识产权学院副教授，硕士生导师。

  ** 译者简介：香港大学博士研究生。

"国际商标"）；

c）根据《欧洲议会和欧盟理事会欧盟商标条例》（以下简称《欧盟商标条例》），在欧盟知识产权局的注册簿上注册的商标（以下简称"欧盟商标"），

d）根据《保护工业产权巴黎公约》（以下简称《巴黎公约》）第 6 条之二和《与贸易有关的知识产权协定》第 16 条，在捷克境内众所周知的商标（以下简称"驰名商标"）。

第 3 条

在本法中，"在先商标"，考虑到所主张的优先权（第 20 条），指：

a）下列 3 种申请注册日在先的注册商标：

1. 本国商标；

2. 国际商标；

3. 欧盟商标；

b）根据《欧盟商标条例》第 39 条和第 40 条，对上述 a）项 1、2 规定的商标主张优先权利的（以下简称为"优先权"）欧盟商标，即使上述 a）项 1、2 规定的商标已被所有权人放弃或失效；

c）根据 a）项、b）项提出注册申请的商标，但须经注册；

d）驰名商标，于在后商标申请日之前已经受到保护，且该商标在在后商标申请之日仍受到保护。

拒绝保护的事由

第 4 条

以下标志不得注册：

a）根据第 1a 条要求不构成商标的标志；

b）缺乏显著性的标志；

c）仅由在商业活动中可用于表明商品的种类、质量、用途、价值、商品或服务的原产地、商品的生产日期或提供服务的时间的符号或标记组成的标志，或表明商品或服务的其他特征的符号、标记组成的标志；

d）仅由目前语言中的习惯用语，或善意且公认的交易惯例中的符号或标记组成的标志；

e）仅由以下形状或特征组成的标志：由商品本身的特性决定的形状，或

获得一定技术效果所必需的形状，或给予商品实质性价值的形状；

f）违反公共政策或公认道德的标志；

g）带有欺骗公众性质的，例如有关商品或服务的性质、质量或原产地的标志；

h）标志的主要部分包含或复制了在先植物品种的名称，且该名称已根据下列法律注册：捷克法律，欧盟法律，捷克或欧盟参加的、保护相同或近似种类植物品种权的国际协定；

i）包含根据《巴黎公约》第 6 条之三受保护的且未经有关当局授权注册的标志；

j）包含《巴黎公约》第 6 条之三规定之外的其他徽章、徽记或者纹章的标志，且使用该标志会影响公共利益的标志，但有关当局同意其注册的除外；

k）包含高度象征价值标记的标志，主要指宗教符号；

l）使用该标志将违反捷克或欧盟法律，或捷克或欧盟参加的国际协定要求捷克承担的义务，尤其是当上述规定涉及保证对原产地名称、地理标志、葡萄酒传统术语以及传统特色产品的保护时。

第 5 条

申请人提供证据证明，上述第 4 条 b）至 d）项的商标在申请注册前，在申请注册的商品或服务类别上，已通过使用获得显著性的，可以注册。

第 6 条 ［已废止］

第 7 条

（1）下列主体向工业产权局提出商标注册异议的（以下简称"异议"），不得注册被异议商标：

a）在先商标所有权人，其在先商标与申请注册商标相同，且其商标受保护的商品或服务类别与申请注册商标的申请保护类别相同；

b）在先商标所有权人，其在先商标与申请注册商标相同或近似，且其商标受保护的商品或服务类别与申请注册商标的申请保护类别相同，可能导致公众混淆的，包括可能使公众联想到在先商标；

c）在先商标所有权人，其在先商标与申请注册商标相同或近似，不论该商标所适用的商品或服务与在先商标注册的商品或服务相同、近似或不近似，如果在先商标在捷克境内已经享有声誉，或是（如为欧盟商标）在欧盟境内已经享有声誉，且无正当理由使用该商标将不正当利用或损害在先商标的显著性或声誉；

d）商标所有权人，如果代理人未经商标所有权人的许可，以自身名义申请注册该商标（申请），除非代理人能证明其行为具有正当性；

e）未注册商标或其他商业标志的使用者，在申请日以前就该未注册商标或标志已取得权利的，如果申请注册的商标与前述商标或标志相同或近似，且申请使用的商品或服务类别也相同或相似，可能导致公众混淆的，包括可能使公众联想到在先商标；

f）自然人，如果其个人权利（尤其是姓名权、肖像权，以及对个性表达的保护）可能受到所申请标志或是有权主张该等权利的实体的侵犯；

g）版权人，如果使用所申请的商标可能侵犯其作品；或

h）其他在先的工业产权人，如果使用所申请的商标可能侵犯其工业产权。

（2）已取得权利注册的第 3 条 c）项规定的商标注册申请人、其他工业产权的注册申请人亦可根据本条（1）款 h）项提出异议。

（3）根据（1）款有权提出异议的人（以下简称“异议人”），在异议提出后又书面同意该商标注册的，该异议视为撤回，且工业产权局应终止异议程序。

第二章　商标的效力

第 8 条　商标权

（1）商标所有权人就商标所涉及的商品或服务享有排他使用权。商标所有权人可凭注册簿摘要或者注册证书证明其权利。商标所有权人有权在商标上使用®符号。

（2）除非本法另有规定（第 10 至 11 条），否则第三方未经商标所有权人的同意不得在商业活动中：

a）在与注册商标的商品或服务相同的商品或服务上，使用与注册商标相同的任何标志；

b）使用可能会造成公众混淆的任何标志，包括可能使公众将该标志与注册商标相联系，由于其与商标相同或近似，且由于其与商标所涉及的商品或

服务相同或近似。

c）在与商标相同、近似或不近似的商品或服务上，使用与商标相同或近似的任何标志，如果该商标已经在捷克境内享有声誉，且无正当理由使用该标志将不正当利用或损害在先商标的显著性或声誉。

（3）在（2）款中，在商业中使用标志，特别是指：

a）在商品或商品包装上贴附该标志；

b）要约出售、将其投入市场，或为以上目的储存贴附该标志的商品，或使用该标志要约提供或提供服务；

c）进口或出口贴附该标志的商品；

d）在商业文书或广告上使用该标志；

e）将该标志作为商业名称或企业名称使用，或者作为商业名称或企业名称的一部分使用；

f）以违反其他法律规定的方式，在比较广告中使用该标志；

（4）如果第三国的商品或其包装上，未经授权使用了与同类商品上注册商标相同或是实质上无法区分的标志，在先注册商标的所有权人有权阻止第三国商品在商业过程中进入捷克，不放行货物的自由流通。在直接根据欧盟法规所提起的商标侵权诉讼中，如果申诉人或相关商品的持有人提供证据证明商标所有权人无权禁止有关商品在最终目的国家销售，则不适用本规定。

（5）代理人未经商标所有权人许可，以代理人的名义注册该商标的，除非该代理人能够证明其行为的正当性，否则商标所有权人有权阻止该代理人使用该商标。

第8a条

如果存在下列风险，即可能针对商品或服务使用包装、标签、标记、证明安全性或真实性的特征或器件或其他任何贴附商标的工具，且该使用根据第8条（2）款和（3）款的规定可能侵犯商标所有权人权利，商标所有权人有权在交易中禁止下列行为：

a）在包装、标签、标记、证明安全性或真实性的特征或器件，或其他任何贴附商标的工具上，贴附与其商标相同或近似的标记；

b）要约出售或投放市场，或为此目的存储，或进口或出口上述包装、标签、标记、证明安全性或真实性的特征或器件，或其他任何贴附商标的工具。

第 9 条　商标被编入词典

如果注册商标被编入印刷或电子形式的词典、百科全书或类似参考书中，使人认为该商标为该类商品或服务的通用名称的，出版社应根据商标所有权人的要求，及时注明该词语为注册商标，如果是印刷版本，应最迟在下一版中注明。

第 10 条　商标效力的限制

（1）如果第三方的下列使用行为符合商业惯例及公平交易原则，商标所有权人无权禁止第三方在商业中使用：

　　a）自然人的姓名或地址；

　　b）缺乏任何显著性，或者有关商品或服务的种类、质量、数量、用途、价值、地理产地、生产时间的标志或符号；或

　　c）用于指示商品或服务来源于特定商标所有权人的商标，特别是在必须使用该商标来指示商品或服务的特定用途的情况下，尤其是配件或零部件；

（2）在商标注册申请日前，已经有人使用相同或近似商标，且该使用行为符合捷克法律的，商标所有权人不得禁止该使用。

第 10a 条

（1）商标所有权人有权根据其他法律规定，要求法院禁止使用某一标志，但仅限于其商标权在诉讼提起之时无法根据第 31 条（1）款 a）项被撤销。

（2）如果在诉讼提起之日商标注册已满 5 年，商标所有权人应提供证据，证明在提起诉讼之日前 5 年内，已根据第 13 条的规定在注册商标的商品或服务上实际使用了该商标，以此作为提起诉讼的正当理由，或是提供证据说明不使用的正当理由。

第 10b 条

（1）在先商标所有权人无权根据其他法律，要求法院禁止在后商标的使用，除非在后商标根据第 12 条（1）款或（3）款、第 32b 条（2）款或（3）款被宣告无效；

（2）在先商标所有权人无权根据其他法律，要求法院禁止在后欧盟商标的使用，除非在后欧盟商标根据《欧盟商标条例》第 60 条（1）款、（3）款

或（4）款，或第61条（1）款或（2）款，或第64条（2）款被宣告无效；

（3）如果根据（1）款、（2）款的规定，在先商标所有权人无权要求法院禁止在后商标的使用，即使在先商标不能向在后商标主张在先权，在后商标注册人也无权要求法院禁止在先商标的使用。

第11条　商标权的穷尽

（1）商标所有权人无权禁止由其投入或经其同意投入欧盟成员国或者其他欧洲经济区成员国市场的标有该商标的商品使用其商标。

（2）如果商标所有权人有法定理由反对商品继续商业化，尤其是商品在投入市场后，商品质量改变或损害的情况下，上述（1）款不适用。

第12条

（1）在先商标所有权人在知情的情况下，连续5年默许在后商标人使用与其相同或近似商标的，不得再申请宣告在后商标针对其所使用的商品或服务无效，除非在后商标的注册申请并非善意。

（2）在后商标所有权人无权禁止相同或近似商标的在先使用人使用其商标，也无权请求宣告该在先商标无效，即使在先商标人已经不能向在后商标主张在先权。

（3）第7条（1）款e）项规定的在先商标使用人在知情的情况下，连续5年默许在后相同或近似商标使用的，不得再申请宣告在后商标针对其所使用的商品或服务上无效，除非在后商标的注册申请并非善意。

第三章　商标的使用

第13条　商标的使用

（1）商标所有权人自商标注册之日起5年内未在其注册商标的商品或服务上真实使用，或者连续5年中止使用该商标的，应适用第10a条、第26a条、第31条或第32c条，有正当理由不使用的除外。对于指定捷克的国际商标，其注册日应为不能再根据《马德里协定》或《马德里议定书》的规定拒绝保护之日；如果该商标已经根据第4条被拒绝保护，或者已经根据第7条被提出异议，则5年期限从该等程序中的决定为终局决定且无法向法院提出异议之日起算。欧盟商标的真实使用应根据《欧盟商标条例》第18条予以确定。

（2）在（1）款中，商标的真实使用亦应包括：

a）以不同元素的形式使用商标，但不改变商标在其注册形式中的显著特征，无论所使用形式的商标是否也以所有权人名义注册。

b）仅为出口目的，将商标贴附在商品或其包装上。

（3）经商标所有权人同意而使用商标，以及被授权人使用集体商标和证明商标的，应视为商标所有权人的使用。

第 14 条　　［已废除］

第四章　作为财产权客体的商标

所有权变更

第 15 条

（1）商标可以独立于企业转让，就其注册使用的部分或全部商品或服务单独进行转让。商标转让应采取书面协议形式。

（2）商标的转让可根据其他法律进行。

（3）商标转让登记注册簿后生效。任何缔约方均可以要求进行转让登记。

（4）经登记的商标转让对第三方生效。原商标所有权人的法定受让人或其他被授权人有权要求转让登记。自转让登记申请送达之日起，受让人可向工业产权局行使该商标的有关权利。

（5）工业产权局应当自收齐所需材料之日起 1 个月内，将本条（3）至（4）款规定的内容登记于注册簿上。

（6）商标转让或转移登记的申请应包括：

（a）原商标所有权人的身份信息；

（b）商标受让人的身份信息；和

（c）关于商标转让是针对商标注册的所有还是部分商品或服务的信息，按照国际分类顺序列出，包括相应分类代码。

（7）商标转让的登记申请应该附上商标的转让文件或其摘录，或其他能够证明商标所有权人变更的文件（如有）。申请商标转让的，应同时附上商标转让文件。

（8）商标注册申请权的转让和让与，参照适用（1）至（7）款的规定。

第 16 条

（1）在《巴黎公约》成员国或是世界贸易组织成员注册其商标的商标所有权人，可以向法院请求，对代理人未经授权以自己名义注册其商标的行为进行纠正，将其变更为商标所有权人。

（2）工业产权局在接到变更请求后，应当根据法院最终判决，将商标所有权人的变更登记在册，并在工业产权局的官方公报（以下简称"官方公报"）中予以公告。请求变更商标所有权人的，应同时提供法院的最终判决。

第 17 条　其他权利

（1）商标可以作为担保或其他物权的客体，可以作为强制执行程序、扣押程序的客体，亦可根据其他法律，将商标纳入资产中。

（2）根据请求，工业产权局应当在收齐所需材料之日起的 1 个月内，将本条（1）款规定的内容登记于注册簿上。

（3）其他权利的登记请求应当包括：

（a）商标所有权人的身份；

（b）针对其他权利获授权人的身份；

（4）请求登记商标担保的，应当附有担保合同，以及法院或行政机关的决定；请求登记强制执行或扣押程序的，应当附有法院或行政机关的决定或扣押命令。

（5）除非其他法律另有规定，否则商标权的担保自登记注册簿之时成立。

（6）其他权利申请，参照适用（1）至（5）款的规定。

第 18 条　许可

（1）商标所有权人可根据其他法律规定订立合同，针对注册商标的部分或全部商品，许可商标使用权。许可可以是独占的或非独占的。

（2）如果被许可人违反下列合同规定，商标所有权人可就其商标所有权提起诉讼：商标使用期限、商标使用形式、授予许可的商品或服务的范围、商标使用的区域、被许可人所生产商品或提供服务的质量。

（3）被许可人有权加入商标所有权人根据其他法律提起的商标侵权诉讼，就其损失获得赔偿。

（4）许可自登记在注册簿上起对第三方产生效力；任何缔约方均有权要

求在注册簿中注明。

（5）在注册簿上登记许可的申请应包括：

（a）许可人的身份信息；

（b）被许可人的身份信息；

（c）许可涉及的商品或服务的信息，或许可涉及所有商品或服务的信息；和

（d）许可是独占许可或非独占许可。

（6）登记许可的请求，应附上许可协议或其摘录，或其他证明授予许可的文件。

（7）任何缔约方均可请求更改或撤销许可登记。

（8）商标注册申请的许可，参照适用（1）至（7）款的规定。

第18a条　商标共同所有

（1）多人就同一商标享有权利（共同所有权人）的，其关系由其他法律调整。

（2）除非共同所有权人另有约定，否则每个共同所有权人均有权使用商标。

（3）除非另有约定，否则根据第18条订立的许可协议要有效，需要全体共同所有权人的同意。各共同所有权人均有权单独提起商标侵权主张。

（4）转让商标需要全体共同所有权人的同意。商标共同所有权人可以将其份额转让给其他共同所有权人，无须其他共同所有权人同意。其他共同所有权人在收到书面转让要约后1个月内未予以承诺的，共同所有权人方可将其份额转让给第三方。

（5）多人提交商标注册申请的，参照适用（1）至（4）款的规定。

第五章　申　请

第19条　注册申请

（1）商标注册申请需向工业产权局提交；每份注册申请只能针对一项商标提出。

（2）申请书应包括：

a）申请人的身份信息；

b) 申请注册的商品或服务名录；和

c) 申请注册商标的文字、图形或其他表达，应符合第 1a 条 b) 项的要求；

（3）由他人代理申请的，应提交代理人的身份信息，同时附上代理文件；

（4）申请人根据第 20 条主张优先权的，应在申请书中注明其主张优先权的商标申请日期，以及递交该申请的国家。申请人对多份商标申请主张优先权的，必须指明每项优先权申请对应的商品或服务。

（5）申请人应当在申请中指明申请注册的商标类型。商标的具体类型以及对应的表达要求，参见本法附件 1。

（6）工业产权局应当在其网站上公布以电子形式申请注册标志表达的技术性要求。申请注册的标志不是以电子形式表示的，申请人应当提交 A8 ~ A4 纸张大小且能够清晰重现商标所有细节、特征或颜色的图示。

（7）拟注册的商标方位不明显的，应当在每份复印件中标明"顶端"字样。申请商标中含有非拉丁文字符的，应当将其译成拉丁文。

（8）递交样品或图样的，不构成申请商标的恰当表达。

第 19a 条

（1）商标申请注册的商品或服务应当与商标注册商品和服务国际分类系统相吻合。工业产权局应当在其网站上公布用于商标注册的商品或服务国际分类。

（2）申请人应当清晰、准确地指出其申请保护的商品或服务，使主管机关和商业经营者仅凭该表达便能确定其寻求保护的范围。

（3）就（2）款而言，可以使用国际分类表中类别标题的概括性表达或是其他概括性词汇，只要该表达能够达到清晰、准确的标准。

（4）概括性词汇，包括国际分类表中类别标题的概括性描述，应当被解释为其字面意义所清晰涵盖的所有商品或服务，该等词汇或描述的使用不得被解释为涵盖无法如此理解的商品或服务主张。

（5）申请人申请注册多个类别的，应当根据国际分类对拟申请的商品和服务进行分组，每组前标明该组商品或服务所对应的类别编码，并按类别顺序列出。

（6）商品和服务不因在国际分类中同属一类而被认定为构成近似，也不因在国际分类中分属不同类别而被认定为不构成近似。

第 20 条　申请日

（1）工业产权局应当记录提交申请的日期。申请人自其申请日起，对任意第三方随后针对相同或近似商品或服务类申请注册的相同或近似商标，享有优先权。

（2）申请人在申请中根据《巴黎公约》主张优先权的，必须在提交申请后 3 个月内提交证明，否则工业产权局不予受理。申请注册的国家为《巴黎公约》的成员或是世界贸易组织成员的，可以主张优先权；首次申请非上述成员的，则可以在互惠的条件下享有优先权。证明其优先权的期限不可延长、不可补救。

（3）应申请人的要求，工业产权局应颁发优先权授予证书（优先权证书）。

第六章　申请程序

第 21 条　形式审查

（1）工业产权局应对申请是否符合第 19 条和第 19a 条的规定进行审查。

（2）注册申请不符合第 19 条（2）款的规定的，工业产权局应当要求申请人在规定期限内补正，该期限不应少于 2 个月。申请人按要求补正的，工业产权局应当将补正完成之日认定为商标申请日。

（3）注册申请不符合第 19 条（1）款、（3）款、（5）款、（6）款或（7）款规定的，或是不符合第 19a 条（1）款、（2）款或（5）款规定的，工业产权局应当要求申请人在规定期限内补正，该期限不应少于 2 个月。

（4）（2）款、（3）款所述缺陷未能补正的，工业产权局应驳回该注册申请。

（5）第 19a 条（1）款、（2）款或（5）款所述缺陷，仅针对部分商品或服务未能补正的，工业产权局应仅针对未能补正的商品或服务驳回注册申请。

第 22 条　实质审查

（1）申请注册的商标不符合第 4 条规定的，工业产权局应驳回申请。申请注册的商标仅针对某些商品或服务不符合注册条件的，工业产权局应仅针对该商品或服务驳回申请。工业产权局应将有关驳回申请的决定公布在官方公告上。

（2）在驳回申请前，工业产权局应允许申请人就工业产权局的拟驳回事由提交意见。

第 23 条　申请公告

符合本法规定的商标注册申请条件的，工业产权局应该在官方公告上公告该申请。

第三方意见和异议

第 24 条　意见

（1）在第 25 条规定的商标异议期内，任何人均可根据第 4 条规定的事由向工业产权局提交意见；工业产权局应当在注册过程中考虑上述意见。意见提出者不得作为该程序的一方当事人。

（2）工业产权局应将有关意见和审议结果告知申请人，申请人可以在工业产权局规定的期限内就通知内容作出评论。工业产权局应将有关审议结果告知意见提出方。

（3）（1）款规定的意见不能依据第 7 条提出。

（4）以纸质形式提交意见（包括证据）的，应当一式两份。

第 25 条　异议

（1）本法第 7 条所述人员可以在商标申请公布之日起 3 个月内提出异议；商标注册异议通知可基于第 7 条规定的事由。提出异议的期限不可延长、不可补救。

（2）异议通知必须说明理由并附上可供审查的证据。超过上述（1）款规定期限的，工业产权局不接受对异议内容的修改或提交支持异议的证据。

（3）异议通知可以基于一项或多项在先权利提出，只要上述权利均属于同一异议人。

（4）异议可基于受在先权利保护或所申请的部分或全部商品或服务，且可涉及针对其提交申请的所有或部分商品或服务。

（5）异议应包括：

a）异议所涉及的商品或服务说明，或说明异议涉及申请中所述所有商品或服务；

b）异议人主张异议所基于的在先权利；和

c）异议所基于的在先权利，或说明异议是基于受异议人在先权利保护的所有商品或服务；

（6）以纸质形式提交异议通知（包括证据）的，应当一式两份。

第 26 条　异议程序

（1）异议未由第 7 条规定的人员在法定期限内提出，且未说明理由或提交证据的，工业产权局应驳回异议。

（2）除非工业产权局根据（1）款的规定驳回异议，否则应当通知申请人异议的内容，并在规定时间内，允许申请人就异议提交意见。申请人在规定时间内未提出意见的，工业产权局应根据提交的异议内容作出决定。

（3）工业产权局认定申请注册的标志未侵犯第 7 条所述异议人的合法在先权利的，工业产权局应驳回异议。

（4）工业产权局认定申请注册的标志侵犯了第 7 条所述异议人的合法在先权利的，工业产权局应拒绝注册申请。有理由仅针对部分商品或服务拒绝申请的，工业产权局应仅针对该等商品或服务拒绝商标注册申请。

（5）工业产权局应当在官方公报中公告拒绝注册信息或异议信息。

第 26a 条　关于异议程序中商标使用证明的特殊规定

（1）在先商标的注册日期早于商标申请注册或申请优先权的日期至少 5 年的，应申请人的要求，异议人应证明在商标注册申请或优先权申请的前 5 年内，针对注册且提出异议的商品或服务，在先商标已根据第 13 条实际使用，或存在不使用的正当理由。

（2）申请人最迟可在收到异议通知要求提交意见后 2 个月内根据（1）款规定向工业产权局提出要求。要求提供在先商标使用证明的期限不可延长、不可补救。

（3）提供在先商标使用证明的请求，应包括：

a）异议人在先商标的注册号码；

b）要求证明商标使用的商品或服务，或针对提出异议的所有商品或服务要求提供使用证明；和

c）采纳该要求的正当理由，包括说明该要求根据（1）款规定涉及一项或多项在先商标。

（4）请求应当是无条件的、清楚的，且应当单独提交。

（5）以纸质形式提交请求的，应当一式两份。

（6）证明在先商标使用的请求不符合要求，或是超出（2）款规定期限提交的，该请求视为未提交，由工业产权局在异议决定中予以说明。

（7）异议人应在收到工业产权局通知后 4 个月内，提交其实际使用在先商标的证据，或是关于不使用的正当理由的证据。该期限不可延长或补救。以纸质形式提交实际使用证据的，应当一式两份。

（8）在先商标仅针对注册的部分商品或服务进行实际使用的，就异议审查而言，该商标应被视为仅针对该等商品或服务进行注册。

（9）异议人未能根据（1）款规定在法定期限内提供实际使用在先商标的证据或不使用的正当事由，且该在先权利是提出异议的唯一事由的，工业产权局应当驳回异议。

第 26b 条　和解

在异议程序中，申请人和异议人共同请求的，工业产权局应当规定不少于 2 个月的和解期限。

第 27 条　申请的修改

（1）在提交申请之后，不能对申请进行任何更改，特别是不能扩大申请的商品和服务名录，但另有规定的除外。

（2）经申请人要求，商标申请可予以修正，但仅限于更正申请人的姓名、名称、公司名称、居住地址、公司地址、文字或复制错误，或其他明显错误，前提是该修正符合事实，且没有实质上改变申请的标志。修正若影响了申请的标志或商品、服务名录，且是在申请公告之后进行的，商标申请应按修正的情况重新公告。

（3）申请人可以随时撤回申请。工业产权局应在申请撤回后终止申请程序。

（4）申请人可以随时要求缩小申请中的商品、服务名录，该修改不能撤回。

（5）申请人可以拆分针对多项商品或服务的商标申请。拆分申请应保留原申请的优先日期，但应仅含有原申请中的商品或服务。

（6）请求变更申请的，应当说明请求的变更事项。请求拆分申请的，申请人应当说明请求拆分的内容与涉及的商品或服务名录，根据国际分类表分组列出并标上对应的类别号码，注明每个拆分申请的在先申请日期。请求缩小申请范围的，申请人应当说明缩小的商品或服务，根据国际分类表分组列出并标上对应的类别号码。

（7）已注册商标，参照适用（1）款、（2）款、（4）至（6）款的规定。

第28条　注册

（1）商标申请符合本法规定，申请程序没有终止，且在第25条（1）款规定的期限内未收到异议通知，或是异议被最终决定驳回或终止的，工业产权局应当登记该商标及其注册日期，并向商标所有权人颁发商标注册证。

（2）工业产权局应在官方公报中公告商标注册情况。

（3）商标注册自注册之日起生效。

第七章　商标注册的期限和续展

第29条　商标注册的期限和续展

（1）注册商标的有效期为10年，自申请提交之日起开始计算。商标所有权人不申请续展的，商标权失效。工业产权局应最晚在商标注册期届满前6个月，通知商标所有权人其商标注册即将期满。根据其他法律行使国家权力导致未能发出上述通知，造成损失的，国家不负赔偿责任，注册期届满不受影响。

（2）商标所有权人请求续展的，注册商标应当续展10年。续展请求应当在注册期满前12个月内提出，最迟在有效期届满之日提出。商标续展的期限不可延长、不可补救。

（3）续展请求最迟可在商标期限届满后的6个月内提出。

（4）未在（2）款或（3）款规定的期限内提出续展请求的，视为未提交。

（5）仅对商标注册的某些商品或服务提出续展请求的，续展仅适用于该等商品或服务。

（6）仅对商标注册的某些商品或服务提出续展请求的，所有权人应当表明请求续展的商品或服务，或者不请求续展的商品或服务。

（7）续展自商标注册期满之日起生效。工业产权局应登记续展信息，并在官方公报上予以公告。

第 29a 条　关于续展的特殊规定

（1）商标被工业产权局的最终决定予以撤销或宣告无效，但根据另一法律规定，仍需由法院审查的，申请人可以在第 29 条（2）款或（3）款规定的期限内申请商标续展，如同商标已注册一样。

（2）如果标志自提出申请之日起 10 年内仍未注册的，申请人可以提出续展请求，如果商标在该期限的最后 1 年被注册一样。申请人可以在第 29 条（2）款或（3）款规定的期限内提出请求。

第八章　放弃、撤销和无效

第 30 条　商标权的放弃

（1）商标所有权人可声明放弃其注册的全部或部分商品或服务上的商标权；放弃自声明提交至工业产权局后生效，不能撤回。工业产权局应在注册簿上记录放弃的商标权，并在官方公报上予以公告。

第 31 条　撤销

（1）在第三方申请发起的程序中，存在下列任一情形的，工业产权局应撤销该商标：

a）在申请撤销前的连续 5 年内，商标未针对注册的商品或服务实际使用，且无不使用的正当理由；在提出撤销申请前 3 个月内，连续 5 年未使用的商标开始使用或恢复使用的，且仅在商标所有权人意识到撤销商标的请求可能会被提交之后，准备使用或恢复使用的，不予考虑；

b）由于商标所有权人的作为或不作为，导致商标成为所注册商品或服务的商业通用名称的；

c）由于商标所有权人针对注册的商品或服务使用商标的行为，或者经其同意的上述使用行为，导致商标误导公众的，尤其是误导该等商品或服务的性质、质量或地理原产地的。

（2）在法院最终判决宣布使用该商标构成不正当竞争后的 6 个月内，提起商标撤销程序的，工业产权局应当撤销该商标。提交申请撤销商标的期限不可延长、不可补救。

（3）商标撤销申请应当说明理由，根据（1）款 b）项或 c）项，或（2）

款提出撤销申请的，应当提交可供审查的证据。

（4）商标撤销申请可以针对该商标注册的部分或全部商品或服务。

（5）商标撤销申请应当说明针对的商品或服务，或是说明针对该商标注册的全部商品或服务。

（6）以纸质形式提交商标撤销申请（包括证据）的，应当一式两份。

第31a条　商标撤销申请程序

（1）工业产权局应该通知商标所有权人有关商标撤销的申请，并设定期限由所有权人就撤销申请提交意见，根据第31条（1）款a）项提出撤销申请的，所有权人应提交实际使用的证明。即使在规定期限内商标所有权人未就撤销申请提交意见，工业产权局仍应当作出决定。

（2）以纸质形式提交已实际使用商标的证据的，应当一式两份。

（3）工业产权局认定商标撤销申请缺乏正当事由的，应予以驳回。

（4）工业产权局认定存在根据第31条进行撤销的事由的，应撤销商标。撤销事由仅涉及商标注册的部分商品或服务的，工业产权局应仅在该等商品或服务范围内撤销商标。

（5）在商标所有权被撤销的范围内，该商标应被视为标志，且自撤销申请提交之日起失去本法规定的效力。应撤销程序当事人的要求，工业产权局可以在商标撤销决定中说明撤销事由发生的另一较早日期。

第32条　无效

（1）商标注册违反第4条规定的，或是非善意申请的，工业产权局应在第三方申请发起的程序中，宣告该商标无效。

（2）商标注册违反第4条b）项、c）项或d）项规定，但在无效宣告程序发起前，该商标已通过使用而针对其所注册的商品或服务获得显著性的，不得宣告无效。

（3）第7条所述人员根据该条所述事由发起商标无效宣告程序的，工业产权局应该宣告商标无效。

（4）主张第7条规定的在先权利的，相关条件应当在商标注册申请日前，或是在后商标的优先权申请日前已经实现。

（5）商标宣告无效的，商标应视为从未注册。

（6）商标所有权人放弃其商标、商标失效或被撤销后，仍可宣告该商标无效。

（7）商标无效事由仅针对注册商标的部分商品或服务的，商标仅针对该等商品或服务宣告无效。

申请宣告商标无效的程序

第32a条

（1）宣告商标无效的申请应当说明理由，并附上可供审查的证据。

（2）根据第32条（3）款申请宣告商标无效的，可基于一项或多项在先权利，只要该等权利属于同一申请人。

（3）申请宣告商标无效的，可针对商标注册的全部或部分商品或服务。

（4）工业产权局应当告知商标所有权人商标无效宣告申请，并规定期限由商标所有权人就无效宣告申请提交意见。即使所有权人不提交意见，工业产权局亦应当作出决定。

（5）商标宣告无效申请应当包括：

a）申请宣告商标无效的商品或服务，或说明申请涉及所有商品或服务；

b）申请是根据32条（3）款提出的，说明申请基于申请人的在先权利；和

c）申请基于的商品或服务，或是说明申请是基于受申请人在先权利保护的所有商品或服务；

（6）以纸质形式提交商标无效宣告申请的，应当一式两份。

第32b条

（1）存在下列任一情况的，工业产权局应当拒绝商标宣告无效申请：

a）商标不是因为违反第4条的规定或符合第32条（2）款规定的条件而被拒绝注册的；

b）商标注册申请是善意提出的；或

c）商标注册并未侵犯第7条规定的第三方合法在先权利。

（2）申请人不能证明根据第32c条实际使用在先商标，或不使用的正当理由，且该在先权利是无效宣告申请的唯一事由的，工业产权局应当驳回申请；或者工业产权局应当在审查申请时，忽略该商标。

（3）如果商标无效宣告申请是建立在与在先商标冲突的基础上，且该申请因下列任一原因于在后商标的申请日或优先权日时不能成立的，不应宣告

商标无效：

a）可能根据第 4 条 b）项、c）项或 d）项的规定被宣告无效的在先商标，未取得第 5 条规定的显著性的；

b）商标无效申请是基于第 7 条（1）款 b）项规定的事由，但在先商标尚未取得足够的显著性以证明认定存在混淆可能性的；或

c）商标无效申请是基于第 7 条（1）款 c）项规定的事由，但在先商标尚未取得声誉；

（4）基于商标所有权人已放弃或允许其失效的商标针对欧盟商标主张优先权，可宣告作为主张优先权基础的商标无效，或者商标所有权人针对该商标的权利可随后予以撤销，但前提是在商标所有权人放弃或允许其失效时商标本可能被宣告无效或被撤销，在此种情况下，优先权失效。

第 32c 条　商标无效宣告程序中关于证明商标使用的特殊规定

（1）如果在根据第 32 条（3）款提起的商标无效宣告申请之日在先商标已经注册至少 5 年，应在后商标所有权人请求，申请人应当证明在提交商标无效宣告申请前 5 年内，在先商标已根据第 13 条针对商标注册及商标无效宣告所基于的商品或服务实际使用，或是不使用存在正当理由。如果于在后商标申请注册提交之日或在后商标优先权日，在先商标已经注册至少 5 年，申请人应当证明在该日期，商标已达到第 13 条规定的要求。

（2）在后商标的所有权人最迟可以在工业产权局向在后商标所有权人发送通知，要求其针对无效宣告申请提交意见后 2 个月内根据（1）款规定向工业产权局提交请求。要求提供在先商标使用证明的期限不可延长、不可补救。

（3）证明商标使用的请求不符合要求内容的，或是超出（2）款规定期限的，应当视为未提交；工业产权局应当在无效宣告申请的决定中说明该事实。

（4）要求提供在先商标已被实际使用的证据的，应当包括：

a）申请人在先商标的注册号码；

b）要求证明商标使用的商品或服务，或是针对商标无效宣告申请所基于的所有商品或服务要求证明使用；以及

c）采纳该要求的正当理由，内容包括表明该要求根据（1）款涉及一项或多项在先商标。

（5）请求应当是无条件的、清晰的，且应单独提交。以纸质形式提交的，

应当一式两份。

（6）在收到工业产权局通知的 4 个月内，申请人应提供在先商标实际使用的证据，或不使用的正当理由。以纸质形式提交实际使用证据的，应当一式两份。

（7）仅针对注册的部分商品或服务实际使用在先商标的，就无效宣告审查而言，应认为该商标仅针对该等商品或服务进行注册。

第 33 条　关于商标撤销和无效效力的特别规定

（1）商标撤销或无效的效力不影响下列内容：

a）在商标撤销或无效决定生效之前已生效或执行的商标侵权判决；

b）在商标撤销或无效决定生效之前缔结的合同，仅限于在（撤销或无效）决定生效前，该合同已履行的部分；但可以放弃该合同已履行的部分。

（2）（1）款规定不影响商标所有权人承担侵权损害或不当得利的责任。

第 34 条　已删除

第九章　关于集体商标和证明商标的特别规定

第 35 条　集体商标

（1）"集体商标"，指用于并能够表明商品或服务来自特定法人的成员或股东，以区别于其他主体提供的商品或服务的商标。

（2）集体商标的注册申请可由法人提交，尤其是根据相关组织法律规定，拥有民事行为能力和法律人格的联盟（制造者、生产者、服务提供者或是商人联盟），以及受公法调整的法人。

（3）除第四章另有规定外，第一至八章、第十章、第十一章的规定适用于集体商标。

第 36 条　集体商标的注册申请要求

（1）除第 19 条规定的要求外，集体商标的申请必须包含经授权使用该商标的申请人的成员或股东的身份信息。

（2）集体商标的申请必须附上集体商标使用协议，该协议应至少说明经授权使用该集体商标的主体、获得该法人成员资格的条件，以及使用该集体商标的条件，包括制裁。

第 37 条　集体商标的注册申请审查

（1）工业产权局应在第 21 条、第 22 条的范围内审查集体商标的申请；工业产权局应当在第 35 条（1）款的范围内审查第 4 条 b）项规定的要求。

（2）除第 4 条规定的拒绝注册事由外，发生下列任一情况的，工业产权局应驳回集体商标注册申请：

a）申请不符合第 35 条或第 36 条的要求；

b）使用协议违反公共政策或公认的道德准则；或

c）公众容易对集体商标的性质或意义产生误解，尤其是该商标可能被认为是集体商标以外的其他东西。

（3）除根据第 24 条的理由外，还可根据（2）款 b）项、c）项或第 36 条（2）款的理由，对集体商标的注册申请提出意见。

（4）集体商标使用协议经申请人修改后符合（2）款要求的，不应该拒绝该集体商标注册申请。

（5）集体商标注册申请符合本法要求的，工业产权局应当注册该集体商标，申请人成为集体商标的所有权人。

第 38 条　集体商标权

（1）记录在注册簿上的集体商标所有权人的成员或股东，拥有针对集体商标所涵盖的商品或服务使用该集体商标的专有权。

（2）除本章另有规定外，集体商标所有权人享有本法第二章规定的权利。

（3）遵照使用协议规定的条件，集体商标所有权人的成员或股东享有本条（1）款规定的权利。

（4）集体商标所有权人有权代表经授权行使（1）款所述权利的成员或股东，对未经授权使用该商标造成的损失主张赔偿。

（5）为主张损害赔偿，（1）款所述的所有权人的成员或股东，可以加入集体商标的侵权诉讼。

第 38a 条　对使用协议的修正

（1）应集体商标所有权人的要求，工业产权局应当登记集体商标所有权人成员或股东组成的变更情况。

（2）集体商标所有权人应当向工业产权局提交对使用协议的任何修正。

（3）使用协议的修正满足第 36 条（2）款规定要求，且不涉及第 37 条（2）款 b）项或 c）项的拒绝注册事由的，应当记录在注册簿上。

（4）使用协议的修正自记录在注册簿上之日起对第三方生效。

第 39 条　集体商标权的限制

集体商标不得许可。

第 40 条　集体商标的撤销和宣告无效

（1）除第 31 条规定的事由外，发生下列任一情况的，工业产权局应当撤销集体商标：

a）集体商标所有权人未采取合理步骤，阻止以违反使用协议（包括已记录在注册簿上的任何修正）规定的方式使用该集体商标的行为；

b）已记录在注册簿上的使用协议修正违反第 38a 条规定，但集体商标所有权人再次修改使用协议使其符合本条要求的除外；

c）获授权主体使用该商标的方式，容易以第 37 条（2）款 c）项规定的方式导致公众产生误解。

（2）宣告集体商标无效的，适用第 32 条的规定；应在第 35 条（1）款规定的范围内考虑集体商标是否符合第 4 条 b）项的要求。集体商标违反第 37 条（2）款规定的，除非该商标所有权人再次修改使用协议，使其符合第 37 条（2）款的要求，否则工业产权局应当根据商标无效宣告申请，宣布该集体商标无效。

第 40a 条　证明商标

（1）"证明商标"，指用于特定商品或服务上的商标，表明其材料、商品制造方式或服务性能、质量、精度或其他特性经商标所有权人认证，从而能够将该商品或服务与未经认证的其他商品或服务相区分。

（2）任何有资格认证证明商标对应的商品或服务的自然人或法人，均可申请注册证明商标，但是申请人不得从事涉及提供所认证商品或服务的商业活动。

（3）除第四章另有规定外，第一至八章、第十章、第十一章的规定适用于证明商标。

第 40b 条　证明商标注册申请的要求和审查

（1）申请证明商标应附上使用规定。使用规定的要求见本法附件1。

（2）工业产权局应在第 21 条、第 22 条的范围内，审查证明商标的注册申请；工业产权局应在第 40a 条（1）款的范围内审查第 4 条 b）项规定的要求。

（3）除第 4 条规定的拒绝注册事由外，发生下列任一情况的，工业产权局应当驳回证明商标的注册申请：

a）申请不符合（1）款或第 40a 条要求的；

b）使用规定违反公共政策或是公认道德准则的；或

c）公众容易对证明商标的性质或意义产生误解，尤其是该商标可能被认为是证明商标以外的其他东西。

（4）证明商标使用规定经申请人修改后符合（3）款要求的，不应拒绝该证明商标注册申请。

（5）除根据第 24 条规定的理由外，还可根据（3）款规定的理由对证明商标的注册申请提出意见。

（6）证明商标注册申请符合本法要求的，工业产权局应当注册该证明商标，申请人成为证明商标的所有权人。

（7）工业产权局应将证明商标的使用规定记录在注册簿上。

第 40c 条　证明商标使用规定的修正

（1）证明商标所有权人应当向工业产权局提交对使用规定的任何修正。

（2）修正符合第 40b 条（1）款规定，且不涉及第 40b 条（3）款规定的拒绝注册事由的，工业产权局应当将该修正记录在注册簿上。对证明商标使用规定的修正，自登记注册簿之日起生效。

第 40d 条　证明商标的撤销和宣告无效

（1）除第 31 条规定的事由外，发生下列任一情况的，经申请，工业产权局应当撤销证明商标：

a）证明商标的所有权人不符合第 40a 条（2）款要求的；

b）证明商标的所有权人未采取合理步骤，阻止以违反使用规定（包括记录在注册簿上的任何修正）要求的方式使用该证明商标的行为；

c）已登记的使用规定修正违反第 40b 条（1）款或（3）款规定的，但证明商标所有权人再次修改使用规定使其符合本条要求的除外；

d）获授权主体使用该证明商标的方式，容易以第 40b 条（3）款 c）项规定方式导致公众产生误解。

（2）宣告证明商标无效的，适用第 32 条的规定；应在第 40a 条（1）款规定的范围内考虑证明商标是否符合第 4 条 b）项的要求。证明商标违反第 40b 条（3）款规定的，除非商标所有权人再次修改使用规定，使其符合第 40b 条（3）款的要求，否则工业产权局应当根据商标无效宣告申请，宣布该证明商标无效。

第十章　工业产权局的一般程序规定

第 41 条　提交

（1）除注册申请外的其他任何提交，均需包含与该提交相关的商标注册申请的号码或是商标注册的号码。

（2）根据本法规定，程序的当事方应当通过其身份信息证明其身份。自然人应当通过其姓名、公司名（如有）、居住地址或是外国居住地址、国籍和邮寄地址（如有）来证明其身份。法人应当通过其公司名、公司地址和邮寄地址（如有）证明其身份。当事方也可以通过其他由其提供的信息证明其身份，并允许工业产权局使用来自公共管理部门根据其他法律运营的信息系统的信息。

（3）向工业产权局提交的任何内容应当使用捷克语。可通过纸质形式或电子形式提交。

第 42 条　申诉

（1）自工业产权局作出的决定送达之日起 1 个月内，可以对该决定进行申诉。申诉应具有中止效力。申诉期限不可延长、不可免除。

（2）申诉理由必须在提出申诉后的 1 个月内提交给工业产权局。该期限不可延长、不可免除。

第 43 条　默认期限的免除

（1）如果当事人能够证明，非因其自身过错导致其无法遵守法定期限或工业产权局规定的期限，除非本法另有规定，否则工业产权局应根据当事人的申请，免除默认期限。

（2）（1）款规定的请求，必须在阻碍其遵守期限的事由终止之日起2个月内提出，但最迟不超过该行为法定期限逾期后12个月。申请人必须在申请中说明未能履行该行为的理由，并履行之前未履行的行为。该期限不可延长、不可免除。

第44条　注册簿和官方公报

（1）工业产权局应备有一份注册簿，记录本法及工业产权局规定的商标申请和注册商标的重要详情。

（2）注册簿是开放给公众查阅的公共清单，任何人均可复制和摘录。经申请后，工业产权局应签发经官方认证的注册簿的完整摘录或部分摘录、全部或某项注册的副本，或证明特定信息不存在于注册簿中的证书。该证书确认摘要或副本与注册簿中的信息相一致。

（3）在收到商标注册申请修正或相关部门对注册商标进行修正的最终决定后，工业产权局应当及时将该修正录入注册簿。工业产权局应当及时修正注册簿中的错误，并告知与该修正相关的当事人。

（4）注册簿以电子形式保存，工业产权局应在其网站上公告注册簿的信息。

（5）民法典中规定的争议性，只能涉及注册簿中指认商标所有权权属的信息。

（6）注册簿应包括下列信息：

a）注册申请的号码；

b）商标的注册号码；

c）申请日期；

d）优先权日期；

e）在官方公报中公告申请的日期；

f）商标注册录入注册簿的日期，亦是第13条（1）款规定的5年期限的起算日期；

g）文字、图案或是商标的其他表达；如果商标包含除拉丁文以外的其他字母，且申请人在申请中提到了该等字母，应当记录该等文字的拉丁文音译；

h）商标是否包含单一或多种色彩，包括颜色的名称和代码（根据通用颜色代码确定）；

    i）商标的图形要素类别；

    j）商标申请人或所有权人的信息；

    k）商标的类型；

    l）商标注册的商品或服务，根据国际分类的类别顺序呈现（包括类别代码）；

    m）保护范围限制；

    n）商标或商标申请的转让或转移，包括受让人的身份信息；

    o）商标或商标申请上的其他权利，以及受益人的身份信息；

    p）商标或商标申请的许可，以及被许可人的身份信息；

    q）商标的续展日期；

    r）获授权使用集体商标的法人实体的成员或股东的身份信息；

    s）获授权使用证明商标的主体，以及证明商标的使用规定（包括其修正）；

    t）商标申请人或所有权人的代理人的身份信息；

    u）商标撤销、宣告无效或其他形式的终止，包括商标权的放弃；

    v）工业产权局规定的其他重要事项。

（7）由工业产权局发布的官方公报，用于公告特定商标的申请、注册和任何进一步信息，或由工业产权局发布的公告和一般信息，以及其他官方通知和重要决定。

第 45 条

（1）除本法另有规定外，行政程序法适用于商标程序，但有关下列事项的规定除外：授权不限次数参与程序的委托书；对外国政府机关签发的公共文件上的官方盖章和签字的认证；程序中止；决定作出期限；防止不作为的规定；上诉程序的特殊规定；上诉委员会组成；上诉程序可能终止的情况；因丧失上诉选择而禁止变更争议决定。

（2）在根据申请启动的程序中，工业产权局应根据当事人的陈述和提供的证据作出决定。

（3）可以根据其他法律规定，对工业产权局作出的最终决定提起诉讼。

第 45a 条　使用公共管理机构信息系统中的数据

（1）当行使本法规定的职能时，工业产权局应使用基础人口注册簿中的下列数据：

a）姓；

b）名；

c）地址；

d）出生的日期、地点和地区，数据主体在国外出生的，则为出生的日期、地点和出生国家；

e）死亡发生的日期、地点和地区；数据主体在国外死亡的，则为死亡发生的日期、地点和国家；由法院宣告死亡的，该判决宣告死亡的日期，或被宣告死亡的数据主体的实际死亡日期（如有），以及该判决的生效日期。

f）一个或多个国籍。

（2）当行使本法规定的职能时，工业产权局应使用人口注册簿信息系统中的下列数据：

a）姓、名和婚前姓氏；

b）永久地址，或根据其他法律应送达书面文件的地址（如有）；

c）出生日期；

d）出生地点和地区；在外国出生的，则为出生地点和出生国家；

e）死亡发生的日期、地点、地区；在国外死亡的，则为死亡发生的日期、地点和国家；

f）法院宣告死亡的日期，或该被宣告死亡的国民实际死亡的日期（如有），以及该判决的生效日期。

g）一个或多个国籍。

（3）当行使本法规定的职能时，工业产权局应使用外国人信息系统中的下列数据：

a）姓、名和婚前姓氏；

b）在捷克境内的居所类型和地址，或根据其他法律应送达书面文件的地址（如有）；

c）出生日期；

d）外国人的出生地点和国家；该外国人出生在捷克的，则为出生地点和地区；

e）一个或多个国籍；

f）死亡日期、地点和地区；在捷克以外死亡的，则为死亡发生的国家和日期（如有）；

g）将法院宣告死亡的日期作为死亡日期，或被宣告死亡的外国人实际死亡的日期（如有）；以及该判决生效的日期。

（4）在特定案件中，工业产权局仅可始终使用（1）至（3）款规定的、为完成既定任务所必需的数据。仅当该数据是在当前事态发生以前记录的，才应从人口注册簿信息系统或是外国人信息系统中，使用记录在基础人口注册簿中的参考数据。

第十一章　国际事宜

第 46 条

（1）在《巴黎公约》缔约国或世界贸易组织成员内拥有实体商业或工业机构、永久居留权或永久居所的个人，或是上述成员的公民，与捷克国民或在捷克拥有实体商业或工业机构或永久居留权的主体，享有相同的权利；不属于《巴黎公约》缔约国或世界贸易组织成员的公民，或是在前述成员拥有企业、永久居留权的个人，只在互惠条件下方享有本法所规定的权利。

（2）在捷克境内没有实体商业或工业机构、永久居留权或永久居所的人员，必须依据相应法律，由代理人代表参加商标程序。

（3）本条（2）款的规定不适用于：欧盟成员国或欧洲经济区协定缔约国的国民（自然人），在捷克境内有居所或在捷克境内提供服务的个人，总部或商业活动地设在欧盟成员国境内或欧洲经济区协定缔约国境内的法人，以及在捷克境内定居或提供服务的主体。该等主体必须在捷克境内拥有服务地址，供工业产权局实施相关程序，关于商标注册申请、商标注册的官方文件将投递至该地址。

国际注册申请

第 47 条

（1）在捷克境内拥有实体商业或工业机构、永久居留权、永久住所的个人或捷克国民，可以根据《马德里协定》，向工业产权局的中间机构申请商标的国际注册，或是申请修改商标的国际注册。

（2）商标国际注册的申请人必须根据《马德里协定》缴纳实施（1）款行为的费用；工业产权局应在官方公报中公告国际协议规定的费用数额。

第 48 条

（1）指定捷克的商标国际注册申请，与本国商标的注册申请效力相同。

（2）指定捷克的国际商标注册申请的异议期限，自商标在"WIPO 国际商标公报"刊登之月起的次月的第 1 日起算。

（3）在捷克受保护的国际注册商标与本国注册商标效力相同。

第 48a 条　商标国际注册申请的要求

（1）商标已在注册簿上登记的，商标国际注册申请应包括：

a）商标的注册号码；

b）与注册簿中相同的文字或图样；商标是以非拉丁字母申请注册的，或者包含非阿拉伯或非罗马数字的，应当按照法语或英语语音，将其音译为拉丁文本以及阿拉伯数字；

c）申请人的身份信息，其应与注册簿中的所有人的身份信息或代理人的身份信息（如有）相同；

d）商品或服务名录，其不应当大于商标注册的商品或服务名录，带有法语或英语准确翻译，根据国际分类分组，每组前标上类别代码；

e）寻求保护的《马德里协定》缔约国名录；

f）根据《马德里协定》需支付费用的支付方式；支付人的身份信息，或者（如果有）世界知识产权组织国际局签发的收据单号；

g）如果商标是彩色的，列出该商标颜色的法语或英语名称；说明商标是否包含一种或多种颜色（如果适用）；

h）《马德里协定》或《马德里议定书》规定的其他要求。

（2）商标尚未注册的，商标国际注册申请应当包括申请相关信息、向工业产权局申请注册的日期，以及（1）款 b）至 h）项规定的信息。

（3）纸质商标国际注册申请应当附上尺寸最小 15mm×15mm、最大 80mm×80mm 能够清晰重现所有细节特征和颜色（如有）的图样。工业产权局应当在其网站上公布电子版图样的技术要求。申请注册的标志（包括颜色），应当与申请中的标志或已注册的商标相同。

第 48b 条　请求在商标国际注册簿上登记国际注册修正的要求

请求应包括：

a）国际商标的注册号码；

b）国际商标注册的申请号码（如有）；

c）国际商标所有权人的身份信息；

d）申请修正的信息；

e）根据《马德里协定》或《马德里议定书》需支付费用的支付方式、支付人的身份信息，或者世界知识产权组织国际局出具的缴费收据单号（如有）；

f)《马德里协定》或《马德里议定书》规定的其他要求。

第49条　已删除

第十二章　涉及欧盟商标法的商标

第50条　转为国内商标申请

（1）申请人在官方通知送达后2个月内，完成下列所有行为的，工业产权局应当根据《欧盟商标条例》第139条的规定，审查将欧盟商标申请或欧盟商标转为国内商标申请的请求：

a）缴纳管理费用；

b）提交该请求及其附件的捷克语译本；

c）指明在捷克境内的送达地址；

d）提交商标的文字、图样或其他商标图示。

（2）工业产权局应对由已注册的欧盟商标转化的商标进行登记，无须任何其他要求，其优先权日为欧盟商标的登记日；工业产权局应在官方公报上公告注册相关信息。

第51条

（1）存在下列任一情况的，在加入欧盟之前善意提交申请或享有优先权的国内商标所有权人有权禁止使用欧盟商标，如果该欧盟商标的效力因捷克加入欧盟而扩至捷克境内：

a）欧盟商标与国内商标相同，且两项商标注册的商品和服务相同；

b）由于国内商标和欧盟商标相同或近似，且商标涵盖的商品或服务相同或近似，可能导致公众混淆，包括可能使公众联想到该国内商标；或者

c）欧盟商标与国内商标相同或近似，不论商标注册的商品或服务是否相同或类似，如果国内商标在捷克享有声誉，且无正当理由使用该欧盟商标会获得不正当利益，或是损害本国商标的显著性或良好声誉。

（2）（1）款所述的本国商标所有权人，可以就因在捷克境内使用欧盟商

标遭受的损失，在强制履行工业产权和工业产权保护法修订法（第221/2006号法律，强制履行工业产权法）规定的范围内，主张损害赔偿。

第十三章　犯　罪

第51a条

（1）自然人、自然人企业主或法律实体未经许可使用商标的，构成犯罪。

（2）实施（1）款所述犯罪的，处最高25万克朗罚款，或是禁止活动。

（3）法律实体或自然人企业主实施（1）款所述犯罪的，可同时公告判决。

（4）犯（1）款所述犯罪的，应由拥有扩大权限的市政部门审理。

（5）犯（1）款所述犯罪的，不能通过当场决定处理。

第十四章　过渡性和授权规定及废除

第52条　过渡性规定

（1）根据先前法律注册的商标仍然有效。因商标注册违法申请宣告商标无效的，商标是否可予注册应根据商标申请注册时的有效法律进行审查。但是，商标注册符合本法规定的，不得宣布商标无效。

（2）在本法生效时注册申请程序尚未完成的，适用本法。该程序中的程序性行为效力不变，并应根据本法予以审查。在本法生效之前提交的申请存在不足，且该不足妨碍申请审查的，工业产权局应要求申请人弥补该等不足，并为此规定适当的期限。

（3）申请在本法生效前已公告，但本法第25条规定的异议期限在本法生效前尚未到期的，可依据本法第7条在规定的期限内提出异议，但最迟在本法生效后1个月内。在商标核准注册之前，工业产权局还应审查是否满足本法第1条、第2条、第5条和第6条所要求的注册条件。

（4）在本法生效之前，根据前法第25条提交申请删除登记的，应当视为商标撤销或者宣告无效申请，根据本法的规定进行审查，并具有本法规定的效力。

（5）根据前法第25条（2）款和（3）款规定提起商标撤销程序，在本法生效之日尚未完成的，撤销程序的申请人必须依照本法第13条的要求，向工业产权局提交在先商标的使用证明。

（6）根据前法第26条申请删除注册商标登记的，可以在本法生效后1年内提出。

（7）集体商标根据先前法律注册，现所有权人未设立专门法律实体的，可以在本法生效后 1 年内设立。该期限届满未成功设立的，集体商标现所有权人间的关系受调整共有关系的一般法律调整。

（8）本法生效前商标注册产生的关系，受本法调整。但是，该等关系成立以及由此产生的主张应根据关系成立时有效的法律予以考虑。

（9）根据商标法（第 174/1988 号法律）第 18 条宣告的驰名商标，在商标法（第 137/1995 号法律）第 42 条（3）款规定的期限内仍然有效。

第 53 条　删除

第 54 条　废除

以下法律同时予以废除：

1. 经修订的商标法（第 137/1995 号法律）；
2. 商标法实施细则（第 213/1995 号法律）。

第二部分　对法院和法官法的修改

第 55 条

法院、法官、非职业法官和州法院管理及若干其他法律修订法（第 6/2002 号法律，以下简称"法院和法官法"）第 39 条的现有规定应标记为（1）款，并增加（2）款，内容如下：

"（2）依据欧共体理事会 1993 年 12 月 20 日关于共同体商标的第 40/1994 号条例第 92 条，在捷克，由布拉格市政法院作为欧盟商标的一审法院。"

第三部分　生　效

第 56 条

本法自 2004 年 4 月 1 日生效，但第一部分第 2 条 c）项、第 3 条 a）项 3、第 3 条 b）项、第 7 条（1）款 e）项、第 11 条（2）款、第 46 条（3）款、第 12 条和第二部分，应自捷克加入欧盟的条约生效之日生效。

希腊商标法

廖志刚[*]　译

L. 4072/2012（出版物 11 – 4 – 2012）
L. 4155/2013（出版物 29 – 5 – 2013）

第三部分　商　标

第一章　概念和保护条件

第 121 条　可构成商标的标志

商标可以是以图形方式表示的、能够区分某个企业的商品或服务与其他企业的商品或服务的任何标志。

商标尤其可以是文字、姓名、公司名称、别名、插图、设计、字母、数字、颜色、声音（包括乐句）、商品或其包装的形状以及标语。

第 122 条　权利的获得

商标的专有使用权通过注册获得。

第 123 条　驳回的绝对事由

1. 下列标志不得作为商标注册：

a. 不符合第 121 条要求的标志；

b. 没有任何显著特征的商标；

c. 仅由在贸易中可用于表明种类、品质、属性、数量、目的地、价值、原产地、生产货物或提供服务的时间或者商品或服务的其他特征的标志或标记组成的商标；

＊　译者简介：西南政法大学知识产权学院法学教授，博士生导师，国家知识产权战略专家库成员。

d. 仅由已成为日常用语或诚信和公认的行业惯例的标志或标记组成的商标；

e. 仅由产品自身的性质产生的形状、为获得技术效果而必要的产品形状或者使产品具有实质性价值的形状构成的标志；

f. 违反公共秩序或道德准则的标志；或

g. 在有关商品或服务的性质、质量或地理来源方面具有欺骗公众性质的标志。

2. 下列标志同样不得作为商标注册：

a. 旨在区分包含受欧盟法律保护的地理标志、没有特定来源的指定葡萄酒或烈酒的标志；或

b. 包含或由根据欧洲法律注册且涉及同类产品的原产地名称或地理标志组成的标志，如果该商标注册申请是在农产品和食品的原产地名称或地理标志注册申请日之后提交的。

3. 商标不得是：

a. 《保护工业产权巴黎公约》（以下简称《巴黎公约》）（第 213/1975 号法律，A′258）第 6 条之三所涉且符合本条规定的希腊和其他国家的国家名称、国旗、国徽、标志、纹盾、符号和标记以及具有重大象征意义和特定公共利益的标志，尤其是宗教标志、符号和文字；或

b. 违背诚实信用或基于恶意申请的标志。

4. 尽管有第 1 款（2）项、（3）项和（4）项的规定，但截止申请日因使用而获得显著特征的标志，仍可作为商标获准注册。

第 124 条　驳回的相对事由

1. 下列标志不得注册：

a. 如果与在先商标相同，并且申请商标注册的商品或服务与受在先商标保护的商品或服务相同；

b. 如果由于与在先商标相同且商品或服务类似，或与在先商标近似且商品或服务相同，或与在先商标近似且商品或服务类似，有引起公众混淆的风险，也包括与在先商标相关联的可能性；或

c. 如果与享有声誉的在先商标相同或近似，并且在后商标的使用可能无故不当利用在先商标的显著特征或声誉，或损害其显著特征或声誉，无论在后商标是否旨在区分使用在先商标的类似商品或服务。

2. 在本法中，"在先商标"，指：

a. 顾及与该类商标有关的优先权主张，在商标申请日之前已注册的商标，包括在希腊和欧盟受保护的国际商标；

b. 获准注册的商标申请，包括上述国际和共同体商标；或

c. 根据《巴黎公约》第 6 条之二的规定，在商标申请日或必要时商标注册申请所主张的优先权日，该商标为驰名商标。

3. 不接受注册的标志：

a. 与未注册商标或贸易中使用的任何其他显著标志或特征的权利相抵触，该所有人有权禁止使用的在后商标，但前提是该等权利是在后一标志提出注册申请之前获得的，同时考虑任何优先权主张；

b. 与第三方在先人格权或本法规定之外的在先知识产权或工业产权相冲突的；

c. 由于申请人的恶意而可能导致与申请时已在国外注册并使用的商标混淆的。

4. 在商标局、商标管理委员会或行政法院审查商标的任何阶段由在先商标所有人提交的附条件或不附条件的同意书，可消除本法第 124 条第 1 款规定的注册限制。

第二章 权利内容；保护范围

第 125 条 权利内容

1. 商标注册赋予其所有人专有权。具体而言，其规定了使用权；有权将商标贴附于产品上以示区分，标示其所提供的服务，将其贴附于产品封面和包装、书写纸、发票、价目表、告示、各种广告以及任何其他印刷品，并将其用于电子或视听媒介。

2. 下列情形也应视为商标使用：

a. 不改变其显著特征，以不同于其要素的方式使用商标；

b. 在希腊专为出口而在产品或其包装上贴附商标；或

c. 经所有人同意而使用其商标，及获授权人使用集体商标。

3. 商标所有人有权禁止任何第三方未经其许可在贸易中使用：

a. 相同商品或服务中与注册商标相同的任何标志；

b. 因与使用在相同或类似商品或服务中的商标相同或近似而可能引起混

淆包括产生关联的任何标志；或

c. 与声誉商标相同或近似且其使用可能无故不当利用或损害该商标的显著特征或声誉的任何标志，无论该标志是否旨在区分使用在先商标的类似商品或服务。

4. 商标所有人有权阻止任何第三方：

a. 假冒或仿冒产品仅通过希腊领土运往另一个国家或为转口而进口；

b. 在商标所有人生产的旨在以匿名方式流通的正版产品上贴附商标；

c. 将正版产品中的商标去除，并以匿名或其他商标在市场上销售。

第 126 条　保护的限制

1. 商标授予所有人的权利不得阻止任何第三方在贸易中使用：

a. 其名称、姓氏、商号和地址；

b. 表明种类、品质、用途、价值、地理来源、生产商品或提供服务的时间或有关其他特点的标识；

c. 商标本身，如果系表明产品或服务的用途所必需，特别是涉及附件或备件时，如果该使用符合诚实的工商业惯例。

2. 商标所赋予的权利，不得阻止第三方在贸易中使用适用于特定区域的在先权利，如果该权利是在其获承认的领土范围内行使。

第 127 条　容许导致的权利丧失

1. 第 124 条第 2 款和第 3 款分别所指的在先商标所有人或其他权利人在知情的情况下连续 5 年容许他人使用该商标的，无权禁止针对商品或服务使用其曾使用的在后注册商标，除非在后商标申请是出于恶意而提出的。

2. 就第 1 款而言，在后注册商标的所有人无法禁止对在先商标或其他权利的使用。

第 128 条　权利用尽

1. 商标赋予的权利不能授权其所有人禁止由其本人或经其同意、已投放欧洲经济区市场贴附该商标的商品使用该商标。

2. 所有人有正当理由阻止其进一步销售，特别是在商品投放市场后状态发生变化或受损的，不适用第 1 款。

第 129 条　弃权声明和限制申请

无论是否存在未决程序，申请人可以在任何时间：

a. 声明其放弃对所申请商标的某些非必要元素的任何专有权；或

b. 声明其对申请表中提及的商品或服务进行限制。

第 130 条　商标申请或注册的分案

1. 商标申请人或所有人可以通过声明原始申请或注册中包含的某些商品或服务将成为一项或多项分案申请或注册的客体，以分案申请或注册。分案申请或注册中的商品或服务不得与原始申请或注册中保留的商品或服务重叠。

2. 每项分案申请或注册的优先权时间可以追溯到原始申请的申请日。

3. 对注册提出异议或无效或撤销申请的，不得接受分案声明。在有关决定成为最终决定或以其他方式最终终止程序之前，该分案声明针对异议或无效或撤销请求所针对的商品或服务具有提出分案的作用。

第三章　作为财产的商标

第 131 条　转让

1. 针对已申请或注册商标所涉全部或部分商品或服务的商标权或商标申请权，可以在生前或死后转让，而与企业的移转无关。

2. 若无相反约定或相关情况明确要求，企业整体移转应包括商标转让。

3. 转让须订立书面协议，并且只有在其录入商标注册簿后，方对第三方有效。

4. 在商标局或商标管理委员会或主管行政法院或国务委员会审理案件期间转让商标的，转让人有权进行额外干预。

5. 在行政上诉法院审理之前，申请人可以在转让之后取得在先商标，而该在先商标使其待判决的申请无法注册，由此在商标注册簿中登记转让可自动消除阻止登记的理由。仅出示表明转让的商标记录副本，行政法院就必须顾及上述转让。

第 132 条　许可

1. 可以在部分或全部希腊领土上就希腊注册的部分或全部商品或服务颁

发商标许可。许可可以是独占的或非独占的。许可协议必须为书面形式。商标所有人通过其声明，或者被许可人经所有人授权，可请求在商标注册簿中登记该许可。

2. 商标所有人可以援引该商标赋予的权利对抗违反许可合同中下列任何条款的被许可人：

a. 使用期限；

b. 注册所涵盖的商标使用方式；

c. 许可使用的商品或服务种类；

d. 可贴附该商标的地域；或

e. 被许可人生产的产品或提供的服务的质量。

3. 双方当事人可约定，使用商标的被许可人有权按照第 1 款的程序和条件进一步授予分许可。

4. 只有在商标所有人同意的情况下，被许可人才可以独立提出商标侵权诉讼。但是，除非另有约定，否则商标所有人在被正式催告后未在适当期限内自行提起侵权诉讼的，独占许可的持有人可以独立提起该诉讼。

5. 商标所有人提起诉讼的，被许可人可以介入并寻求弥补其所遭受的损失。

6. 商标许可协议的期限或修订应相应地记录在商标注册簿中。

7. 商标所有人关于使用许可期满的声明会自动导致注册簿中登录的许可失效。

第 133 条　物权；强制执行；破产程序

1. 商标可以作为担保，也可以作为物权标的。

2. 商标可以强制执行。

3. 商标属于可供分配的资产。

4. 在破产的情况下，应受托人请求，前款有关商标的程序，录入商标注册簿。

第四章　注册程序

第 134 条　商标申请的提出

国内商标注册申请，向商业和工业产权理事会（发展、竞争力和运输部商标局）提交。

第 135 条　申请日的授予条件

1. 商标申请书中需附已缴纳申请费的证明文件，并且必须包含：

a. 商标注册申请；

b. 商标的印刷；

c. 申请人的姓名、住所、电话号码和电子邮件地址；申请人是法人的，应注明其公司名称和所在地，而非姓名和住所；申请人是多人的，应指定一名共同代理人；

d. 商标欲区分的商品或服务清单，按类别分类并附特定类别说明，按产品或服务分组。

2. 申请提交日是第 1 款所列文件的提交日期。

第 136 条　提交申请的其他形式要件

1. 除第 135 条第 1 款规定的资料外，商标申请文件中还必须包含：

a. 申请人的签名，或其律师的签名；

b. 主张优先权的，在先申请提交的日期和其有效的国家；

c. 由律师代理申请人的，其姓名、地址、电话号码和电子邮件地址；

d. 由律师提交申请的，需要书面授权。有申请人对此授权书的签名即可，无须确认其真实性；

e. 为诉讼目的指定代表的，其地址、电话号码和电子邮件地址；

f. 商标是声音、彩色、三维或集体的，表明该等特征；且

g. 商标使用希腊字母和拉丁字母以外的其他字符书写的，在附录中用希腊字母或拉丁字母对这些字符进行转写。

2. 必须通过向有关部门提供数字音频光盘或其他适当的电子存储介质，以电子形式提交商标的申请和印刷。

3. 附有商标印刷的申请，如果其日期和签署符合第 150/2001 号总统令（A′125）第 3 条第 1 款的含义，也可以通过电子方式提交。寄件人收到由商标局根据第 134 条出具的具有上述意义的先进电子签名的电子收据的，视为已提交通过电子方式发送的包含第 135 条第 2 款规定资料的商标申请和印刷。

4. 行政改革和电子治理部、财政部以及发展、竞争力和运输部部长可通过共同决定，规定条款、条件、程序、技术规格、技术管理和与实施第 3 款

有关的任何事项。

第 137 条　申请的审查

1. 申请含有编号，并随附提交申请的日期和时间，录入商标注册簿，并发布在商务秘书处的网站上。

2. 每份申请均创建一项电子记录，其内容由发展、竞争力和运输部部长决定，至少包括以下要素：注册号，申请日期和时间，商标的印刷，申请人的姓名和法人的名称，以及按时间顺序记载有关申请、异议、申诉的决定的提述，涉及撤销或无效的申请和相关决定的提述，有关记录在商标申请中的行为的提述；由单独条款规定在商业秘书处网站上发布上述信息。

第 138 条　形式要件的审查

1. 商标局审查：

a. 申请是否符合第 135 条规定的申请日条件；和

b. 申请是否符合第 136 条规定的条件。

2. 申请不符合第 135 条和第 136 条规定条件的，商标局应要求申请人在 1 个月内纠正或完善已确定的错误或缺陷。

3. 申请人在截止日期之前按照商标局的要求纠正或完善了与第 135 条相关的错误或缺陷的，商标局将该申请文件提交之日认定为申请日。否则，商标局认为该注册申请虽已提交却未完成审查。

4. 申请人在规定期限内未纠正或完善与第 136 条相关的错误或缺陷的，商标局应驳回该商标申请，并将有关决定告知申请人。

第 139 条　驳回事由的审查

1. 不存在第 123 条或第 124 条第 1 款和第 3 款规定的驳回事由的，商标局应接受注册申请，并负责以任何适当方式（首选电子邮件或传真）将相关决定通知申请人或其代理人；同时，在确定申请日后的 1 个月内，将相关决定发布在商务秘书处的网站上。

2. 商标局经检索确认申请文件中全部或部分商品或服务所涉商标不符合第 123 条或第 124 条第 1 款和第 3 款规定的，应要求申请人自接到通知之日起 1 个月内，撤回申请、限制该商标的保护范围使其符合条件，或者提交其意见。

3. 申请人限制商标的保护范围从而达到合规程度，或者其意见有效的，商标局接受该申请，并在申请人提交限制或意见之日起 1 个月内将该决定发布在商务秘书处网站上。

4. 申请人未在规定期限内作出答复，或撤回其申请，或限制商标保护范围使其符合规定，或其意见被认为不可接受且无效的，商标局将驳回该申请。商标局负责以任何适当方式（首选电子邮件或传真）将驳回决定通知申请人或其代理人；同时，将相关决定发布在商务秘书处的网站上。

5. 审查员、商标局的雇员，应负责就绝对驳回事由的审查以及注册或驳回申请作出决定。

第 140 条　异议

1. 审查员根据第 139 条第 1 款和第 3 款接受申请注册的决定可能会自该决定在商务秘书处网站上发布后 3 个月内，因注册与第 123 条或第 124 条第 1 款和第 3 款规定的一项或多项事由相悖而受到异议。

2.（废除）

3. 存在第 124 条第 1 款和第 3 款规定的相对事由的，在先商标所有人或其他权利人可提出异议；经该等商标所有人授权的被许可人也可根据第 132 条规定的条款和条件提出异议。

4. 异议应通过文档向商标局提交，商标管理委员会负责对该异议作出决定。在缴纳异议费之前，不得将其视为已正式录入。

第 141 条　异议资料

异议申请应附有缴纳异议费的证明文件，并包含以下内容：

a. 所针对的申请号及其所有人的资料；

b. 异议的理由，确认在先商标或权利以及异议所针对的商品和服务；和

c. 提起异议所涉商品或服务的详细说明。

第 142 条　异议的审查

1. 商标局应及时将已收到按时提交的异议申请及其登记号和商标管理委员会开会审查的日期通知异议人。由异议方承担责任，执达官应在商标管理委员会召开会议之日前 10 日，将认证的异议书副本（包含进行讨论和评议的记录）传达给申请人或其代理人（视情况而定）。

2. 异议的补充理由可以在审查异议的商标管理委员会召开会议的 15 日之前提出。由异议方承担责任，执达官应在商标管理委员会召开会议前 5 日，将认证的附有补充理由的副本传达给申请人或其代理人（视情况而定）。

3. 对于异议的审查，适用第 145 条的程序。

4. 商标管理委员会根据现有证据裁决异议。

5. 对异议的审查表明，针对已申请共同体商标注册的部分或全部商品或服务的商标申请不可注册的，关于该等商品或服务的申请应予以驳回。否则，应驳回异议。

第 143 条　使用的证明

1. 应申请人要求，异议人作为第 124 条第 2 款范围内在先商标的所有人，应提供证据证明在后一商标注册公告日之前的 5 年内，在先商标已在注册的商品或服务上真实使用，从而构成异议理由；或者证明在后一商标注册的公告之日，在先商标虽已注册不少于 5 年，但有正当理由不使用。

2. 在商标管理委员会对异议进行审查期间，应提交证明真实使用的请求，否则不予承认。在该情况下，委员会主席应向异议人提供至少 20 日的时间，自听审之日起算，使其可以为所要求的使用提供证据。该期限届满后，应将有关证据告知商标申请人，以便其可以在 15 日内提出意见。委员会应根据双方当事人提供的证据和辩论意见审查案件。

3. 在先商标仅用于其已注册的产品或服务的一部分的，为了审查异议，其将被视为仅在该部分产品或服务上注册。

4. 异议人不能证明真实使用其商标或有合理理由不使用该商标的，应在不事先审查案件实质的情况下驳回异议。

第 144 条　商标管理委员会的程序

1. 商标局全部或部分驳回商标申请决定的，可自决定公布之日起 60 日内提出申诉。

2. 申诉书与提交给商标局的文件一并提交，由商标管理委员会审查。

3. 商标局应立即告知申诉申请人已按时收到申诉书，以及其编号和商标管理委员会召开会议的日期。

4. 可以在商标管理委员会开会审查的 15 日前提交异议并补充理由。

5. 对于申诉的审查，适用第 145 条的程序。

第 145 条　商标管理委员会

1. 商标管理委员会位于雅典，在发展、竞争力和运输部由商标局局长声明指定的会议室召开会议。商标管理委员会负责认可或驳回异议、依据本法第 144 条提出的申诉、无效或撤销的申请、介入，以及商标局与商标申请人或所有人之间在实施本法过程中产生的任何争议。

2. 商标管理委员会以三人组成的小组运作，第一名成员由国家法律委员会的一名法官担任主席；第二名成员为商务秘书处的大学毕业生，最好具有法学学位或工学学位，有商标局的工作经验；第三名成员具有法学学位，是第 2190/1994 号法律第 14 条范围内商务秘书处以外的公务员。主席依法指定一人介绍由商标管理委员会有关部门审理的案件。商标管理委员会主席将案件分配给委员会各小组。

3. 委员会会议公开进行，并保存会议记录。委员会于每年年初按委员会主席指定的日期和时间开会，并通告在商标局外面和商务秘书处的网站上。以商标局局长拟定的案件清单为基础进行审理。案件清单在听证日的 8 日前张贴于商标局外。

4. 商标管理委员会成员的任期为两年，可连任一次。商标管理委员会主席和成员独立履行职责，但可能会因履职中的严重问题，尤其是违反公正原则、无故不履行职责、拒绝或延迟执行任务，而被发展、竞争力和运输部部长解除职务。

5. 商标管理委员会成员不得参与商标局关于同意或驳回注册申请的决策。

6. 有关各方由律师代理，律师可以向委员会提出书面意见，并提交任何适当的文件以支持其案件。当事人缺席不意味着承认。委员会视同当事各方在场而作出裁决。委员会接受按行政诉讼法（第 2717/1999 号法律，A 97）规定提供的证据。向裁判官、公证人或执政官宣誓的书面陈述，可在向对方当事人发出到场传票 48 小时之内提交。委员会可允许对证人进行听审。

7. 委员会以多数票作出决定，并应具体说明理由。

8. 接受商标注册决定的摘要发布在委员会秘书处的网站上。商标局将驳回决定通知有关当事方或其代理人。

9. 享有合法权益的任何人均可向商标管理委员会请求介入。通过向商标局提交文件进行介入，由介入者承担责任，执达官在委员会召开会议前 5 日将有关情况告知争议当事人。

第 146 条　行政法院的程序

1. 对商标管理委员会的决定，可以在其宣布后 60 日内向行政法院提起诉讼。

2. 起诉具有中止效力。

3. 在行政法院审理期间，提起诉讼的一方可要求商标管理委员会程序中的当事人申请介入，否则将拒绝听审。一旦按上述规定请求其介入的，该等当事人不享有异议权，但发生不可抗力的情况除外。

第 147 条　注册；商标注册簿

1. 审查员、商标管理委员会和行政法院的决定，向审查员和商标管理委员会提交的申请资料，以及法律救济，均应记载于商标注册簿中，并发布在商务秘书处网站上。商标通过审查员和商标管理委员会的无误决定或法院的终局判决被核准注册的，商标注册簿中会记录"已注册"一词，以及该商标所涉商品或服务的任何变更。由争议当事人承担责任，与注册商标异议有关的任何法律文件均应录入商标工作簿或注册簿。

2. 被接受的商标视为自注册申请日已获注册。商标和商标权的所有合法变更均记录在商标注册簿中。

3. 商标注册簿是公开的。任何人经申请均可获得注册的副本或摘录。

4. 商标注册簿可以为电子形式（电子商标注册簿）。由发展、竞争力和运输部部长作出决定，规定条款、条件、注册程序、技术规格、技术管理以及与建立和维护电子商标注册簿有关的任何其他事项。决定确定电子商标注册簿开始运行的，即废除商标注册簿。

第 148 条　保护期限；续展

1. 商标保护期限为 10 年，自商标注册申请日次日起算。

2. 商标所有人可每隔 10 年提交一次申请，并按时缴纳续展费，延长其商标的保护期。

3. 续展费在保护期的最后一年缴纳。费用增加一半的，续展费也可以在 10 年期满后的 6 个月内缴纳。

4. 在分别符合第 171 条第 3 款和第 175 条第 2 款规定的情况下，如果在第 3 款所述期限内未缴纳法律规定的续展费的，商标将予以注销。

5. 关于延长保护期和反对根据第 4 款予以注销的任何争议，由商标管理委员会应利害关系人的请求予以处理。

第 149 条　权利的恢复

1. 商标局或商标管理委员会程序中的申请人、商标所有人或任何当事人，尽管已根据情况采取了一切应有的谨慎措施，但因为不可抗力或不可预见的情况或任何其他非本人担责的重大事由，仍未能满足商标局或商标管理委员会有关时效的要求，如果合规的障碍直接导致了任何权利或救济措施的丧失，可以请求重新确认其权利。

2. 第 1 款不适用于异议的时效以及根据第 177 条第 2 款主张优先权的时效。

3. 根据具体情况，在合规的时效障碍消除后 2 个月内，并且无论如何应在未遵守的时效届满后 1 年内向商标局或商标管理委员会提交恢复权利的申请。

4. 该申请须缴纳费用。

5. 商标申请人或所有人的权利被重新确认后，不得援用其权利对抗在未遵守的时效届满至商标管理委员会发布重新确认其权利决定之日期间善意获得权利的第三方。

6. 不提交续展请求的，应从第 148 条第 3 款规定的 1 年期限中扣减附加的 6 个月。

第五章　商标侵权

第 150 条　侵权主张

1. 违反第 125 条规定使用或以其他方式影响他人商标的，可被起诉责令停止正在实施或即将实施的侵权行为，并被判令支付赔偿金。

2. 除要求停止侵害外，所有人可请求以下事项：

（1）从市场上收回被认定侵犯商标权的产品，并在必要时收回主要用于侵权的材料；

（2）去除违法商标或显著标志，或者在无法去除的情况下，从市场上永久收回贴附该违法标志的产品；及

（3）予以销毁。

若无特殊理由提出相反主张，法院则下令执行上述措施，由商标侵权人承担费用。

3. 法院认定不作为构成犯罪的，可判处针对每项侵权行为向所有人支付3000~10000 欧元罚金及 1 年以下监禁。判决在禁令期间作出的，同样适用。否则，适用民事诉讼法第947 条的规定。

4. 所有人也可以对其服务被第三人用于侵权的任何中间人行使第2 款第1 项规定的权利。

5. 侵犯他人商标的，必须支付赔偿金并承担精神损害赔偿。

6. 赔偿额亦可基于侵权人如向所有人请求获得使用许可本应针对相关权利支付的金额或其他费用进行计算。

7. 在计算赔偿额时，法院尤其应考虑所有人遭受的负面财务影响和利润损失以及商标侵权人获得的任何利益。

8. 责任人无过错的，所有人可以主张获得责任人未经许可从商标使用中受益的金额，或者偿还其从该使用中获得的利润。

9. 不论金额大小，应向有管辖权的独任一审法院提起诉讼，并按普通程序进行审理。自首次侵权当年年底起 5 年后，禁止提出索赔。诉讼时效中止后，新的时效期间自中止发生之年期满起算。

10. 发生其他主张的，亦可向有管辖权的一审法院合议庭提交第 1 款的主张。

11. 在相同商品或服务上使用相同商标，且商标要素虽有变化却不改变其独特性的，出示诉争商标的注册证书足以充分证明构成侵权。

第 151 条　证据

1. 一方当事人充分出示足以支持商标侵权主张的现有证据时，如果其援引受被告控制的证据，法官可以应当事人的请求责令被告出示该证据。出示有违法标志的大量商品的，视为有效证据。

2. 商标在商业规模上受到任何侵害的，法院亦可应当事人的请求，责令被告提交其控制的银行、财务或商业文件。

3. 在任何情况下，被告请求提供信息的，法院应采取适当措施切实保护保密信息。

4. 在商标侵权案件中，基于任何一方当事人与诉讼同时提起或在临时措施程序中单独提起的合理请求，即使在开庭审理日之前，法院亦可责令被告提供影响该商标的商品或服务的来源和经销网络的信息。上述规定同样适用于下列任何其他人：

（1）被认定以商业规模拥有非法商品的；

（2）被认定以商业规模使用侵权服务的；

（3）被认定以商业规模提供服务用于侵犯商标的；或

（4）由他人妥为指定按照上述 3 种情形以商业规模积极参与生产、制造或经销商品或者提供服务的。

5. 第 4 款所涉信息应酌情包括：

（1）产品或服务的生产商、制造商、经销商、供应商和其他先前的所有人以及作为接收人的批发商和零售商的名称和地址；

（2）有关生产、制造、交付、接收或订购的数量以及上述商品或服务价格的信息。

6. 民事诉讼法第 401 条和第 402 条所涉人员可以拒绝提供上述要求的信息。

7. 第 3 款和第 4 款规定的适用不影响下列规定的适用：

（1）赋予所有人获得更完整信息的权利；

（2）在民事或刑事诉讼中调整依据第 3 款和第 4 款传达的信息的使用；

（3）调整滥用信息权的责任；或

（4）调整信息源的保密或个人数据的处理。

8. 一方被要求却无故不提供第 1 款和第 2 款所列证据的，其对要求提供或披露证据的另一方的指控的举证答辩视为承认侵权。

无正当理由违反第 1 至 3 款所述法院命令的，应处以 5 万 ~ 10 万欧元的罚款并承担诉讼费用。

9. 负责提供信息的一方提供失准信息的，无论出于故意还是重大过失，均应对由于特定原因造成的损失负责。

10. 根据本条获得的信息不可用于起诉提供信息的人。

第 152 条　司法费用

就本法而言，一般费用包括常规费用和任何其他相关费用，如证人费用、律师费，当事方的专家和技术顾问的费用以及寻找侵权人的费用，应由胜诉方❶妥为支付。其他方面，适用民事诉讼法第173至193条的规定。

第153条　保全措施

1. 任何人都有权针对正在或即将实施的侵权行为，申请保全措施。

2. 所有人可以请求扣押或临时退回贴附侵权标志的商品，以防止其进入经销网络或销售。

3. 针对商业规模侵权，如果所有人证明存在可能危及常规诉讼请求的赔偿金支付的情况，并妥为提供可证明其商标正在或即将受到侵害的有效证据，管辖法院可命令保全性地扣押被告资产，并冻结其银行账户。为此，需要侵权者提交其银行、财务或商业文件，或在保护机密数据的前提下允许适当地使用相关信息。

4. 可以不事先审理被告而责令采取前述各款的保全措施，尤其是任何延误将会给商标所有人造成不可弥补的损害。

5. 为了使法院采取上述措施，可以要求申请人提供任何适当的有效证据，从而认定该权利正在或即将受到侵害。在任何情况下，第154条第4至7款均适用于这一情形。

6. 被请求采取保全措施的人提交的商标申请，不得阻止针对其的任何保全措施。

7. 发现商品或所提供服务的区域的独任一审法院有权与上述侵权货物或服务的公司所在区域的法院共同准许保全措施。

8. 所有人可以针对服务被第三方用于侵犯其商标权的中介人申请保全措施。

第154条　证据保全措施

1. 根据现有证据，侵犯或威胁侵犯商标的行为有充分可能性，且任何拖延均会对商标所有人造成不可挽回的损害，或存在销毁证据的实际风险的，作为预防措施，初审法院独任法官可下令没收被告持有的非法产品，并酌情没收构成侵权手段的材料和工具，或任何侵权产品或证据。法院可以不扣押，而是命令对该等物品进行详细清点和拍照，对上述产品进行取样，并获取相关文件。在该等情况下，法院可以根据民事诉讼法第691条第2款的规定，

---

❶　原文为 successful party。疑为"败诉方"（losing party）。——译者注

在不传唤禁令所针对的人的情况下对该请求作出决定。

2. 如果上述措施对申请人证明商标侵权的主张是适当的，法院应下令采取上述措施，同时确保机密信息的保护。

3. 所有人的请求无须对证据进行详细的确认，按类别确认即可。

4. 采取上述措施而不听取被告意见的，被告会收到提供信息的通知书，该通知书最迟在临时保护措施执行后的第一个工作日内发出，否则构成该措施的程序行为无效。

5. 法院可根据法院自行设定或附加在禁令上的担保，命令采取上述措施，申请人提供担保是为了确保恢复被告因这些措施可能遭受的损失。

6. 在第 1 款的情况下，法院为主案件的诉讼设定不超过 30 日的强制性期限。期限届满的，保护措施自动失效。

7. 如果上述禁令因申请人的任何作为或不作为而被撤销或停止适用，或经追溯确定商标所有人的权利不存在被侵犯或被威胁侵犯的情况，法院可根据被告的申请，责令申请人全额赔偿其损失。

第 155 条　比例性

第 150 至 154 条规定的条例、制裁和措施均应遵循比例原则。

第 156 条　制裁

1. 有下列情形之一的，一经定罪，应处以 6 个月以上监禁，并处至少 6000 欧元的罚金：

（1）故意使用商标违反第 125 条第 3 款（1）项或（2）项的；

（2）违反第 125 条第 3 款（3）项规定，使用声誉商标意图利用或损害其声誉的；

（3）故意投入流通、拥有、进口或出口带有另一所有人的商标的商品，或以另一所有人的商标提供服务的；或

（4）故意实施第 125 条第 4 款（1）项、（2）项和（3）项规定的行为之一的。

2. 所寻求的利益或第 1 款所述行为威胁的损害非常重要，且存在商业规模利用，或被告以职业方式实施该等行为的，应处以至少 2 年的监禁和 6000～30000 欧元的罚金。

3. 使用第 123 条第 3 款（1）项所指符号和标志的，由法院依职权起诉，

处以不超过 2000 欧元的罚金。

第 157 条　判决的公布

1. 涉及本法第三部分规定权利的民事判决或刑事终审判决，可应申请人的请求，并由侵犯商标权的一方承担费用，命令采取适当措施，公布判决相关信息、张贴判决书、在媒体或互联网上全部或部分公布。法院应在尊重比例原则的情况下，决定适当的信息提供方式。

2. 自判决公布之日起 6 个月内未采取判决公开措施的，该请求权即告消灭。

第 158 条　民事法院的管辖权

1. 民事法院没有管辖权，根据本法规定，商标局、商标管理委员会和行政法院拥有管辖权。

2. 对商标局和商标管理委员会的决定没有上诉权，行政法院根据本法作出的终局判决，对民事法院或任何其他机关具有约束力。

第六章　放弃、无效和撤销

第 159 条　权利放弃

1. 商标权因所有人声明放弃其注册的全部或部分商品或服务而消灭。

2. 放弃应由所有人以书面形式向商标局声明。只有在商标局注册簿上登记后方生效力。

3. 如果已授予使用许可，只有在所有人表明被许可人已被告知所有人意图放弃对商标的权利时，放弃声明才被接受。

第 160 条　权利撤销

1. 有下列任一情况的，所有人丧失全部或部分权利：

（1）在商标注册后 5 年内，所有人未针对商标注册的商品或服务真实使用商标，或连续 5 年暂停使用该商标的；

（2）由于所有人的作为或不作为，该商标已成为该商标注册的产品或服务的通用名称的；或

（3）由于所有人对其注册的商品或服务进行使用或经其同意进行使用，

该商标有可能误导公众，特别是在该等商品或服务的性质、质量或地理来源方面。

2. 无效理由只存在于该商标所注册的部分商品或服务上的，该商标应仅就该等商品或服务宣布无效。

3. 有下列任一情况的，不导致无效：

（1）所有人表明不使用商标具有合理理由的；或

（2）商标所有人在 5 年不使用期间届满和提出无效申请之间的间隔期间，开始或恢复真实使用的。在提出申请前 3 个月内开始或恢复使用，且申请最早是在连续 5 年不使用期间届满时提出的，如果准备开始或恢复使用是在所有人知道可能提出无效申请之后进行的，不予考虑。

4. 因无效而作出商标去除决定的，其效力自决定成为最终决定之日起开始。

5. 关于商标无效的最终决定应录入商标注册簿，并将商标从注册簿中删除。

第 161 条　商标无效

1. 违反第 123 条和第 124 条规定的，商标无效；已注册的，予以注销。

2. 注销理由仅涉及其注册的部分商品或服务的，该商标仅针对具体商品或服务被宣告注销。

3. 在提出注销申请时不存在第 123 条第 1 款（b）项、（c）项、（d）项规定的驳回理由的，不得宣布注销该商标，因为该商标通过使用已具有显著性。

4. 内部市场协调局根据欧盟理事会第 207/2009/EC 号条例（L 78）第 34 条和第 35 条已接受优先权申请的国家商标，即使在此之前已放弃较早的国家商标或未续展保护，亦可被注销。

5. 作出注销商标决定的，其效力自决定成为最终决定之日起生效。

6. 关于商标注销的最终决定应录入商标注册簿，并将商标从注册簿中删除。

第 162 条　无效或注销的程序

1. 撤销或无效的申请，由任何有合法权益的人在商标局登记的文件中提出，并由商标行政委员会审查。

2. 商标局应立即通知申请人收到注销申请、归档编号和审查该申请的商标行政委员会的开会日期。

3. 任何人无权以第 124 条的理由申请无效，因为该等理由应在注册过程中提出，且该等理由是由商标管理委员会或行政法院根据诉讼程序在异议人和商标所有人之间作出决定。

4. 商会和消费者协会或其成员仅可在第 123 条和第 160 条第 1 款（3）项的情况下提出撤销或无效申请。

5. 审查注销或无效申请的，适用第 145 条的程序。

6. 应商标所有人的商标无效请求，在先商标所有人请求无效的，必须证明在提出无效申请之日前 5 年内，在先商标一直针对注册的商品或服务有效使用，并援引该等商品或服务作为无效申请的理由，或者有正当理由不使用该商标，因为此时在先商标至少已注册 5 年。不能证明上述情况的，驳回无效申请。在先商标只在已注册的部分商品或服务上使用的，在注销申请的审查中，视为仅针对该部分商品或服务注册。关于提交在先商标使用证明申请的程序和商标管理委员会主席规定的期限，比照适用本法第 143 条第 2 款的规定。因违背诚信或恶意注册而提出的撤销申请，在商标保护期内均可提出。

第七章　集体商标

第 163 条　保护条件

1. 根据相关适用法律具有法定资格的合作社和制造商、生产商、服务提供商或贸易商协会以及受公法调整的法人，可以提出商标注册申请，以区分其成员的商品或服务的来源或此类商品或服务的地理来源、种类、质量或特性。

2. 由于集体商标包含地理标志，因此应在法人章程中规定，其商品或服务来自同一地理区域并符合集体商标使用条件的任何人均可成为该法人的成员并使用该集体商标。

3. 由地理标志构成的集体商标，并未赋予其所有人阻止第三方，尤其是获许使用地理名称的第三方，使用该等符号或标志的权利，但该等第三方的使用应符合诚实的贸易惯例。

4. 集体商标申请的提交必须随附使用规章，其中应包括名称、地址、用途、法定代表人的姓名、有权使用的成员名单以及关于会员使用商标的权利和义务的条款和条件。上述要素的任何变更，也需要使用规章中进行规定。

5. 除章程或使用规章另行规定外，集体商标注册所产生的权利属于法人所有人。

6. 集体商标应单独备存商标注册簿，且在任何时候，其申请和续展的权利费均比其他商标的权利费高 5 倍。

7. 使用集体商标必须标注"集体商标"字样。

8. 本法所有规定均适用于集体商标，但与本条规定相抵触的除外。

第八章　国际商标

第 164 条　《马德里议定书》的批准

1. 根据《马德里议定书》进行的国际商标申请，受第 2783/2000 号法律规定保护。

2. 除本章另有规定外，本法关于国内商标的规定亦适用于国际商标。

第 165 条　定义

就本法关于国际商标的规定而言，下列术语具有下列含义：

a. "转换申请"，适用本法第 173 条；

b. "基础注册"和"基础申请"，指本法第 166 条第 1 款 b 项所指的注册和申请；

c. "原属局"，指代表《马德里议定书》缔约方负责商标注册的主管机构；

d. "国际申请"，指向国际局提出的在国际注册簿中注册商标的申请；

e. "国际局"，指世界知识产权组织的国际局；

f. "国际注册簿"，指国际局为《马德里议定书》目的备存的商标注册簿；

g. "国际注册"，指商标在国际注册簿中的注册；

h. "在希腊领土寻求商标保护的国际注册"，指根据《马德里议定书》第 3 条之三第（1）款或（2）款请求在希腊领土延伸保护的国际注册；

i. "《实施条例》"，指根据第 2783/2000 号法律批准的《马德里议定书》第 10 条通过的连带条例；

j. "国际商标簿"，指本法第 171 条第 2 款所述的登记簿。

第 166 条　申请的提交

1. 对于希腊商标的国际注册,满足下列条件的,希腊被视为国际注册的原属国:

a. 申请人在希腊拥有真实和永久的工商业机构或住所,或者是希腊国民;且

b. 已提交商标申请,或者在希腊拥有注册商标。

2. 国际注册申请以法语或英语提交。

第 167 条　申请文件

国际注册申请书一式两份,必须以《实施条例》规定的形式提交。应由申请人或其代理人按照随附的书面说明签名,并包含《实施条例》第 9 条中提及的必要信息。应通过 CD－ROM 或其他适当的电子存储介质以电子形式存档,并交付给主管局。

第 168 条　对形式要件的审查;申请的转送

1. 商标局受理国际注册申请后,审查其是否符合第 166 条规定的条件,给予其文号,并在其上注明收件日期和随附文件数量。

2. 国际注册申请连同附件应在收到后 2 个月内转送给国际局。

第 169 条　国际注册的日期

国际申请的注册由国际局完成。国际注册的日期为商标局收到国际申请的日期,但前提是国际局自商标局收到之日起 2 个月内以常规和完整的形式收到该申请。在此期间内未收到国际注册申请的,国际注册应以国际局收到该申请的日期为注册日期。

第 170 条　费用的缴纳

国际注册或续展及其任何变更的费用,均直接向国际局缴纳。

第 171 条　在希腊境内的国际注册保护程序

1. 商标局有权决定在希腊境内对国际注册提供保护。

2. 国际注册以及将其延伸至希腊境内的申请均以特定的印刷形式录入,

并发布在商务秘书处的网站上。

3. 在希腊以国际注册的效力替代国内商标的，国际商标的实质性权利涉及该国内商标的注册日。

第 172 条 救济

1. 在根据第 144 条针对第 140 条项下的异议和第 162 条项下的无效或撤销向商标管理委员会提出申诉程序期间，国际注册的所有人，作为申请人或者救济申请所针对的被告，应指定所有通知均可送达的希腊境内的一名代理人和律师。上述规定同样适用于审查员通知申请人根据《实施条例》第 17.1 条暂时驳回，要求其根据第 139 条第 2 款提出意见的情形。对于国际商标，针对第 139 条第 2 款，期限为 3 个月。

2. 国际注册的申请人或所有人在第 1 款的程序中未指定代理人的，在商标管理委员会审理时不视为其在现场，而视为当事人在场。

3. 对国际注册申请有异议的，商标局应根据《马德里议定书》第 5 条和《实施条例》第 17 条，将作为暂时驳回的异议理由告知国际局。

4. 国际注册申请被驳回的，商标局应根据《实施条例》第 17.1 条和第 17.3 条将驳回通知国际局。通知中应随附希腊法律中申诉相关规定的英文或法文译本。申诉应自告知国际局暂时驳回之日起 90 日内提出。

第 173 条 将国际商标申请转换为国内申请的程序

1. 在希腊延伸的国际商标申请所依据的基础申请或基础注册自国际注册之日起 5 年内在原属国不再有效的，国际注册所有人可以在注册期满录入国际局商标注册簿中之日起 3 个月内，请求转换为国内申请。

2. 在上述 5 年期限之后失效的，亦应适用第 1 款的规定，但前提是 5 年期限内在原属国已主张救济。

3. 将国际注册转换为国内申请的，申请人应向商标局提出转换申请，并随附第 135 条第 1 款和第 136 条第 1 款所述文件以及国际局的证书；从国际注册簿中删除之前以及从国际注册簿中删除之日起，在希腊寻求国际商标保护的商标和商品或服务源自该证书。

4. 酌情适用第 135 条和第 136 条，该申请以标准形式提交，并录入其商标注册簿中。

5. 《马德里议定书》第 5 条第 2c 款规定的期限届满，且没有采取救济的，该转换商标无须审查即可注册。该期限未满或已经通知暂时驳回的，由商标局酌情适用第138条和第139条审查转换申请。在希腊对国际商标保护的原始或随后延伸的申请在商标局、商标管理委员会或主管法院待决期间，中止相关程序，或者在提交转换申请后撤销审理。

6. 受理转换申请后，商标局裁决将国际注册从国际商标簿中删除。

7. 将国际注册转换为国内商标申请而产生的商标保护期限为10年，自国际注册之日起算；国际商标随后在希腊申请延伸的，自该申请录入国际注册簿之日起算。对于此类商标的续展，重要的日期是向商标局提交申请的日期。

第174条 国际商标无效或撤销的程序

1. 国际商标授予的权利由商标管理委员会或行政法院根据第160条和第161条规定的事由作出决定予以终止。决定具有终局性后，商标局通过声明告知国际局其商标所有人姓名、国际注册号、司法机关和无效程序、最终决定及其生效以及《实施条例》第19条所涵盖的商品或服务。

2. 申请人应在首次审理之日前30日通过包括传真和电子邮件在内的所有适当方式，将外交部或寻求禁令的一方翻译的国际商标无效或撤销申请通知书的英语或法语文本告知国际注册簿上所载的国际申请人或其代理人。如果已指定一名或多名希腊律师，执达官应仅向其告知法律文件，无须翻译。在指定的首次审理开始前10日，以与国际商标无效或撤销申请相同的方式告知其他事由。对于地方法官或公证人或执达官签发的传票，适用相同规定。

第九章 共同体商标

第175条 保护

1. 授予共同体商标的保护期不得短于授予本国商标的保护期。

2. 如果共同体商标的先有权基于已注册的本国商标，则已注册且有效的共同体商标的实质权利涉及本国商标的注册时间。

第176条 共同体商标转换为国家商标

1. 就共同体商标申请或共同体商标转换为国家申请而言，申请人向商标局提交转换申请，并随附第135条第1款和第136条第1款、第2款规定的文件，以及核准的翻译人员或机构对转换申请书和所附文件进行的希腊语翻译。

2. 提交该等文件的期限为 2 个月，自商标局通知商标申请人或所有人或其通过附有回执的确认信在转换申请中提及的希腊律师代理人之日起算。

3. 申请以标准格式提交，其形式和内容在标题为"共同体商标转换申请"的附件八中予以规定。将该申请录入相关的商标注册簿，酌情适用第 137 条、第 138 条和第 139 条的规定。

4. 因共同体商标申请转换或共同体商标转换为国家申请而产生的商标保护，涉及共同体商标申请的提交日或者申请或共同体商标的优先权日，最终涉及可针对本国商标主张的先有权。对于该等商标的续展，重要的日期是向内部市场协调局提交转换申请的日期。

第十章　外国申请人的商标

第 177 条　保护

1. 营业机构在希腊境外的商标所有人，受本法规定的保护。

2. 对于伴随优先权主张而提出的商标申请，根据《巴黎公约》（第 213/1975 号法）规定，可在希腊商标申请日起不迟于 3 个月提交外国商标申请回执的确认书。

3. 为在希腊获得保护，还应根据本法规定提出申请。

4. 外国商标申请人或商标所有人对商标局或商标管理委员会的决定提出申诉的期限延长 30 日。

5. 提交申请时，有第 136 条第 1 款 d 项所涉书面授权，并随附服从雅典法院管辖的书面声明即可。该声明可以由申请人的代理人提交给商标局的书面声明代替。

6. 随商标申请提交的外国文件应附有由依法确认的翻译人员或翻译机构翻译的希腊语文本。

第十A章　特别、过渡和最终条款

第 178 条

本法规定的岗位，发布于发展、竞争力、基础设施、运输和通信部秘书处的网站上。

第 179 条　规费

1. 国家规定的商标费用如下：

a. 商标申请备案费　10 €

b. 第 10 类以前的每增加一类　20 €

c. 提交转换共同体商标或国际商标或分案的申请　110 €

d. 第 10 类以前的每增加一类　20 €

e. 商标保护续展　90 €

f. 提交给商标管理委员会关于司法救济、介入和申请的审理费　40 €

g. 公司名称或法律状态、住所或总部的变更　50 €

h. 商品或服务的限制　20 €

i. 商标转让　90 €

j. 商标许可　90 €

k. 第 129 条规定的权利和第 133 条第 1 款规定的财产权的限制的登记 40 €

l. 共同体商标申请的转换　15 €

m. 国际申请的审查和转换　15 €

n. 用国际商标取代本国商标　110 €

o. 向商标管理委员会提交关于救济和申请的申诉　70 €

p. 商标管理委员会的救济和申请费　40 €

q. 恢复权利　110 €

r. 商标复制　1 €

2. 未按前款规定缴纳相关费用构成驳回的事由。

3. 根据财政部长与发展、竞争力、基础设施、运输和通信部长的共同决定，可以重新调整前款规定的国家收费标准。

第 180 条　商品和服务的分类

提出商标申请的商品和服务根据《商标注册商品和服务国际分类尼斯协定》进行分类，该协定已通过第 2505/1997 号法律（A 118）第 1 条批准。本法生效后，适用的分类规定在附随的附录九《商品和服务分类》中。

第181条　授权条款

发展、竞争力、基础设施、运输和通信部部长决定本法第三部分中的下列问题：

（1）商标管理委员会部门的数量；

（2）担任审查员的商标局雇员的甄选标准和条件；

（3）任命商标管理委员会各部门的成员及其候补人；

（4）一经完成将取代印刷版商标注册簿的电子版商标注册簿的备存条件；

（5）声音和三维商标的申请和审查方式；以及

（6）与实施本法有关的任何事项。

第182条　过渡条款

1. 本法第三部分第四章、七章和第八章生效时尚在商标管理委员会和行政法院审理的案件，受先前法律规定管辖。

2. 对本法颁布后6个月内发布的决定，享有根据先前法律规定提出申诉、介入和第三方诉讼的权利。对于商标管理委员会在6个月期满后发布的全部或部分驳回商标注册申请的决定，如果申请人参与了辩论并以案情陈述书支持接纳他/她的申请，不得依据本法第144条提出申诉。

3. 关于时效的起算，适用触发上述规定的事件发生时的有效规定。

4. 只要预期的期间长于先前法律的规定，本法第三部分第四章、七章和第八章生效之前已经开始的时效期间，应按照本法规定计算。

5. 在本法生效时尚未被不可撤销地认可的商标，应根据先前法律规定的注册条件进行审查。

6. 只有当第149条规定的导致任何权利或救济措施丧失的障碍产生于本法生效之后，方可适用该条关于恢复原状的规定。

7. 关于分案的规定适用于本法生效之前提交或注册的商标。

8. 关于根据第124条第4款向行政法院提交同意书的规定，亦涵盖本法生效时的未决诉讼。

9. 至本法生效时，与另一在先商标平行申请或注册的商标，是有效的，受本法保护。如果平行申请或注册依据的在先商标由于不予续展而不再有效，该平行申请或注册的商标状态不受影响，除非在先商标基于本法第123和124条规定的事由被不可逆地撤销。

第 183 条　废　止

本法第四章、八章和第九章以及第 179 条和第 181 条生效后，第 2239/1994 号法律（A 152）、PD 353/1998（A 235），皇室法令 20／27.12.1939（A 553）第 9 条的规定以及与上述各章相悖或与其管辖事务相关的任何其他一般或特别规定，均予废止。对该等法律法规其余规定的删除，于本法在政府公报中公告之日起生效。

匈牙利商标和地理标志保护法

（1997 年第XI号法律）

秦　洁* 　肖柏杨** 　李宇航*** 　译

为了促进匈牙利的市场经济发展，通过使用能够区分商品和服务的标志改善竞争条件，协助消费者收集信息及遵守匈牙利在国际法和欧盟法律中关于保护知识产权的义务，国民议会特此通过本法：

第一部分　商标保护

第一章　商标保护的客体

第 1 条　能够区分的标志

（1）任何标志均可给予商标保护，只要该等标志：

（a）能够将商品或服务与他人的商品或服务相区分；且

（b）在商标注册簿中的呈现方式，能够使主管部门和公众清楚、准确地确定权利人申请的客体或向权利人授予保护的客体。

（2）特别是针对以下标志，可授予商标保护：

（a）文字、文字组合，包括人名和标语；

（b）字母、数字；

（c）图形、图片；

（d）二维或三维形式，包括商品或其包装的形状；

---

　　* 译者简介：法学博士，西南政法大学知识产权学院副教授，硕士生导师。

　　** 译者简介：匈牙利塞格德大学法学院博士研究生。

　　*** 译者简介：西南政法大学知识产权法学硕士，新疆生产建设兵团第十一师西部计划志愿者。

（e）颜色、颜色组合、灯光信号、全息图；

（f）声音信号；

（g）动态标志；

（h）位置标志；

（i）多媒体标志；

（j）图案；或

（k）不同标志的组合。

第2条　驳回的绝对事由

（1）任何不符合第1条规定的标志均不得给予商标保护。

（2）下列标志不能获得商标保护：

（a）仅由可以在贸易中用于表明种类、质量、数量、用途、价值、地理来源、商品生产或服务提供的时间或者商品或服务的其他特征的标志或显示构成的；

（b）仅由在现行语言中或在有关行业的诚实做法中已成为确立的和惯用的标记或显示构成的；

（c）由于任何其他原因，缺乏显著性特征的；

（d）仅含有：

（da）由商品自身的性质而产生的形状或其他特征，

（db）获得意图技术效果所需的商品形状或其他特征；或

（dc）使商品具有实质性价值的形状或其他特征。

（3）依据上述（2）款（a）至（c）项，在申请日之前或之后但在注册日之前，某一标志通过使用已获得显著性的，不得拒绝商标保护。

第3条

（1）下列标志不能获得商标保护：

（a）违反公共政策或公认道德准则；

（b）具有欺骗消费者的性质，尤其是有关商品或服务的性质、质量、地理来源或其他特征；

（c）出于恶意提出注册申请。

（2）下列标志不能获得商标保护：

（a）由《保护工业产权巴黎公约》（以下简称《巴黎公约》）第6条之三

（1）款所列的任何标志所构成或包含上述标志，除非：

（aa）该标志（如果不是国旗）已根据第 6 条之三（3）款进行通知，且

（ab）该标志的注册（由表明控制和保证的官方标志或特征构成或包含上述标志或特征）是针对该标志官方确认的相同或类似商品提出申请；

（b）由不属于（a）项所涉及的因公共利益而使用的徽章、徽记或纹章构成，或者包含上述徽章、徽记或纹章；

（c）包含（某种程度上决定了标志的总体印象）强烈表达宗教或其他信仰的标志。

（3）经主管机关同意可对（2）款（a）项和（b）项规定的标志所组成的或包含上述标志的标志予以商标保护。

（4）下列标志不能获得商标保护：

（a）在申请受本法第七部分保护的地理标志之日后，针对与该地理标志所指定的商品相同类别的商品申请商标保护，且其使用违反第 109 条（2）款；

（b）根据欧盟有关保护原产地标志和地理标志的法律被排除在保护范围之外；或

（c）根据欧盟或匈牙利作为缔约方加入的关于保护原产地标志和地理标志的国际协定被排除在保护范围之外。

（5）标志根据欧盟立法或欧盟加入的同等国际协定中关于葡萄酒传统术语保护的规定而被排除在保护范围之外的，不能获得商标保护。

（6）标志根据欧盟立法或欧盟加入的同等国际协定中有关规制保障传统特产注册的规定而被排除在保护范围之外的，不能获得商标保护。

（7）在相同或紧密相关的物种的植物品种中，包含或复制在先植物品种名称的基本元素，且该植物品种名称已根据下列法规登记在植物品种注册簿上的，不能获得商标保护：

（a）欧盟有关保护植物品种的立法；

（b）专利法；或

（c）欧盟或匈牙利作为缔约方加入的关于保护植物品种的国际协定。

第 4 条　驳回的相对事由

（1）下列标志不能获得商标保护：

（a）针对相同的商品或服务，如果拥有在后优先权日的标志与在先商标

相同；

（b）如果因该标志与在先商标相同或近似，且与商标所涵盖的商品或服务相同或类似，致使消费者可能产生混淆；包括消费者可能通过联想将该标志与在先商标联系而造成混淆可能性的情况；

（c）如果该商标的优先权日晚于在匈牙利或欧盟（如为欧盟商标）享有声誉的在先、相同或类似的商标的优先权日，不论所申请的商品或服务是否与在先商标注册的商品或服务相同或类似，只要无正当理由使用该商标将损害或不公平地利用该有声誉的商标的显著性特征或声誉。

（2）在本条中，"在先商标"指：

（a）所有下列商标：

（aa）根据本法注册的商标，包括根据在匈牙利生效的国际协定注册的商标；

（ab）根据欧洲议会和欧盟理事会第 2017/1001/EU 号条例（以下简称"欧盟商标条例"）注册的欧盟商标，

其申请日或主张优先权日（如适用）早于该商标的注册申请；

（b）就（1）款（a）项和（b）项而言，在商标申请注册之日或针对商标注册申请主张的优先权日（如适用）根据《巴黎公约》第 6 条之二的规定在匈牙利被视为是驰名商标的标志，不论其是否注册。

（c）根据欧盟商标条例对（a）项（aa）目所述商标有效主张优先权的欧盟商标，即使在后商标的保护已放弃或已失效；

（d）（a）项和（c）项所指的商标注册申请，以其注册为准，但应认识到，本法提述在先商标或在后商标的，其时间顺序应相应地适用本款规定。

（3）某项标志与一在先商标发生冲突，而该在先商标并未根据第 18 条的规定被其持有人使用，或者对该在先商标的保护在提交商标申请之日已不存在的，不应将该标志排除在商标保护范围之外。

（4）［已废止］

第 5 条

（1）下列标志不获得商标保护：

（a）会侵犯与他人人格有关的权利，特别是姓名权或个人肖像权；

（b）会与他人的版权或有关权利或工业产权相冲突。

（2）下列标志不能获得商标保护：

（a）由在先使用人基于在贸易过程中在先真实使用但未在匈牙利注册的标志而依据其他法律可禁止使用的标志；

（b）基于保护产地名称、原产地名称和地理标志的欧盟立法或国内法律有权行使源自地理标志的权利的人可能禁止使用的标志，但前提是产地名称、原产地名称或地理标志的注册申请已经在其注册申请日之前提交，且以产地名称、原产地名称或地理标志的后续注册为准。

（3）在判断申请注册权利、使用、产地名称或原产地名称或地理标志就（1）款和（2）款的目的是否被视为在先提交时，应当考虑商标申请的优先权。

第 6 条

商标持有人的代表或代理人未经授权以自身名义申请注册标志的，不得授予商标保护，但该代表或代理人有正当理由的除外。

第 7 条　同意声明

（1）在先冲突权利的持有人同意注册标志的，不得根据第 4 条、第 5 条（1）款或第 5 条（2）款（a）项的规定将标志排除在商标保护范围之外，或者根据该等规定所列驳回事由宣布商标无效。

（2）在具备完全证明价值的公共契据或私人契据上作出的同意声明，均属有效。

（3）同意声明不可撤回，亦不能由法院判决代替。

第 8 条　获得商标保护的条件

（1）下列标志应获得商标保护：

（a）满足第 1 条的要求，且根据第 2 至 7 条未被排除在商标保护范围之外，且

（b）相关申请符合本法规定的要求。

第二章　商标保护赋予的权利和义务

第 9 条　商标保护权

（1）商标受法律保护的权利（以下简称"商标保护"）应属于按照本法

规定的程序进行商标注册的人。

（2）任何自然人或法人，不论是否从事商业活动，均可获得商标保护。

（3）两人或多人共同申请标志注册的，应共同获得商标保护。两人或多人享有该权利的，视为其以相等比例享有该权利。

第10条　商标保护的开始

商标保护应从注册开始，并追溯至申请日起生效。

第11条　商标保护的期限

（1）商标保护的期限为自申请提出之日起10年。

（2）商标保护应以10年为期续展。续展时，新的保护期应自上一保护期届满之日的次日起算。

第12条　商标保护赋予的权利

（1）商标保护应授予其持有人以商标专用权。

（2）在不损害他人在商标申请日或优先权日之前获得的权利的情况下，基于商标专用权，商标持有人有权禁止在交易过程中，针对商品或服务未经授权使用下列标志：

（a）与针对商品或服务的商标相同的任何标志，且该等商品或服务与注册商标的商品或服务相同。

（b）由于其与商标相同或近似且与商品或服务相同或类似而存在公众混淆可能性的任何标志，混淆的可能性包括标志和商标之间关联的可能性；或

（c）与商标相同或近似的任何标志，不论标志是否用于与该商标所注册的商品或服务相同或近似的商品或服务，只要该商标在本国享有商誉，且在没有正当理由的情况下使用该标志将损害或不公平地利用该商标的显著性或商誉。

（3）特别是，根据（2）款可禁止以下行为：

（a）将标志贴在商品或其包装上；

（b）在产品上使用该标志，并将产品投放市场或要约出售，或为以上目的储存商品；

（c）使用该标志进行提供或要约提供服务；

（d）进口或出口使用该标志的产品；

（e）在商业文件和广告中使用该标志；

（f）将该标志用作商业名称、公司名称或商标或公司名称的一部分；

（g）以违反禁止不公平市场行为和限制竞争法的方式在比较性广告中使用该标志。

（4）在不损害他人在注册商标的申请日或优先权日之前获得的权利的情况下，持有人亦有权禁止第三方在贸易过程中将产品带入国家，无须将其投入自由流通，只要该等商品（包括其包装）来自第三国且未经授权含有与该商品所注册商标相同的商标，或者在本质上无法与另一商标相区分。

（5）在旨在确定注册商标是否被侵权且根据欧洲议会和欧盟理事会 2013 年 6 月 12 日关于知识产权海关执法和废除（EC）1383/2003 理事会条例的第 608/2013 号条例提起的诉讼中，由商品报关员或持有人提供证据证明商标持有人无权禁止商品在目的国市场销售的，商标持有人根据（4）项享有的权利应失效。

（6）如果存在下列风险，即可能针对商品或服务使用包装、标记、标签、证明安全性或真实性的特征或器件，或任何其他贴有商标的工具，且该使用可能构成对商标持有人在（2）款和（3）款项下权利的侵犯，商标持有人有权在贸易过程中禁止以下行为：

（a）在包装、标记、标签、证明安全性或真实性的特征或器件，或其他任何贴附商标的工具上，贴附与其商标相同或近似的标志；

（b）要约出售或投放市场，或为此目的储存，或进口或出口上述包装、标记、标签、证明安全性或真实性的特征或器件，或其他任何贴附商标的工具。

（7）第 23 条（1）款所指的被许可人违反其许可合同中有关以下方面的任何规定的，商标持有人可针对该被许可人援引该商标赋予的权利：

（a）许可期间；

（b）可以根据许可使用的注册商标所涵盖的形式；

（c）被授予许可的商品或服务的范围；

（d）可以使用该商标的区域；或

（e）被许可人生产的产品或提供的服务的质量。

第 13 条　在参考文件中再现商标

在印刷或电子形式的字典、百科全书或其他参考书中的商标图示给人的印象是该商标构成商标注册的商品或服务的通用名称的，出版社应在商标持有人的要求下，及时注明该商标为注册商标，如属印刷作品，最迟在下一版中注明。

第 14 条　反对在未经持有人授权的情况下使用以代表人或代理人名义注册的商标

（1）未经商标持有人授权以代表人或代理人的名义提出商标申请或注册商标的，持有人有权反对代理人或代表人使用商标，且作为替代或增补，其有权要求以其为受益人转让商标保护请求权或商标保护权。

（2）代表人或代理人有正当理由的，（1）款不适用。

第 15 条　商标保护的限制

（1）商标保护并不使持有人有权禁止他人在贸易过程中根据工业或商业事宜中的诚实做法使用下列内容：

（a）其自己的名字或地址；

（b）并非一开始就具有显著性或涉及商品或服务的种类、质量、数量、预期用途、价值、地理来源、商品生产或提供服务的时间或商品或服务的其他特征的标志或显示；

（c）为识别或指示商品或服务为该商标持有人的商品或服务而使用的商标，包括为指示商品或服务的预期用途而必须使用该商标的情况，特别是作为配件或备用零件的情况。

（2）根据（1）款（a）项，只有自然人才能针对商标持有人援引其自己的姓名或地址。

第 16 条　商标保护赋予权利的用尽

（1）商标保护并不使商标持有人有权禁止对其本人或经其明确同意已在欧洲经济区市场上销售的商品上使用该商标。

（2）持有人有合法理由反对货物进一步商业化的，特别是在货物首次投放市场后商品的一致性或状况发生变化或受损的，（1）款的规定不适用。

第 17 条　默许

（1）第 4 条（2）款所述的在先商标持有人在连续 5 年期间默许在国内使

用在后商标，而又知道在后商标使用的情况下，其无权反对在后商标的使用 [第27B 条 (1) 款]，或基于其在先商标而申请宣告在后商标无效 [第 33 条 (2) 款 b 项]。

(2) (1) 款仅适用于与在后商标实际使用有关的商品或服务。

(3) 在后商标的注册是出于恶意而申请的，(1) 款不适用。

(4) 在后商标的持有人无权反对在先商标的使用，即使根据 (1) 款不得再对在后商标援引该权利。

(5) (1) 至 (4) 款的规定应相应地适用于第 5 条 (1) 款 (a) 至 (b) 项和第 5 条 (2) 款 (a) 项提及的在先权利。

第 18 条　未使用商标

(1) 持有人自注册之日起 5 年内未针对注册的商品或服务将商标投入真实使用的，或者连续 5 年内暂停上述使用的，商标保护应产生本法规定的法律后果 [第 4 条 (3) 款、第 27A 条、第 30 条 (1) 款 (d) 项、第 33 条 (2) 款 (a) 项、第 34 条、第 61E 条和第 73 条 (2) 款]，但商标持有人有正当理由不使用商标的除外。

(2) 就 (1) 款而言，针对通过特殊加速程序进行注册的商标 [第 64A 条 (7) 款] 而言，注册日期应视为下列日期：

(a) 第 61B 条 (1) 款规定的期限届满后次日；或

(b) 在提出反对意见的情况下，对反对意见作出最终有约束力的决定之日。

(3) 就 (1) 款而言，已注册且在匈牙利有效的国际商标，其注册日期应被视为第 76P 条 (5) 款、(5c) 款、(5d) 款或 (5e) 款规定的注册日期 (视情况而定)。

(4) 就 (1) 款而言，下列行为应构成商标国内实际使用：

(a) 使用的商标与注册商标的部分元素不同，但该元素不影响其显著性的，不论所使用的商标形式是否也以持有人的名义注册；或

(b) 仅为出口目的，在匈牙利境内的产品或其包装上贴附商标。

(5) 就本条而言，经持有人授权使用商标的，应视为持有人的使用。

(6) 就欧盟商标而言，根据本条使用是指符合欧盟商标条例第 18 条规定的使用。

第三章　商标及其保护作为可转让财产

第 19 条　法定继承

（1）与商标有关的权利以及源于商标申请或商标保护的权利，应当构成可转让财产权。

（2）法人的合法继承人亦应当获得该商标，但当事人另有约定或者另有明确意思表示的除外。

（3）商标保护可以通过合同转让。也可以针对注册商标的部分商品或者服务转让商标保护。

（4）商标转让可能导致消费者产生误解的，商标保护转让合同无效。

（5）［已废止］

第 20 条　产权负担和扣押

与商标有关且源于商标申请或商标保护的权利，可以设定产权负担或者予以扣押。对于抵押而言，应当以书面形式订立担保合同，并将抵押权登记于商标登记簿。

第 21 条　共同商标申请和共同商标保护

（1）同一商标有两个或多个持有人的，每一共同持有人均可对自身份额行使商标保护赋予的权利。共同商标持有人就彼此份额享有针对第三方的优先购买权。

（2）商标可以由任何一位共有持有人单独使用；但是，其有义务按其份额比例向其他共同持有人支付适当报酬。就第 18 条而言，商标的上述使用应被视为所有商标持有人的使用。

（3）第三方获授予商标使用许可，必须经所有持有人同意。根据民法典的一般规定，同意可以由法院判决代替。

（4）如有疑义，所有共同商标持有人的份额应视为相等。放弃其商标保护的任何共同持有人的份额，应由其他共同商标持有人按照其自身份额分享。

（5）任何一名共同商标持有人均有权单独采取行事以续展、履行和保护商标权利。其程序上的行为，除和解、承认诉讼请求和放弃权利外，对所有其他未遵守期限、截止日期或未采取行动的商标持有人亦具有效力，但前提是该其他共同商标持有人事后未对其不作为进行补救。

（6）共同商标持有人程序上的行为发生冲突的，应在考虑程序所有其他相关事实的基础上对该等行为进行评估。

（7）与共同商标保护有关的费用，由共同商标持有人按其份额比例承担。共同持有人被要求支付费用后，仍未支付其费用份额的，支付费用的共同持有人有权主张未履行义务的共同持有人向其转让拥有的份额。

（8）有关共同商标保护的规定应相应地适用于共有商标申请。

第22条　［已废止］

第四章　商标许可合同

第23条　商标许可合同

（1）根据商标许可合同，商标保护的持有人应许可商标使用权，且被许可人应支付许可费。

（2）当事人可自行决定许可合同的内容。但是，许可合同的履行可能导致消费者误解的，许可合同无效。

第24条　当事人的权利和义务

（1）在许可合同期间，商标持有人有责任保证，第三人对商标享有的权利不会妨碍或者限制使用权的行使。民法典关于法律瑕疵担保的规定应相应地适用于该责任，但被许可人有权（除撤销）单方面终止合同且立即生效的除外。

（2）商标持有人应将有关商标的一切权利和重要情况告知被许可人，但仅在明确约定的情况下，才有义务转让商标在经济、技术和组织方面的专有知识。

（3）商标持有人有权控制被许可人印有商标的商品质量或者在商标下提供的服务质量。

（4）许可合同应涵盖注册商标的所有商品和服务，包括商标的各种使用方式和使用范围，不受时间和地域限制。

（5）只有在合同中明确规定的情况下，许可合同才授予排他性使用权。在独占许可中，除获得使用权的被许可人外，商标持有人亦可使用该商标，但合同明确排除的除外。被许可人在特定情况下没有在合理时间内开始使用商标的，商标持有人可以终止许可的排他性，但应按比例减少许可费。

（6）被许可人只有经持有人明确同意方可转让许可或向第三方授予分许可。

第 25 条　许可合同的终止

合同期限届满，发生合同指明情况，或商标保护终止的，许可合同应终止。

第 26 条　许可合同相关规定的效力

（1）经双方同意，当事人可以减损许可合同相关规定，但法律禁止减损的除外。

（2）［已废止］

第五章　侵　权

第 27 条　商标侵权

（1）非法使用商标违反第 12 条规定的，构成商标侵权。

（2）商标持有人可以根据案件情况采取下列民事救济：

（a）要求法院宣告侵权事实；

（b）要求侵权人停止侵权或产生直接威胁的任何行为，并禁止其进一步侵权；

（c）要求侵权人提供有关生产、销售侵权商品或提供侵权服务之人的身份信息，以及为分销商品而建立的业务联系信息；

（d）通过声明或其他适当的方式向侵权人要求赔偿，必要时还可以要求侵权人公开声明，或由侵权人承担公开声明的费用；

（e）要求返还因商标侵权而获得的收益；

（f）要求扣押、向特定人转让、召回、从商业渠道中彻底清除或销毁侵权产品和包装，以及专门或主要用于侵权的工具和材料。

（3）商标被侵权的，商标持有人亦有权根据民事责任规则主张损害赔偿。

（4）商标持有人亦有权针对使用其服务实施侵权活动的任何人提交（2）款（b）项所述的要求。

（5）商标持有人亦有权针对下列任何人员提出（2）款（c）项所述的要求：

（a）被发现以商业规模拥有侵权商品；

（b）被发现以商业规模使用侵权服务；

（c）被发现以商业规模提供用于侵权活动的服务；

（d）由（a）至（c）项所述人员表明涉及生产或分销侵权产品或提供侵权服务。

（6）就（5）款（a）至（c）项而言，从侵权商品或服务的性质和数量可以明显看出，实施该等行为是为了获得直接或间接的商业或其他经济利益的，应视为以商业规模实施。除非有相反证据证明，否则消费者善意实施的行为不应被视为以商业规模实施的行为。

（7）基于（2）款（c）项或（5）款，可以责令侵权人或（5）款所指人员特别提供以下信息：

（a）侵权商品或服务的生产商、分销商或提供商以及侵权商品或服务的持有人以及预期或涉及的批发商和零售商的名称和地址；

（b）侵权商品或服务的生产、交付、接收或订购的数量，以及所涉商品或服务的获取或支付的价格。

（8）应商标持有人请求，法院可命令将扣押、从商业渠道中召回或从商业渠道中彻底移除的工具、材料、商品和包装去除其侵权性质或（如不可能）予以销毁。在有正当理由的情况下，法院可以命令将扣押的工具和材料根据司法执行程序拍卖，而非销毁；在该情况下，法院应在判决中确定如何使用所得款项。

（9）用于侵权活动的工具和材料以及侵权商品和包装虽不属于侵权人所有，但所有人知道或按照通常预期的注意程度应当知道构成侵权的，亦应责令予以扣押。

（10）法院应命令采取（2）款（f）项和（8）款所述的措施，并由侵权人承担费用，但根据案件情况减损具有合理理由的除外。法院在命令从商业渠道召回、从商业渠道彻底移除或销毁时，应考虑第三方的利益，并确保相关措施与侵权行为的严重性成比例。

（11）应商标持有人要求，法院可以命令公开其决定，费用由侵权人承担。法院应决定如何确保公开。公开尤其是指在全国性日报或互联网上公开。

第 27A 条　未使用作为侵权程序的抗辩

（1）商标持有人只有在提起侵权诉讼时其权利无法根据第 34 条予以撤销的情况下，方可对标志的使用提出异议。

（2）被告提出要求的，商标持有人应针对下列事项提供证明：

（a）在提起诉讼之日前 5 年内，其针对注册的商品或服务对商标进行第 18 条规定的真实使用；或

（b）有正当理由不使用，

前提是，在提起诉讼之日，第 18 条（1）至（3）款规定的 5 年期限已届满。

第 27B 条　作为侵权诉讼抗辩的在后商标持有人的介入权

（1）在后商标根据第 33 条（2）款或（2a）款，或第 73 条（3）款不会被宣告无效的，商标持有人无权反对在后商标的使用。

（2）在后欧盟商标根据欧盟商标条例第 60 条（1）款、（3）款或（4）款，第 61 条（1）款或（2）款或第 64 条（2）款或（3）款不会被宣告无效的，商标持有人无权反对在后欧盟商标的使用。

（3）商标持有人无权根据（1）款或（2）款反对在后商标使用的，该在后注册商标的持有人无权要求禁止在先商标的使用，即使无法再针对在后商标援引在先权利。

第 28 条　商标侵权根据海关法产生的后果

发生商标侵权的，商标持有人可以根据有关知识产权侵权商品海关行动的法律规定要求海关采取措施防止侵权商品投入市场。

第 29 条　商标侵权中申请人和被许可人的权利

（1）申请人亦可以提起商标侵权诉讼，但是在针对商标注册作出最终具有约束力的决定前，该程序应中止。

（2）被许可人只有在商标持有人同意或许可合同授权的情况下，方可以自身名义提起商标侵权诉讼。但是，商标持有人在正式通知后未在 30 日内自行提起侵权诉讼的，独占许可的持有人可以以自身名义对侵权人提起此类诉讼，而无须获得持有人的同意。

（3）为了针对其所遭受的损害获得赔偿，被许可人有权作为共同诉讼人加入商标持有人提起的侵权诉讼。民事诉讼法（2016 年第 C×××号法律）第 52 条（2）款（a）项应相应地适用于作为共同诉讼人参与诉讼的期限，且民事诉讼法第 38 条（3）款和第 39 条应相应地适用于共同诉讼人之间的关系。

<h2 style="text-align:center">第六章　商标保护的终止</h2>

第 30 条　终止的方式

（1）商标保护在下列情况下应终止：

（a）保护期届满未续展的（第 11 条和第 31 条），于届满之日的次日终止；

（b）商标持有人放弃保护的（第 32 条），于收到放弃通知后的次日或放弃保护之人指定的在先日期终止；

（c）商标被宣告无效的（第 33 条），追溯至申请之日终止；

（d）商标持有人未将商标投入实际使用的（第 18 条和第 34 条），追溯至撤销申请提交之日；

（e）商标已丧失其显著性或具有误导性的（第 35 条），追溯到撤销请求的提交之日。

（f）〔已废止〕

（2）在（1）款（d）项和（e）项所述情况下，应任何一方请求，亦可撤销商标保护，追溯到提出撤销请求的原因发生的较早日期，条件是在规定的较早日期和提出撤销请求之时，撤销的条件已经存在。

（3）就（2）款而言，在提出相反证明之前，请求方在后且相冲突的商标申请的优先权日，应当被视为撤销理由发生的日期，前提是请求方已提出该商标申请。

第 31 条　因保护期间届满而部分终止

商标保护仅对已注册商标的部分商品或者服务进行续展的，商标保护对续展未涵盖的部分因保护期间届满而终止。

第 32 条　商标保护的放弃

（1）在商标注册簿中登记的商标持有人可以向匈牙利知识产权局提交书

面声明放弃商标保护。

（2）放弃影响第三方根据法律、相关当局的实质性决定、许可合同或商标注册簿上登记的任何其他合同所产生的权利，或法院诉讼已登记在商标注册簿上的，放弃须经相关当事人同意后方可生效。

（3）亦可仅针对注册商标的部分商品或服务，放弃商标保护。

（4）商标保护的放弃不可撤回。

第 33 条　商标无效宣告

（1）商标在下列情况下应被宣告无效：

（a）商标保护的客体不符合第 8 条（a）项规定要求的；

（b）商标保护的客体与在经确认的申请日期提交的申请的内容或（就分案申请而言）分案申请的内容不同，或者商品或服务清单超出申请或分案申请的内容的；或

（c）国际商标申请是由根据《商标国际注册马德里协定》（以下简称《马德里协定》）或《商标国际注册马德里协定有关议定书》（以下简称《马德里议定书》）无权提起商标申请的人提出的［第 76I 条（1）款（a）项］。

（2）商标在下列情况下不得被宣告无效：

（a）与在先商标冲突［第 4 条（2）款］，在提出无效宣告的申请之日，该商标的使用不符合第 18 条规定的要求，或者在提出无效宣告的申请之日其保护已不存在；或

（b）与在先商标、未注册标志或任何其他权利冲突，而该权利所有人知道在后商标的注册且已连续 5 年默许使用该商标，但在后商标持有人恶意行事的除外。

（2a）基于在先商标的无效宣告请求，因下列原因之一于在后商标的申请日或优先权日无法成立的，不能成立：

（a）根据第 2 条（2）款（a）至（c）项可能被宣告无效的在先商标尚未获得第 2 条（3）款所述的显著性特征；

（b）无效宣告请求是基于第 4 条（1）款（b）项，且在先商标尚未获得足够显著性，不足以支持第 4 条（1）款（b）项所指的混淆可能性的认定；

（c）无效宣告请求基于第 4 条（1）款（c）项，且在先商标尚未获得第 4 条（1）款（c）项所指的声誉。

（2b）根据第 2 条（2）款（a）至（c）项，在宣告无效的申请日期之

前，该商标在使用之后取得显著性特征的，不得宣告该商标无效。

（3）仅对注册商标的部分商品或服务存在无效理由的，商标保护应受到相应限制。

（4）无效宣告请求被最终且具有约束力的裁决驳回的，不得就同一商标基于相同事实提起新的无效宣告程序。

第 34 条　因不使用而撤销

（1）对于注册商标的全部或部分商品或服务，应以不使用为由撤销商标保护，这取决于不使用是涉及全部还是仅涉及部分注册商标的商品或服务。

（2）在第 18 条（1）至（3）款规定的期间后，但在因未使用而提出撤销商标请求前，已开始或继续真实使用该商标的，不得以未使用为由宣布撤销商标保护。商标持有人仅在其获悉他人可能因其不使用而提出撤销请求后在提交请求前 3 个月内开始或继续真实使用商标的（可能最早于持续 5 年不使用期间届满后开始），不适用本规定。

（3）以不使用为由提出的撤销请求经最终且有约束力的裁决驳回的，不得针对同一商标基于相同事实提出因不使用而撤销的程序。

第 35 条　因丧失显著性或具备误导性而撤销

（1）在下列情况下，商标保护应予撤销：

（a）由于持有人的作为或不作为，该标志已成为其注册商品或服务的通用名称；或

（b）由于商标持有人使用商标或在经持有人授权使用商标，商标已变得具有误导性，特别针对该等商品或服务的性质、质量或地理来源。

（2）针对注册商标的全部或部分商品或服务，商标丧失显著性或变得具有误导性的，应撤销商标保护，这取决于撤销理由是存在于全部还是部分注册商标的商品或服务。

（3）因丧失显著性或变得具有误导性而提出撤销的请求，经最终且有约束力的裁决驳回的，不得就同一商标以相同事实重新提起撤销程序。

第 35A 条　［已废止］

第 36 条　要求返还许可费

商标保护因追溯效力而终止的，商标持有人所收取的许可费中，只能要求返还因商标使用所得经济利益未涵盖的部分。

第六 A 章　民法典规定的适用

第 36A 条

（1）民法典的规定应适用于本法中未规定的下列事项：

（a）与商标有关或源自商标保护的权利转让或占有，以及商标保护和共有商标保护的共同权利；

（b）商标许可合同；和

（c）与商标有关的其他人身和财产关系。

（2）［已废止］

第二部分　匈牙利知识产权局处理商标事宜的程序

第七章　商标程序的一般规定

第 37 条　匈牙利知识产权局的实质权限

（1）匈牙利知识产权局在下列商标事务上具有实质权限：

（a）商标注册；

（b）商标保护的续展；

（c）商标保护的撤销；

（d）商标的无效宣告；

（e）商标保护的分案；

（f）备存商标申请和商标记录；

（g）提供官方信息。

（2）对于因适用欧盟商标制度（第十 A 章）和商标国际注册（第十 B 至十 C 章）相关规定而产生的事项，匈牙利知识产权局亦具有权限。

第38条 一般行政程序和电子行政规则的适用

（1）根据本法规定的减损和其他规定，匈牙利知识产权局应根据2016年行政程序法典（以下简称"行政程序法"，Code of General Administrative Procedure 与电子管理和信托服务通用规则法（Act on the General Rules on Electronic Administration and Trust Services）的规定，在其实质权限内从事商标事务。

（2）除非法律另有规定，否则匈牙利知识产权局应根据申请在其权限范围内处理商标事务。

（2a）与匈牙利知识产权局就其实质职权范围内的商标事项进行的沟通，除要求提供信息和批准此类要求、获取文件和口头听证外，应仅以书面形式并通过需要电子识别的电子手段进行；但不应要求提供信息，且不应通过短消息形式提供此类请求。

（2b）在本法没有相反规定的情况下，在匈牙利知识产权局权限范围内的商标事项中，请求应包含：

（a）自然人请求方的姓名和地址，有代表人的情况下，代表人的姓名和地址，此外，以电子方式进行通信的，自然人出生的地点和日期及其母姓；

（b）非自然人请求方的名称和地址，有代表人的情况下，代表人的名称和地址，此外，以电子方式进行通信的，其税号；以非电子方式进行通信的，请求方或其代表人的签名。

（3）行政程序法的第3条、第5条（1）款、第13条（8）款、第21条、第26条、第37条（2）款、第46条（2）款、第48条（1）至（4）款、第62条（1）款、第74条（1）款、第75条、第76条、第87条、第94条（2）款、第97条、第127条（2）款和第130条，不适用于商标事务。

（4）在商标事务中，行政程序法中关于法定继承的规定不适用，简易程序不予受理，且不得通过政务窗口提交申请❶。

（5）［已废止］

第39条 匈牙利知识产权局的决定

（1）［已废止］

---

❶ 匈牙利政府的综合客户服务办公室。——译者注

（2）在无效宣告和撤销程序中，匈牙利知识产权局应举行听证，并由 3 名成员组成的小组作出决定。就商标注册程序中对商标注册提出的异议举行听证的，应由匈牙利知识产权局设立的 3 人小组举行听证并作出决定。小组应以多数票作出决定。

（3）除非要求进行复审，否则匈牙利知识产权局的决定应自送达之日起生效。

（4）匈牙利知识产权局的决定在下列情况下应以公告形式送达：

（a）当事人的住所地或所在地（营业所、分支机构）不明的；或

（b）邮件被寄回并注明当事人的下落或地址不明的。

（5）公告应于同日在官方公报和匈牙利知识产权局网站上公布。公告送达的决定自公告发布之日起 15 日视为送达。与公告送达有关的其他事项，适用行政程序法的规定，但邮寄应理解为发布公告。

（6）适用第 44 条（1）款的规定的，所有决定均应送交代表人。

（7）行政程序法中有关公告决定的规定不适用于商标事务。

第 40 条　确定案件事实

（1）在待决商标诉讼过程中，匈牙利知识产权局应依职权审查案件事实，但（2）款规定的情况除外；其审查不应仅限于各当事人的指控。

（2）在商标注册程序中，针对商标注册提出异议的，以及在无效宣告和撤销程序中，匈牙利知识产权局应在请求范围内根据各方的指控和陈述及其证实的数据审查事实。

（3）匈牙利知识产权局的决定应仅以有关各方有机会提出其意见的事实或证据为基础；但是，当事人未及时提交的事实或证据，可不予考虑。

（3a）在（2）款所列的法律程序中，当事人使用电子通信方式的，应将其提交的意见书和附件一并提交给匈牙利知识产权局，否则，应为在法律程序中每一利益相对人提交一份副本，并附加一份额外副本；多方当事人指定一名共同代表人的，向该代表人提供一份副本。当事人以少于规定的份数提交陈述或附件，且未按照（4）款纠正该不规范行为的，异议、宣告无效的请求或撤销请求应视为撤回，且申请人或商标持有人的声明应视为未提交。

（4）在商标事项中提交的请求或其附件的不合规之处可予以纠正的，应要求当事人纠正所提交的不合规之处或陈述意见，并同时警告其不规范行为的法律后果。纠正或提出意见后，该请求仍不符合相关要求，且本法未对其

他法律后果作出规定的，对该请求予以驳回。当事人未在规定期限内答复要求的，且本法未对其他法律后果作出规定的，该请求将被视为撤回。

（5）［已废止］

第 41 条　期限

（1）本法规定的期限不得延长。未能达到上述期限的法律后果，恕不另行通知。

（2）本法未规定纠正不合规之处或陈述意见的任何期限的，应给予该当事人至少 30 天的期限，可以根据期限届满前提出的要求进行延长。只有在特别且存在正当理由的情况下，才可以准予 3 个月以上的期限和 3 次延长期限。

（3）完成程序的行政期限和行政程序法规定的有关程序主管机关的其他措施的其他期限规定，不适用于商标事项。

（4）在商标事务中，以邮寄方式提交的文件的提交日期为该文件交付匈牙利知识产权局的日期。在期限届满之前通过挂号信发送文件的，在匈牙利知识产权局规定的时限之后交付的文件应视为已按时提交，但文件在期限届满后 2 个月内交付的除外。

第 42 条　恢复权利的请求

（1）在商标事务中，除（5）款另有规定外，可以自未遵守的截止日期或错过期限的最后一日起 15 日内，提出恢复权利的请求。申请书必须说明未遵守的理由，以及证明未遵守并非由于当事人的过错而发生的情况。

（2）当事人后来知道不符合规定的，或者不符合规定的原因停止后，期限自当事人知道不符合规定或者不符合约定的原因停止之日起计算。恢复权利的请求应仅在自到期日或未满足期间最后 1 日的 6 个月内受理。

（3）未遵守期间规定的，应当在请求恢复权利的同时履行遗漏行为；或在可以接受的情况下，可以请求延期。

（4）匈牙利知识产权局准予恢复权利的，违规方实施的行为应被视为在未满足期间内完成；在未遵守的日期举行的听证，应根据需要再次进行。对原听证作出的决定，应当根据重新听证的结果，作出是否维持、全部或者部分撤销的决定。

（5）下列情形不得要求恢复权利：

（a）未按照第 53 条（2）款规定的期限提出优先权声明的；

（b）未能遵守为主张公约或展览优先权而规定的 6 个月期限的；

（c）未能遵守第 61B 条（1）款及第 76P 条（3）款所规定的提交异议的期间的；

（d）未能遵守第 64A 条（1）款规定的提交加速程序申请的期限的。

第 43 条　程序的中止

（1）对商标申请或者商标保护的权利提起诉讼的，应当中止商标程序，直到法院作出最终且具有约束力的决定为止。对商标案件的决定需要事先考虑属于另一机构权限范围内的事项的，匈牙利知识产权局应中止商标程序。

（2）当事人死亡或者终止的，应当中止程序，直到法定继承人获得通知并证实。根据案件情况法定继承人未在合理时间内获得通知的，匈牙利知识产权局应终止程序或根据其所掌握的材料作出决定。

（3）匈牙利知识产权局在其职权范围内的其他密切相关的程序，不能对该案件作出有充分根据的决定的，应根据当事人请求或依职权中止商标程序。

（4）除适用（1）款或（3）款规定外，不得根据当事人的要求中止商标注册程序。

（5）程序中止的，所有期间应中断，自中止终止时重新开始。

（6）匈牙利知识产权局可决定，中止程序不应影响正在进行的程序性行为及其执行行为的时限。

第 44 条　代理

（1）除国际条约另有规定外，外国申请人有义务授权专利律师或律师代理，处理匈牙利知识产权局职权范围内的所有商标事务。

（2）授权应书面作出。对于专利律师、律师、专利律师事务所、专利律师合伙或律师事务所在国内或国外的授权的有效性，委托人的签字应足以证明。授权也可以是一般授权，代理人可在匈牙利知识产权局职权范围内以委托人为一方当事人的所有商标案件中进行代理。向律师事务所、专利律师事务所或专利律师合伙的授权，应被视为授权给证明在该事务所或合伙框架内工作的任何人。

（3）匈牙利知识产权局应为下列当事人从商标诉讼专利律师和律师中指定一名诉讼监护人：

（a）根据对方当事人的请求为下落不明的继承人或者下落不明的一方当

事人；或

（b）根据对方当事人的请求为没有授权代表的外国当事人。

（4）（1）款和（3）款（b）项不适用于在欧洲经济区成员国境内有住所或所在地的外国自然人或法人。

（5）（3）款（b）项和（4）款不适用且外国人未遵守（1）款规定要求的，匈牙利知识产权局应在商标程序中适用第 59 条（2）至（4）款的规定，但是如果该程序的对方当事人未遵守（1）款规定要求，应根据现有信息对请求进行评估。

（6）请求指定诉讼监护人的一方，应当预付诉讼监护人的费用和报酬。

（7）就电子管理和信托服务通用规则法以及本法有关电子管理的规定而言，专利律师、专利律师事务所和专利律师公司应具有商标事务法定代理人的资格。

第 45 条　语言使用

（1）商标诉讼的语言应为匈牙利语，商标申请应以匈牙利语起草。

（2）在商标事务中，也可以提交外文文件；但是，匈牙利知识产权局可以要求将其翻译成匈牙利语。仅当翻译的准确性或外国文件中所包含事实的真实性有正当理由令人怀疑时，才需要提交经认证的翻译或合法文件。

第 46 条　查阅文件

（1）任何人均有权查阅商标申请文件，但未告知双方的决定草案和其他所有用于作出决定和专家意见的文件以及（2）款规定的文件除外。

（1a）应要求查阅的文件应由匈牙利知识产权局确保可查阅，但要求查阅的人必须亲自到场。

（2）除行政程序法所涵盖的情况外，未在商标注册簿中显示且未在官方信息中传达的个人数据应排除在检查范围之外，除非有关人员明确批准对其进行检查或第三方允许根据行政程序法的规定访问包含个人数据的文件。

（3）在支付费用的情况下，匈牙利知识产权局应签发可查阅文件的副本。

（4）商标程序只有在有对方当事人参加的情况下才能公开进行。

第 46A 条　法律救济

（1）针对匈牙利知识产权局的决定，不得进行上诉、行政法庭诉讼和监督程序以及检察官根据检察机关法采取的干预或行动。

（2）匈牙利知识产权局关于商标事项的决定，应由法院根据第十一章规定的非争议程序进行复审。

（3）除非本法另有规定，否则匈牙利知识产权局只有在提出复审请求并将该请求提交法院之前，方可修改或撤回其关于下列程序的决定：

（a）商标注册；

（b）商标保护续展；

（c）商标保护的分案；

（d）因放弃而终止商标保护；

（e）商标无效宣告；

（f）宣布撤销商标保护；

（g）转送国际商标申请的请求，以及因国际商标注册而延长保护期限的请求；

（h）最终驳回延伸至匈牙利的标志的保护；

（i）驳回就延伸至匈牙利的国际登记所产生的保护而在国际登记册中登记的转让或许可的效力；

（j）将国际注册转换为国内商标申请。

（4）除非本法另有规定，否则匈牙利知识产权局只有在确定其决定违反法律，或者当事人各方一致要求修改或撤回决定的情况下，方可根据复审请求修改或撤回其根据（3）款（e）项和（f）项终结诉讼的决定。

（4a）在不涉及异议方的情况下，如果该决定不违反法律，且匈牙利知识产权局同意复审请求的内容时，匈牙利知识产权局可根据复审请求撤回或修改基于第77条（1）款（b）至（e）项作出的决定。

（4b）基于复审请求的决定应当告知请求方以及审查所针对的原决定的告知方。

（4c）修改决定和已修改决定应适用相同法律救济。

（5）对（3）款（a）项所述事项作出的决定，亦适用（4）款规定，但前提是针对商标申请已提出异议通知，且匈牙利知识产权局未以第2至3条中规定的任何理由驳回该商标申请。

第46B条 执行

（1）匈牙利知识产权局实施程序性罚款的命令，适用行政程序法中有关执行的规定。

（2）匈牙利知识产权局关于费用承担的决定，应适用 1994 年司法执行法的规定。

第 46C 条　费用和收费

（1）在商标事项中，不得有任何费用减免。

（2）除本法规定的缴费义务外，商标事务中还应缴纳行政服务费，具体金额见工业产权程序行政服务收费法，下列请求亦应根据工业产权程序行政服务收费法的详细规定进行收费：

（a）审查、延长期限的请求，以及恢复权利的请求；

（b）登记法定继承和许可的请求，设立留置权的请求。

（3）在有正当理由的情况下，费用与实际代理情况不相称的，匈牙利知识产权局可减少专业代理费的金额。在此情况下，匈牙利知识产权局应相应地适用法院诉讼程序中律师和专利律师的费用和支出的规定。

第 46D 条　电子管理和官方服务

（1）在商标事务中，匈牙利知识产权局应根据电子管理和信托服务通用规则法和本法的规定，提供电子管理服务。

（2）在商标事务中，不得要求当事人的经营者和法定代表人以电子方式管理其事务。

第八章　商标注册簿，提供官方信息

第 47 条　商标注册簿

（1）匈牙利知识产权局应备存商标申请和商标注册簿，并根据第 48 条记录与商标权有关的所有的事实和情况。

（2）商标注册簿应特别包含下列条目：

（a）商标注册号；

（b）申请参照号；

（c）商标图示；

（d）商品或服务清单；

（e）商标持有人的姓名（正式名称）和地址（所在地）；

（f）代表人的姓名和所在地；

（g）申请提交日期；

（h）优先权日；

（i）商标注册决定日期；

（j）商标保护续展；

（k）商标保护终止，商标保护终止的日期和理由以及商标保护的限制；

（l）许可；

（m）有关商标保护权或商标保护授予的权利属于信托资产管理项下资产的事实；

（n）商标的质押，以及执行或扣押的征费；及

（o）第 18 条（1）款所述 5 年期间根据第 18 条（1）至（3）款明确规定的开始日期。

（3）商标注册簿应证明其所记录权利和事实的真实存在。除非证明存在相反情况，否则商标注册簿中记录的权利和事实应推定是存在的。质疑商标注册簿中所载数据的正确性或真实性的人应承担举证责任。

（4）与商标保护有关的任何权利，如记录在商标注册簿中，仅可针对善意且有对价地获得其权利的第三人援引。

（5）商标注册簿应向公众开放，匈牙利知识产权局应在其网站上提供电子访问。商标注册簿中记录数据的核证副本，应在支付费用后发布。

第 48 条　在商标注册簿中登记

（1）匈牙利知识产权局应根据自身决定或其他当局或法院的决定，将商标程序中发生的事实记录在商标注册簿中。对于根据第 77 条（1）款所列决定录入的条目，商标注册簿还应包含该决定成为最终决定且具有约束力的日期。对于第 77 条（1）款中列出的任何事实和非最终且具有约束力的决定提出的复审请求，也应予以记录。

（2）匈牙利知识产权局应根据书面请求，对与商标保护有关的权利和事实的确认和登记作出决定，但在商标程序中发生的事实除外；从其他当局收到的有关当事人数据变更的通知不属于书面提出的请求。该请求应当附有提供充分证据的官方文件或者私人文件。针对同一案件提出请求，但其满足会相互排斥的，应按照收到请求日期的先后顺序处理。

（3）请求基于因形式不规范或缺乏法律要求的当局批准而无效的文件的，

或者文件内容明确表明其中所载司法行为无效的，该请求不得受理。

（3a）商标保护权或商标保护赋予的权利已根据信托资产管理合同转让，而该合同尚未与信托资产管理公司签订，且受托人及其活动法规定的注册证书尚未附在请求中的，记录法定继承的请求不得受理。

（4）〔已废止〕

第 49 条　提供官方信息

匈牙利知识产权局的官方公报应特别包含以下与商标申请和商标有关的数据和事实：

（a）商标申请公开后，申请人和代理人的姓名和地址（所在地）、申请的参考编号、申请日期和优先权日（如不同）、标志和商品或服务清单；

（b）商标注册后，注册号码、注册人的名称和地址（所在地）、代表人的名称和地址（所在地）、参考编号、申请日期和优先权日（如不同）、商标、商品或服务清单以及注册决定日期；

（c）就商标保护的续展或分案而言，其相关数据；

（d）就终止商标保护而言，其法律依据和日期；

（e）商标注册簿中记录的与商标保护有关的权利变更。

第 49A 条

匈牙利知识产权局的官方公报还应发布第十 B 章至第十 C 章规定的有关国际商标申请的官方信息。

第九章　商标注册程序

第 50 条　商标申请的提出和要求

（1）商标注册程序应在向匈牙利知识产权局提交商标申请后开始。

（2）商标申请应包含商标注册请求、标志、商品或服务清单以及必要的其他相关文件。

（3）作为对第 38 条（2b）款规定的减损，商标申请应包含申请人的姓名、地址或所在地；在有代表人的情况下，则为代表人的姓名、地址或所在地；以非电子方式进行沟通的，则为申请人或其代表人的签名。

（3a）申请人或其代表人有义务或希望通过电子方式与匈牙利知识产权局

就匈牙利知识产权局职权范围内的商标事务进行沟通的，商标申请除了（3）款中指明的数据之外，还应包含：

（a）自然人申请人或代表人的地址、出生日期和其母姓；

（b）非自然人申请人或代表人的税号。

（3b）在所有其他方面，商标申请应符合商标申请的具体形式要求和工业产权申请电子注册的法律所规定的详细要求。

（4）商标申请应缴纳工业产权程序行政服务收费法规定的提交费；费用应在提交之日起1个月内支付。

（5）商标申请中的商品或服务清单以外语撰写的，应在商标申请提交之日后2个月内提交以匈牙利语撰写的商品或服务清单。

（6）在商标注册前，申请人均可根据第32条规定撤回商标申请。

第50A条　［已废止］

第51条　提交日期

（1）申请提交日期应为匈牙利知识产权局收到申请的日期，申请应至少含有下列内容：

（a）寻求商标保护的表示；

（b）申请人的姓名、地址或住所地或安全交付服务地址；在有代表人的情况下，代表人的姓名、地址或住所地或安全交付服务地址或可能与申请人联系的任何其他数据；

（c）符合第1条（1）款（b）项规定的标志图示；及

（d）第52条（2）款所述商品或服务清单，不论该清单是否符合其他要求。

（2）若不提交标志图样和商品或服务清单，就确定提交日期而言，亦可援引优先权文件。

第52条　标志、商品或服务清单的统一

（1）一份商标申请只能针对一项标志寻求商标保护。

（2）商品或服务清单是指对寻求商标保护的货物和服务的列举。

（3）在商标申请中，应按照《国际商标注册商品和服务分类尼斯协定》（以下简称《尼斯协定》）确定的分类制度对商品和服务进行分类。

（4）在商标申请中，商品和服务的识别应具有足够的清晰性和精确性，以便当局和经营者能够仅以此为基础确定所寻求的保护范围。

（5）《尼斯协定》的类别标题中的一般性说明或其他通用术语，必须符合（4）款规定的必要清晰性和准确性标准方可使用。

（6）通用术语，包括《尼斯协定》的类别标题的一般性说明，应解释为包括该说明或术语的字面意思所明确涵盖的商品或服务。

（7）不应仅根据商品和服务分别出现在《尼斯协定》中的同一类别或不同类别，而视其彼此相同或相异。

第 53 条　优先权

（1）确定优先权的日期为下列日期：

（a）一般而言，商标申请的提交日期（申请优先权）；

（b）在《巴黎公约》规定的情况下，外国申请的提交日期（公约优先权）；

（c）在匈牙利知识产权局局长于匈牙利官方公报上发布的通信所规定的情况下，在展览会上展示标志的首日，但不得早于提交申请的日期前 6 个月（展览优先权）；

（d）申请人针对同一标志先前提交且未决的外观设计申请的提交日期，但该日期不得早于当前申请前 6 个月，且对此不存在其他优先权主张（国内优先权）。

（2）公约优先权、展览优先权和国内优先权应在提出申请后 2 个月内提出。确定公约优先权和展览证明的文件应在提交申请之日起 4 个月内提交。

（3）外国申请是在世界贸易组织成员但非《巴黎公约》缔约国提出的，或根据互惠原则在任何其他国家提出的，在符合《巴黎公约》规定条件的情况下，亦可主张公约优先权。对于互惠问题，匈牙利知识产权局局长的意见具有决定性。

第 54 条　展览证书

（1）负责展览的当局应通过展览证书证明展览的展出和日期。

（2）证书必须附有标志，证明该标志和展览会展示标志的一致性。

（3）证书只能在展览期间且只能在该标志在展览时可见期间颁发。

第 55 条　提交后审查

商标申请提交后，匈牙利知识产权局应对下列内容进行审查：

（a）申请是否符合确定提交日期的要求（第 51 条）；

（b）是否已支付提交费［第 50 条（4）款］；

（c）商品或服务清单是否以匈牙利语提交［第 50 条（5）款］。

第 56 条

（1）无法确定提交日期的，应要求申请人于 30 日内纠正不合规之处。

（2）申请人在规定期间内符合通知要求的，以收到纠正通知的日期为提交日期。未能遵守上述通知要求的，视为撤回商标申请。

（3）应将确定的提交日期通知申请人。

（4）未缴纳申请费或未使用匈牙利语提交商品或服务清单的，匈牙利知识产权局应要求申请人在本法第 50 条（4）款和（5）款规定的期限内纠正不合规之处。否则，视为撤回申请。

第 57 条　数据通信

［已废止］

第 58 条　意见

（1）在商标注册程序中，任何人均可向匈牙利知识产权局提出意见，内容是该标志可能因第 2 至 3 条所述任何理由而不能获得商标保护。

（2）在对意见中反对的情况进行审查时，应考虑该意见，但对意见进行审查会不当延迟决策的除外。商标申请公布后（第 61A 条），匈牙利知识产权局应仅基于意见，扩大对案件的审查，以确定标志是否因意见中所指第 2 至 3 条所述任何情况而不会从商标保护中排除。对事实的审查应在意见范围内，且根据提出意见之人的陈述与其证明的数据进行。

（3）除非匈牙利知识产权局根据（2）款第一句忽视该意见，否则应将意见通知申请人。

（4）提出意见之人不得成为商标注册程序的当事人，但该人应被告知其意见处理结果。

第59条　形式要求的审查

（1）商标申请符合根据第55条进行审查的要求的，匈牙利知识产权局还应审查其是否符合第50条（2）至（3b）款的形式要求，以及是否符合第52条规定的标志统一性和商品或服务清单的要求。

（2）申请不符合根据（1）款进行审查的要求的，应要求申请人纠正不合规之处或分案申请。

（3）纠正或陈述意见后，仍不符合审查要求的，应驳回商标申请。仅可基于通知中具体明确说明的理由，方可驳回申请。

（4）申请人未在规定期间答复通知或未提出分案申请的，视为撤回商标申请。

（5）在对商标申请的形式要求进行审查时，第61条（6）至（7）款据此适用。

第60条　在先权利的检索

（1）商标申请符合根据第59条审查要求的，匈牙利知识产权局应检索第4条所述在先权利，并在适当考虑商品或服务清单的情况下，根据标志起草检索报告。

（2）检索报告应指明予以考虑的相关数据，以确定商标申请涉及的标志可否注册。

（3）匈牙利知识产权局应将检索报告发送给申请人。

第60A条　通知检索报告中注明的在先权利人

（1）记录在商标注册簿中的申请人、持有人和被许可人可要求匈牙利知识产权局向其发送检索报告副本，告知注明其在先权利的检索报告中的在后商标申请。

（2）请求可在以日历月规定的期间提出，最长为1年，自日历年或半年的第1日起算；该请求应支付工业产权程序行政服务收费法中规定的费用。匈牙利知识产权局应在费用缴纳后审查其请求。

（3）未发送通知的，匈牙利知识产权局应根据要求退还根据（2）款支付的全部或（与未发送通知成比例的）部分费用。未发送通知不会引起任何其他法律后果，尤其是对异议和默许等规定的适用。

第 61 条　依职权进行的实质审查

（1）商标申请符合第 59 条规定的，匈牙利知识产权局应对该商标申请进行实质审查。

（2）实质审查应涉及：

（a）该标志是否符合第 1 条的要求，以及是否根据第 2 至 3 条被排除在商标保护之外；

（b）申请是否符合本法规定的要求。

（3）商标申请不符合根据（2）款审查的要求的，应根据异议的性质，要求申请人纠正不合规之处或陈述意见。

（4）纠正不合规之处或提出意见后，仍不符合审查要求的商标申请，应全部或部分驳回。驳回申请的通知应具体明确，且适当说明其理由；如有必要，应再次发出通知。

（5）申请人未在规定期间答复通知的，视为撤回商标申请。

（6）将对部分驳回商标申请决定的复审请求移交给法院的同时［第 77 条（9）款和（10）款］，应中止对商品和服务清单剩余部分的注册程序，直至法院程序作出最终且具有拘束力的决定。

（7）基于依职权进行的实质审查，针对部分驳回商标申请作出最终且具有约束力的决定后，应继续对商品或服务清单的剩余部分进行注册程序。

第 61A 条　商标申请的公布

（1）商标申请符合第 59 条规定要求的，匈牙利知识产权局应在向申请人发送检索报告后至少 15 日内公布该商标申请［第 60 条（3）款］。

（2）匈牙利知识产权局应根据第 49 条（a）款规定在官方公报上向公众公布官方信息。

（3）申请人应被告知公布情况。

（4）公布后，申请被撤回或被视为撤回、驳回、修改或分案的，应在匈牙利知识产权局的官方公报上发布官方信息。

第 61B 条　根据异议通知进行实质审查

（1）自商标申请公布之日起 3 个月内，下列人员可基于第 4 至 6 条规定的理由对商标注册提出异议：

（a）在先商标持有人和商标注册簿中记录的被许可人；

（b）第 5 条（1）款（a）至（b）项所述权利持有人；就工业产权而言，许可合同授权的被许可人；就版权而言，根据许可合同获得使用权的人；

（c）第 5 条（2）款（a）项规定的在先使用人；获授权根据第 5 条（2）款（b）项行使源自产地名称、原产地名称或地理标志保护的权利的人；

（d）基于第 6 条规定，商标持有人的代表人或代理人未经其授权以自身名义申请商标注册的，则为商标持有人。

（2）［已废止］

（3）异议通知应注明异议的依据（异议理由），并随附书面证据。

（4）异议通知提交之日起 1 个月内，应支付工业产权程序行政服务收费法中规定的异议费。

（5）异议通知不符合（1）至（3）款规定的，应要求异议人改正不合规之处；未缴纳异议费的，应要求其在本法规定的期限内缴纳。否则，视为撤回异议通知。

第 61C 条

异议方应是商标注册程序中提出异议通知的一方。

第 61D 条

（1）在异议程序中，应双方共同请求，应允许当事人在至少 2 个月但至多 4 个月内友好协商解决，在此期间应中止程序。

（1a）匈牙利知识产权局应要求申请人就异议陈述意见；然后，除（2）款所述情况外，应在书面准备工作后就商标注册作出决定。终结程序的命令和批准友好解决的决定可以不经听证作出。

（2）书面准备工作结束后，必须听取申请人和异议人的意见以澄清事实，或者当事各方一致要求且及时提出要求的，匈牙利知识产权局应举行听证。

（3）申请人未在规定期间陈述意见或出席听证的，匈牙利知识产权局应根据现有证据对异议通知作出决定。

（4）在听证过程中作出的命令和决定，应当在听证当日宣布；但是，只有因案情复杂有绝对必要时，方可推迟宣布决定，且最多推迟 8 日。在该情况下，应立即确定宣布期限，并在宣布之日前以书面形式作出决定。

（5）决定的宣布应包括对执行部分的说明和理由陈述。

（6）除非匈牙利知识产权局推迟宣布，否则该决定应在作出决定之日起最多15日内以书面形式提出，并应在书面提出后15日内送达。

（7）异议人有下列任一情形的，视为撤回异议：

（a）未在限定期限内回复通知的；或

（b）未出席听证且未事先要求在其缺席的情况下举行听证的。

（8）在规定的提出异议通知的期间届满后［第61B条（1）款］，不得以未在上述期间内指明的任何理由作为异议理由。匈牙利知识产权局在作出终结程序的实质性决定时，不应考虑如此指明的理由。

第61E条

（1）异议基于与在先商标相冲突的，匈牙利知识产权局应申请人适时提出的请求，应要求异议人提供证据证明下列情况，前提是在申请日或在后商标的优先权日，第18条（1）至（3）款规定的在先商标必须真实使用的5年期间已届满：

（a）在在后商标申请提交日期或优先权日前5年期间内其根据第18条规定已真实使用其商标；或

（b）不使用有正当理由的。

（2）商标申请不得因针对未成功提供受（1）款调整的证据提出异议而予以驳回。在先商标持有人仅针对其注册的部分商品或服务根据（1）款使用商标的，就考虑异议而言，应视为仅就该部分商品或服务进行注册。

（2a）不得基于在提交商标申请之日不受保护的在先商标异议而驳回商标申请。

（3）异议方未答复（1）款所述要求的，视为撤回异议通知。

第61F条

针对异议事项，允许进行和解。

第61G条

（1）就同一商标申请提交多份异议通知的，应在同一程序中处理。

（2）针对同一商标申请有多份异议通知的，可以针对特定异议中止程序。在该情况下不能单独向法院请求对中止程序的命令进行复审［第77条（1）款］，只能在请求复审商标注册决定时提出异议。在该情况下中止程序的命令如有必要应明确对方当事人在程序中止前所产生的费用。

（3）在商标注册程序中，作出最终且具有约束力的决定驳回申请的，针对其中止程序的异议应视为撤回。否则，应基于先前中止诉讼的异议继续程序。

第61H条

（1）在提出异议的情况下，还应审查商标申请，在适当考虑异议理由的情况下，确定该标志是否未被排除在第4至7条的商标保护范围之外。

（2）商标申请不符合根据（1）款审查的要求的，应全部或部分驳回商标申请。

（3）败诉方应承担针对异议产生的费用；根据第61G条（3）款异议视为撤回的，该异议人不属于败诉方。

（4）在下列情况下，应要求，匈牙利知识产权局应在工业产权程序行政服务收费法规定的范围和条件下退还异议费［第61B条（4）款］：

（a）商标申请根据第61条（4）款被驳回的；

（b）商标申请根据第61条（5）款视为撤回的；

（c）申请人撤回商标申请的［第50条（6）款］；

（d）异议根据第61G条（3）款视为撤回的。

第62条 修改申请和分案申请

（1）商标申请的下列内容不得修改：

（a）标志；

（b）商品或服务清单，其范围超出提交之日申请所含清单的范围。

（2）在通过商标注册决定之日前，申请人有权修改（1）款（b）项规定的商品或服务清单。

第63条

（1）在下列情况下，申请人可在商标注册决定作出之日前对申请进行分案处理：

（a）在为此发出正式要求前［第59条（2）款］，在一份申请中要求对多项标志提供保护的；或

（b）通过分割商品或服务清单，要求对特定商品或服务分别保护的。

（2）分案申请应缴纳工业产权程序行政服务收费法规定的费用，时间为提出相关请求后 2 个月内。

（3）提出请求后未缴纳分案费的，匈牙利知识产权局应要求申请人在（2）款规定的期限内改正不合规行为；否则，视为撤回分案请求。

（4）提交商标注册异议通知，且分案申请将异议通知所针对的部分商标或服务清单进行分割的，应驳回分案请求。

第 64 条　商标注册

（1）标志和与其相关的商标申请符合所有审查要求［第 61 条（2）款和第 61H 条（1）款］的，匈牙利知识产权局应将该标志注册为商标。针对注册作出实质性决定的日期为商标的注册日期。

（2）商标注册应在商标注册簿上登记（第 47 条），其官方信息应在匈牙利知识产权局的官方公报上公布［第 49 条（b）项］。

（3）注册后，匈牙利知识产权局应签发商标证书。注册簿摘录应附于证书之后。

第 64A 条　加速程序

（1）应申请人要求，匈牙利知识产权局应适用商标注册加速程序。该请求可在提交申请之日起 1 个月内提出。

（2）请求加速程序的，应在提交请求后 1 个月内缴纳工业产权程序行政服务收费法规定的费用。

（3）［已废止］

（4）未支付请求费的，应要求申请人在法律规定的期限内缴纳。否则，视为撤回请求。

（5）请求符合（1）款和（2）款规定要求的，匈牙利知识产权局应命令适用加速程序。

（6）作为对第七章和第九章规定的减损，就加速程序而言：

（a）可规定 15 日期限以纠正不合规之处或陈述意见；

（b）商标申请亦可在向申请人发送检索报告［第 60 条（3）款］后 15 日届满前公布［第 61A（1）条］。

（c）匈牙利知识产权局只有在澄清事实需要双方共同参加听证或当事人及时一致要求时，方可就异议通知进行口头听证；

（d）提交费应在（2）款规定的期限内缴纳。

（7）根据申请人在加速程序请求中的具体要求，匈牙利知识产权局应在公布商标申请（特别是加速程序）的同时将标志注册为商标，但第 64 条（3）款的规定仅在规定提交异议通知的期限届满后方可适用［第 61B 条（1）款］。特别加速程序的请求仅可在（1）款规定的提交加速程序请求的期限内提出；特别加速程序的费用是加速程序费用的 1.5 倍。

（8）如果针对将标志注册为商标提出异议通知，应撤销根据（7）款命令注册商标的实质性决定，并应继续进行注册程序。撤销根据（7）款命令注册商标的实质性决定，应记录在商标注册簿中，并在匈牙利知识产权局的官方公报上公布官方信息。

第十章　商标事务中的其他程序

第 65 条　续展程序

（1）商标持有人及根据法律或合同授权的人可向匈牙利知识产权局提出商标保护续展请求［第 11 条（2）款］。

（2）为了续展商标保护，应根据工业产权程序行政服务收费法的规定缴纳费用。缴纳续展费本身不应视为续展请求。

（3）匈牙利知识产权局应在保护到期前至少 6 个月通知商标持有人可进行商标续展。未通知的，匈牙利知识产权局不承担责任，且未通知不影响商标保护到期。

（4）续展请求应在保护到期之日前 6 个月内提出，并同时缴纳续展费。否则，可在保护到期后 6 个月内提出请求，同时缴纳带附加费的续展费。

（5）商标注册日期在商标保护到期后，亦可在注册后 6 个月内提出续展请求，同时缴纳续展费。

（6）续展请求应标明有关商标的注册号；否则，请求及其附件应相应地适用关于商标申请要求的相关规定［第 50 条（2）至（3b）款］。

（7）商标保护续展时，不得更改标志，亦不得扩展商品或服务清单。

第 65A 条　［已废止］

第 66 条

（1）续展请求不符合第 65 条规定要求的，包括缴纳续展费，应要求请求方纠正不合规之处或陈述意见。仅缴纳部分续展费的，匈牙利知识产权局应要求请求方在声明中指出续展所涵盖的部分商品或服务清单。

（2）纠正不合规之处或陈述意见后，仍不符合通知所述要求的，应驳回续展请求。请求方未在指定期间答复通知的，视为撤回续展请求。

（3）［已废止］

第 67 条

（1）申请符合第 65 条规定要求的，匈牙利知识产权局应续展商标保护。续展请求仅要求对部分商品或服务清单请求续展商标保护的，匈牙利知识产权局应仅对该部分商品或服务清单续展商标保护。商标保护续展应自商标保护期满次日起生效；在商标保护期满后续展的，应自该日期起追溯生效。

（2）商标保护续展应记录在商标注册簿中，并应在匈牙利知识产权局官方公报上公布官方信息。

（3）［已废止］

第 68 条　分案程序

（1）商标持有人可通过分割商品或服务清单对特定商品或服务分割商标保护。

（2）商标保护分案请求和必要文件，应按照原商品或服务清单中需要分案的部分的数量，一式数份，相互配合准备。

（3）分案请求应当载明原商标的注册号；除此之外，申请请求及其文件应相应地适用关于商标申请要求的规定［第 50 条（2）至（3b）款］。

（4）分案请求应在提出请求后的 2 个月内，缴纳工业产权程序行政服务收费法确定的费用。

第 69 条

（1）分案请求不符合第 68 条（1）至（3）款规定要求的，应要求持有人纠正不合规之处。

（2）纠正不合规之处或陈述意见后，分案请求仍不符合通知所述要求的，应驳回分案请求。持有人未答复通知的，视为撤回分案请求。

（3）未缴纳分案请求费的，匈牙利知识产权局应要求持有人在法律规定期间纠正不合规之处；否则，视为撤回分案请求。

第 70 条

（1）请求符合第 68 条规定的，匈牙利知识产权局应对商标保护进行分案处理。

（2）商标保护分案处理应记录在商标注册簿中，并应在匈牙利知识产权局官方公报上公布官方信息。

（3）分案后，匈牙利知识产权局应为每项商标签发商标证书。证书应随附注册簿摘录。

第 71 条　因期满和放弃而终止

（1）〔已废止〕

（2）持有人放弃商标保护的（第 32 条），匈牙利知识产权局应通过命令宣布终止保护。

（3）因商标保护期满未续展〔第 30 条（1）款（a）项〕及放弃商标保护而终止的，应记录在商标注册簿中，并应在匈牙利知识产权局官方公报上公布官方信息。

第 72 条　无效程序

（1）除（2）款规定的情形外，任何人均可根据第 33 条对持有人提出商标无效宣告程序。

（2）根据第 4 至 6 条宣告商标无效只能由在先冲突权利持有人提出请求。

（3）请求应说明第 38 条（2b）款规定的数据、所依据的理由，并随附书面证据。宣告无效的请求，如不是针对作为整体的商标，亦可针对注册商标的部分商品或服务清单。

（4）请求无效宣告的，应在提交请求后 1 个月内缴纳工业产权程序行政服务收费法确定的费用。

（5）宣告无效的请求不符合本法规定要求的，应要求请求方纠正不合规之处；未支付请求费的，应要求请求方在法律规定的期限内缴纳；否则，视为撤回宣告无效的请求。

第 73 条

（1）匈牙利知识产权局应要求商标持有人就无效宣告请求陈述意见；书

面准备工作结束后，应在听证会上就宣告商标无效、限制商标保护或驳回请求作出决定。商标持有人在规定期限内未针对匈牙利知识产权局的要求作出答复的，匈牙利知识产权局应根据所掌握信息，在不举行听证的情况下对申请作出决定。亦可在不进行听证的情况下作出终结程序的命令或批准友好解决的决定。在匈牙利知识产权局为请求方设定的期间届满后，不得提出在该期间内未提出的无效理由。在作出终结程序的决定时，不应考虑如此未提出的理由。

（2）宣告无效的请求是基于与请求方的在先商标相冲突的，根据在后商标持有人及时提出的请求，匈牙利知识产权局应要求请求方提供证据证明下列内容，但在宣告无效的请求提交之日在先商标注册已满 5 年期间：

（a）在提交无效宣告的请求前 5 年期间，其针对注册的商品或服务已根据第 18 条将自身商标投入真实使用；或

（b）不使用有正当理由。

（2a）第 18 条（1）至（3）款规定的开始真实使用在先商标的 5 年期间在提交在后商标之日已经届满的，或在在后商标优先权日主张优先权的，请求方除符合（2）款所述要求外，还应提供证据证明下列内容：

（a）在在后商标申请提交之日或其优先权日期前 5 年期间，其已根据第 18 条将自身商标投入真实使用；或

（b）不使用有正当理由。

（3）商标申请不能因宣告无效的请求在提供受（2）至（2a）款调整的证据不成功的情况下而被宣布无效。在先商标持有人仅针对其注册的部分商品或服务使用了（2）至（2a）款规定的商标的，就考虑宣告商标无效的请求而言，应视为仅就该部分商品或服务进行了注册。

（4）请求方未答复（2）款所述要求的，应视为撤回无效宣告请求。

（5）在听证过程中作出的决定，应在听证当日宣布；就实质性决定而言，因案情复杂必须推迟的，方可推迟宣布决定，且最多推迟 8 日。在该情况下，应立即确定宣布日期，并在宣布之日前以书面形式作出实质性决定。

（6）决定的宣布应包括对执行部分的简要说明及理由。

（7）决定应在作出决定之日起 15 日内书面作成，但匈牙利知识产权局推迟宣布的除外，该决定应在书面作成后 15 日内送达。

第 73A 条

（1）已提起侵犯商标诉讼，或在提交请求陈述书前提交临时措施请求，且该事实得以证实的，应任何当事方请求，应加速无效宣告程序。

（2）对于加速程序的请求，应在提出请求后 1 个月内缴纳工业产权程序行政服务收费法规定的费用。

（3）请求不符合（1）款规定要求的，应要求加速程序请求人纠正不合规之处或陈述意见。纠正不合规之处或陈述意见后，仍不符合法律规定要求的，应驳回加速程序请求。加速程序请求人未在指定期间答复要求的，视为撤回该请求。

（4）未缴纳请求费的，应要求请求人在法律规定期间缴纳；否则，视为撤回加速程序请求。

（5）匈牙利知识产权局应通过命令方式下令适用加速程序。

（6）作为对第 41 条和第 73 条规定的减损，就加速程序而言：

（a）可规定 15 日期间纠正不合规之处或提出意见；

（b）只有在特别合理的情况下方可延长期间；

（c）匈牙利知识产权局只有在澄清事实需要双方共同参加听证或一方当事人及时要求时，方可就异议通知进行口头听证。

第 74 条

（1）针对同一商标有多项无效宣告请求的，应尽可能在同一程序中处理。

（2）宣告无效的请求被撤回的，可以依职权继续进行该程序，但第 72 条（2）款规定的情况除外。在此情况下，匈牙利知识产权局亦应在请求的范围内继续进行，并考虑当事各方先前的陈述和指控。在第 72 条（2）款所述情况下，可以在无效宣告程序中达成和解。

（3）败诉方应承担无效宣告程序的费用。商标持有人没有对无效程序给出任何理由，至少针对商品或服务清单的相关部分放弃商标保护，且其效力追溯至陈述意见期间届满前提交之日［第 73 条（1）款］的，程序费用应由请求方承担。

（4）商标无效宣告或商标保护限制应记录在商标注册簿中，并应在匈牙利知识产权局的官方公报上公布官方信息。

第 75 条　因不使用、丧失显著性特征或变得具有误导性而撤销

（1）任何人均可根据第 18 条和第 34 条对因商标不使用或根据第 35 条对因商标丧失显著性和变得具有误导性而对商标持有人提起撤销商标保护的程序。

（2）申请应注明第 38 条（2b）款规定的数据和撤销理由，并随附书面证据。根据第 30 条（2）款提出撤销请求效力追溯至早于第 30 条（1）款（d）项或（e）项规定日期的，应在请求中注明。因商标不使用为由请求撤销的，由商标持有人承担举证责任，证明其对商标的使用符合第 18 条规定的要求。申请如不是针对作为整体的商标，亦可针对注册商标的部分商品或服务清单。

（3）应在提出申请后 2 个月内缴纳工业产权程序行政服务收费法规定的费用。

（4）撤销请求不符合本法规定要求的，应要求请求方纠正不合规之处；未缴纳请求费的，应要求请求方在本法规定期限内缴纳；否则，视为撤回撤销请求。

第 76 条

（1）匈牙利知识产权局应要求商标持有人就撤销请求陈述意见。商标持有人在规定期间对要求作出答复的，在书面准备工作后，应在听证会上决定因不使用、丧失显著性或变得具有误导性而全部或部分撤销商标保护，或驳回请求。商标权人在规定期间未答复匈牙利知识产权局的要求的，匈牙利知识产权局应根据其掌握的信息，不进行听证对该请求作出决定。亦可不经听证而命令终结程序。对听证过程中所作决定的交付、记录和送达，适用第 73 条（5）至（7）款的规定。

（2）针对同一商标有多项撤销请求的，或者请求同时涉及无效宣告和撤销的，应尽可能在同一程序中处理。

（3）撤销请求被撤回的，可依职权继续进行程序。在该情况下，匈牙利知识产权局亦应在请求范围内继续进行，并考虑当事各方先前的陈述和指控。

（4）败诉方应承担请求撤销程序的费用。商标持有人没有对无效程序给出任何理由，至少针对商品或服务清单的相关部分放弃商标保护，且其效力追溯至第 73 条（1）款规定的陈述意见期间届满前提交之日的，程序费用应由请求方承担。

（5）因不使用、丧失显著性或变得具有误导性而全部或部分撤销商标保护的，应记录在商标注册簿中，并应在匈牙利知识产权局的官方公告上公布官方信息。

第三部分　关于欧盟商标体系规定

第十A章　欧盟商标和欧盟商标申请

第76A条　一般规定

在本法中：

（a）［已废止］

（b）"欧盟商标"，指欧盟商标条例第1条（1）款所定义的商标；

（c）"欧盟商标申请"，指根据欧盟商标条例提出注册欧盟商标的请求。

第76B条　［已废止］

第76C条　［已废止］

第76D条　侵犯欧盟商标的法律后果

根据欧盟商标条例第14条的规定，针对欧盟商标的侵权行为，应与针对匈牙利知识产权局根据本法注册商标的侵权行为具有相同法律后果。

第76E条　转为国内商标申请

（1）根据欧盟商标条例第140条（5）款规定提出转化欧盟商标申请或欧盟商标请求的，匈牙利知识产权局应相应地适用第七至九章的规定并根据（2）至（5）款规定的条件，启动商标注册程序。

（2）申请费［第50条（4）款］应在匈牙利知识产权局收到请求后2个月内缴纳。

（3）根据（1）款提出的请求及其文件的匈牙利语译本应在匈牙利知识产权局收到请求后4个月内，向匈牙利知识产权局提交。就第九章规定而言，该翻译应被视为根据第50条（5）款规定提交的翻译。

（4）匈牙利知识产权局应通过同时发送第 56 条（4）款规定的通知，告知请求方其收到根据（1）款提出的请求。

（5）提交日期、优先权日期和先有权日期应根据欧盟商标条例第 139 条（3）款确定。对于欧盟商标条例第 141 条（2）款的规定，适用第 50 条（3b）款。

（6）在根据（1）款基于转化欧盟商标申请而提起的程序中，匈牙利知识产权局在缴纳提交费并完成提交（3）款规定的翻译后，应根据本法第 64 条注册欧盟商标，无须进一步审查。

（7）在涉及审查欧盟商标申请或欧盟商标转化请求以及根据（1）款启动程序的所有其他事项中，应相应适用第七至九章的规定。

第 76F 条　针对欧盟商标主张的先有权

（1）匈牙利知识产权局根据本法注册的商标，已根据欧盟商标条例第 39 条和第 40 条针对欧盟商标主张先有权，且其保护因期满未续展或放弃而终止的，

（a）可被宣告无效；或

（b）可因标志不使用、丧失显著性或变得具有误导性而被撤销，

但前提是无效或撤销的条件在商标保护终止之日前已存在。

（1a）在（1）款所述情况下，商标被宣告无效或撤销的，先有权不再产生效力。

（2）应在商标注册簿中表明，已针对欧盟商标主张商标先有权。丧失先有权的，亦应记录在商标注册簿中。

（3）涉及商标的所有事实和情况，特别是使用许可、抵押、与商标有关或源自商标保护的任何其他权利负担，以及该等权利的继受和转让，即使因保护期满未续展或因放弃而终止针对欧盟商标主张先有权的商标进行保护后，也应记入商标注册簿中。

（4）［已废止］

第 76G 条　　［已废止］

第 76H 条　欧盟商标法院

（1）在匈牙利，布达佩斯首都地区法院作为欧盟商标条例第 123 条（1）

款所指欧盟商标法院根据第 78 条（2）款组成合议庭审理一审案件。

（2）布达佩斯首都地区上诉法院作为欧盟商标二审法院，对针对布达佩斯首都地区法院判决拥有上诉管辖权。

第四部分　关于商标国际注册的规定

第十 B 章　关于国际商标申请的一般规定

第 76I 条　一般规定

（1）在本法中：

（a）"国际商标申请"，指根据 1891 年 4 月 14 日《马德里协定》和根据 1989 年 6 月 27 日的《马德里议定书》提出的申请；

（b）"国际局"，指世界知识产权组织的国际局；

（c）"国际注册簿"，指国际局对根据《马德里协定》或《马德里议定书》提交的商标备存的注册簿；

（d）"指定匈牙利的申请"，指要求将保护范围扩大到匈牙利境内的国际商标申请；

（e）"原属局"，指《马德里议定书》第 2 条（2）款定义的原属局。

（2）本法对适用《马德里协定》或《马德里议定书》的提述，应解释为亦指适用根据《马德里协定》和《马德里议定书》制定的《共同实施细则》。

（3）除《马德里协定》或《马德里议定书》另有规定，本法的规定应相应地适用于国际商标申请，但本部分（第十 B 至十 C 章）规定的例外除外。

（4）〔已废止〕

第十 C 章　国际商标申请

第 76J 条　通过匈牙利知识产权局作为中介提交的申请

（1）向匈牙利知识产权局提交商标申请的持有人和由匈牙利知识产权局注册的商标的持有人，可以根据《马德里议定书》通过匈牙利知识产权局作为原属局向国际局提交国际商标申请。

（2）国际商标申请在（1）款所述商标注册前提交的，申请人可声明其希望基于（1）款所述商标提出国际商标申请。在该情况下，商标注册日期应被视为提交日期。

（3）申请人具有下列任一情况的，匈牙利知识产权局应转交国际商标申请：

（a）在该国设有真实有效的工业或商业营业所的；

（b）在该国有住所的；或

（c）具有匈牙利国籍的。

（4）国际商标申请应符合形式要求，按照《马德里议定书》规定的方式以《马德里议定书》规定的语言之一向作为原属局的匈牙利知识产权局提交。

（5）应匈牙利知识产权局要求，申请人应证明其有权根据（2）款提出国际商标申请。否则，匈牙利知识产权局应驳回转交国际申请的请求。

第76K条

（1）在转交国际商标申请前，匈牙利知识产权局应审查下列内容：

（a）申请是否含有第76J条（1）款所述商标注册编号或商标编号；

（b）是否已提交转交国际申请的请求，且该请求是否含有第38条（2b）款中规定的数据；以及申请是否含有确定申请人、标志和商品或服务清单的信息；

（c）申请中数据是否符合商标注册簿中所示第76J条（1）款所述商标数据；

（d）申请是否含有要求扩大保护范围的国家名称；

（e）申请是否以《马德里议定书》规定的语言和方式提出；

（f）申请是否由申请人或代表人签署。

（2）转交申请的请求或申请本身不符合（1）款（a）至（c）项和（f）项的要求的，除非申请中的商品或服务清单范围要小于第76J条（1）款所述商标的商品或服务范围，否则匈牙利知识产权局应要求申请人纠正不合规之处。在提交请求后2个月内商标局未收到申请的，应通知申请人。提交请求的日期不应是国际注册的日期，而是国际局收到国际申请的日期。

（3）根据（1）款提出的改正要求没有结果的，匈牙利知识产权局应驳回转交国际商标申请的请求。

（4）申请不符合（1）款（d）项和（e）项要求的，匈牙利知识产权局应要求申请人改正。否则，应按照申请人提交时的原样将申请转交国际局。

第 76L 条

（1）转交商标国际申请的，应向匈牙利知识产权局缴纳工业产权程序行政服务收费法规定的转交费；对于商标国际申请而言，应向国际局缴纳《马德里议定书》规定的国际规费。

（2）（1）款所指转交费应在提交商标国际申请之日到期支付。到期日后 1 个月内仍未缴纳的，视为撤回商标国际申请。

（3）（1）款所指国际规费应按照《马德里议定书》规定期间和方式直接支付给国际局。

（4）通过匈牙利知识产权局提交国际商标申请的，应在商标注册簿上记录国际注册的日期和编号。

第 76M 条　通过匈牙利知识产权局进行国际注册的后续保护展期

（1）匈牙利知识产权局根据《马德里议定书》是国际注册持有人的缔约国主管局的，可以通过匈牙利知识产权局申请国际注册保护后续展期。

（2）保护后续展期的请求，应按照《马德里议定书》规定的形式要求、方式和语言提出。

（3）匈牙利知识产权局在转交保护后续展期请求前，应审查下列事项：

（a）是否已提交转交国际申请的请求，该请求是否包含第 38 条（2b）款规定的数据，以及保护后续展期请求是否包含持有人或其代表人的签名；

（b）是否按照《马德里议定书》规定的方式提交保护后续展期请求。

（4）转交申请的请求或保护后续展期请求不符合（3）款（a）项要求的，匈牙利知识产权局应要求申请人改正。改正后仍不符合要求的，匈牙利知识产权局应驳回转交国际申请的请求。

（5）保护后续展期请求不符合（3）款（b）项要求的，匈牙利知识产权局应要求申请人改正。改正后仍不符合要求的，保护后续展期请求应按照请求人提交时的原样转交国际局。

（6）关于保护后续展期请求，应相应地适用第 76L 条的规定。

（7）通过匈牙利知识产权局提出请求，要求在国际注册簿上记录国际商标申请相关的变更或因根据《马德里议定书》进行国际注册获得保护相关的变更，应相应地适用（1）至（6）款的规定。

第 76N 条　指定匈牙利的申请

（1）指定匈牙利的申请的效力，自根据《马德里议定书》第 3 条（4）款进行国际注册之日起或根据《马德里议定书》第 3 条之三（2）款进行国际注册保护后续展期之日起，与向匈牙利知识产权局妥为提交的商标申请相同。

（2）根据指定匈牙利的申请进行的国际注册，从（1）款规定日期起，应享有与根据第 64 条规定提出申请相同的保护，但前提是匈牙利知识产权局不驳回对延伸至匈牙利的标志的保护或撤销根据《马德里议定书》第 5 条（1）款和（2）款作出的驳回。

（3）与指定匈牙利申请有关的规定，应相应适用于国际注册后将保护延伸至匈牙利的后续申请。

（4）在指定匈牙利的申请进行国际注册后，匈牙利知识产权局应将该申请的内容公布以供查阅，并应确保能够查阅与申请有关的国际登记簿条目。

第 76O 条

（1）对于指定匈牙利的申请，应公布国际商标申请的下列数据：

（a）标志；

（b）国际注册号；

（c）在国际局公报上的公布日期和发行期号。

（2）匈牙利知识产权局在被告知国际注册后，应根据（1）款公布指定匈牙利的申请。

第 76P 条

（1）匈牙利知识产权局应根据第 60 条起草检索报告，并应根据第 61 条针对指定匈牙利的申请进行实质审查。

（2）匈牙利知识产权局应通过国际局将检索报告发送给申请人。

（3）就第 61B 条（1）款而言，与指定匈牙利的申请有关的异议期限，应自第 76O 条（1）款规定的公布之日起计算。

（4）国际商标申请不符合第 61 条（2）款的审查要求的，或者已对其提出异议的，应按照《马德里议定书》规定的方式和期限通知国际局（临时驳回）。通知中应规定至少 3 个月的期间用以提交意见；期间届满前提出请求的，可予以延长。

（5）申请人未在规定期间内答复的，匈牙利知识产权局应通知国际局，除适用（5a）款规定外，驳回保护延伸至匈牙利的商标（最终驳回），或匈牙利知识产权局仅部分承认保护。最终驳回或部分承认保护的决定成为最终决定并具约束力后，匈牙利知识产权局应将该通知发送给国际局。商标保护得到部分承认的，注册日期为决定日期。

（5a）申请人未在规定期限内答复匈牙利知识产权局仅基于异议而发布的请求的，匈牙利知识产权局应根据现有信息决定商标的注册，并相应地通知国际局，向其发送关于最终驳回的通知或根据（5e）款作出的通知。

（5b）申请人答复请求的，匈牙利知识产权局应继续进行实质审查，并据此就商标注册作出决定。商标申请基于实质审查被驳回的［第 61 条（4）款和第 61H 条（2）款］，在作出最终决定并具有约束力后，匈牙利知识产权局应将驳回商标保护延伸至匈牙利的决定（最终驳回）通知国际局。

（5c）匈牙利知识产权局未发出任何临时驳回通知，也未根据（5d）款向国际局发送通知的，临时驳回规定期限届满后的次日应被视为注册日期。

（5d）匈牙利知识产权局发现在针对临时驳回所规定的时限届满前不存在临时驳回理由的，应立即将承认保护的情况通知国际局。注册日期为确认保护的通知之日。

（5e）匈牙利知识产权局在进行实质审查后全部或部分撤销临时驳回的，应在撤销决定成为最终决定并具有约束力后，将全部或部分承认保护的情况通知国际局。注册日期为针对撤回作出决定的日期。

（6）至（7）［已废止］

（8）通过相应地适用第 48 条的规定，匈牙利知识产权局应在商标注册簿中记录，根据《马德里议定书》第 4 条之二的规定，国际注册取代匈牙利知识产权局的商标注册。

第 76R 条　对转让和许可合同效力的拒绝

（1）匈牙利知识产权局在国际注册簿记录的转让或许可针对国际注册并延伸至匈牙利的保护与本法规定部分或全部冲突的，应通过国际局按照《马德里协定》和《马德里议定书》规定的方式和期限通知申请人。

（2）拒绝变更效力的通知应说明拒绝理由和范围。

第76S 条　国际商标的无效

就本法而言,《马德里议定书》第 5 条（6）款所指的"国际商标无效",指该商标的无效宣告或撤销商标保护。

第76T 条　补充注册簿

匈牙利知识产权局应备存指定匈牙利申请的补充登记簿,其中应包含根据《马德里协定》和《马德里议定书》无法在国际注册簿中记录的所有事实和情况。

第76U 条　国际注册转化为国家商标申请

（1）根据《马德里议定书》第 9 条之五提出的转化请求,应在注销国际注册之日起 3 个月内向匈牙利知识产权局提出。

（2）提交转化请求后 4 个月内应提交商品或服务名录的匈牙利语翻译,并应在提交请求后 2 个月内按照工业产权程序行政服务收费法规定的费率缴纳转化费。不符合上述要求的,视为撤回转化申请。

（3）在其他方面,转化请求应相应地适用第七章至第九章的规定；但是,第76P 条（5）款或（5c）至（5e）款规定的任何注册日期后国际注册被注销的,匈牙利知识产权局应将该标志注册为商标,而不适用第 61 至 63 条的规定。在此情况下,根据第76P 条（5）款或（5c）至（5e）款规定的日期应被视为注册日期。

第十D章

第76V 至 76Z 条　[已废止]

第五部分　商标诉讼程序

第十一章　匈牙利知识产权局决定的审查

第77 条　审查请求

（1）根据请求,法院可以审查匈牙利知识产权局的以下决定：

（a）第 46A 条（3）款所指的决定；

（b）中止诉讼程序的决定或登录商标注册簿的决定；

（c）驳回或限制查阅档案的命令，根据行政程序法的规定可对此获得独立法律救济；

（d）剥夺起诉人以外的人诉讼当事人法律地位的命令；

（e）对施加程序性罚款或关于程序性费用的数额和承担的决定。

（2）对判处程序性罚款的决定或关于数额和程序性费用承担的决定提出审查请求，对审查请求中未提出异议的决定的其他规定不具有中止效力，亦不影响其终局性和约束力。

（3）（1）款未提及的匈牙利知识产权局的任何命令，只有在请求审查（1）款提及的决定时才能提出异议。

（4）下列人员可要求对决定进行审查：

（a）匈牙利知识产权局法律程序的当事人；

（b）被驳回或限制查阅文件的人；

（c）被剥夺法律程序中当事人法律地位的任何人。

（5）公诉人可根据第 3 条（1）款（a）项和（b）项以及第 3 条（2）款要求审查商标注册或无效宣告的实质性决定。匈牙利知识产权局法律程序的其他参与人，均可以凭其自身的权利提出独立请求，要求审查决定或决定中与其有关的某项规定。

（6）除（7）款和（8）款规定的例外情况外，提交审查请求或以挂号信寄出审查请求的期限，为自将该决定通知当事人或其他参与人之日起 30 日。

（7）提出审查请求的 30 日期限应自传达驳回权利恢复请求的命令或在下列情况下视为未提出请求的命令传达之日起计算：

（a）该日期迟于根据（6）款通知决定的日期；且

（b）提出恢复权利的请求是为了避免疏漏，而该疏漏直接作为（6）款项下决定的基础。

（8）［已废止］

（9）复审请求应提交给匈牙利知识产权局，由其在 15 日内经该请求连同商标文件一起转交法院，但（10）款规定的情况除外。利益相对人参与程序的，匈牙利知识产权局应同时将复审请求转发给利益相对人。

（10）复审请求提出原则性法律问题的，匈牙利知识产权局可就该问题发表书面声明，并于 30 日内将其连同复审请求和商标文件一起转交法院。

（11）复审请求的序言部分应说明：

（a）法院名称；

（b）第38条（2b）款规定的请求人身份信息和利益相对人（如有）的已知身份信息；和

（c）第38条（2b）款规定的请求人的代表人的身份信息和安全送达地址。

（11a）复审请求的实质部分应说明：

（a）复审请求提出异议决定的编号、注册号（如适用且已知）以及决定中的争议规定或部分；

（b）要求法院复审决定的明确请求；和

（c）表明有必要复审该决定的理由，以及支持证据和法律依据。

（11b）复审请求的结尾部分应说明：

（a）确立法院管辖权的事实和法律规定；

（b）所缴纳程序费的金额和缴纳方式，或在缴纳部分程序费后请求法律援助，或法律规定可免除缴纳程序费的，作为豁免依据的事实和法律规定；

（c）代理人代理权的事实和法律规定；

（d）结论部分所述事实的支持证据。

（12）逾期提出复审请求的，由法院对恢复权利的请求作出裁决。

第78条　实质管辖和地域管辖

（1）在审查匈牙利知识产权局所作决定的诉讼中，布达佩斯首都地区法院具有专属地域管辖权。

（2）布达佩斯首都地区法院应以3名专业法官组成合议庭审理。

（3）［已废止］

第79条　复审请求程序的规则

法院应根据非讼程序规则对匈牙利知识产权局决定的复审请求作出裁决，但应符合本法的减损规定。对于本法没有规定的程序事项，应相应适用民事诉讼法的规定，同时适用非讼民事法院程序规则和特定非讼法院程序法的一般规定，以及因非讼程序特殊性而产生的减损规定。

第 80 条　公开

法院可以应当事人请求，在不符合民事诉讼法规定要求的情况下，拒绝公众参加听证会。

第 81 条　取消资格

（1）除民事诉讼法规定的案件外，下列人员应被取消诉讼资格，且不得作为法官参加诉讼：

（a）参加匈牙利知识产权局决定的人员；

（b）民法典中定义的上述（a）项所述人员的亲属。

（2）（1）款规定亦适用于记录人员和专家。

第 82 条　诉讼当事人和其他参与人

（1）提交请求的人是法院程序的当事人。提起程序的检察官享有当事人享有的所有权利，但不得达成和解、放弃或承认权利。

（2）在匈牙利知识产权局的程序中存在利益相对人的，应针对该方提起诉讼。

第 83 条

共同商标持有人单独采取行动维护和保护商标权的，或仅针对共同商标持有人中的一人提起程序的，法院应通知其他共同商标所有人参加诉讼。

第 84 条

（1）对匈牙利知识产权局决定复审程序具有合法利益的任何人，在法院作出最终具有约束力的裁决前，有权以利益共有人的名义介入诉讼。

（2）除和解、承认或放弃权利外，介入人可实施其支持的当事人有权作出的任何行为，但其行为只有在不与当事人的行为相冲突的情况下才具有效力。

（3）在诉讼过程中，不得裁决介入人与有关当事人之间的法律争议。

第 85 条　代表

（1）在诉讼过程中，专利律师亦可作为授权代表或第 85A 条规定的法律代表行事。

（2）对于授予国内或国外专利律师或律师的授权书的有效性，有委托人的签字即可。

第 85A 条

在法庭程序包括上诉程序中，必须有法律代表。

第 86 条　诉讼费用

（1）对方当事人亦参加法庭程序的，诉讼费用的规定相应地适用于诉讼费用的预付和支付。

（2）在没有对方当事人的情况下，申请人应预付和承担费用。

（3）代表当事人的专利律师的费用应计入诉讼费用。

第 87 条　不作为

申请人或任何一方当事人未到庭的，或者当事人均未在规定的期限内对法院要求作出答复的，法院应根据所掌握的材料对请求作出裁定。

第 88 条　免　责

在非讼程序中提出恢复权利请求的，应相应地适用第 42 条规定。

第 88A 条　根据要求采取的措施

匈牙利知识产权局已就第 77 条（10）款的复审请求作出书面声明的，程序处处长应将该声明书面通知当事人。

第 89 条　听证和取证

（1）一审法院应根据民事诉讼法的规定进行取证和听证。

（1a）在法庭程序中不允许中止程序。

（2）无利益相对人参加诉讼，且可以根据书面证据对案件进行裁决的，法院可以无须听证作出判决，但是当事人请求的，必须进行听证。

（3）法庭未经听证对案件作出裁决，在裁决过程中认为有必要举行听证的，可随时下令进行听证。但是，法庭已在听证中对案件进行裁决或下令进行听证的，不得撤销该命令且未经听证对案件作出裁决。

（4）不允许在匈牙利知识产权局的程序中达成和解的，亦不得在法庭程序中达成和解。

第 90 条　决定

法庭应根据案件的案情和其他命令事项作出决定。

第 91 条

（1）法院更改商标案件决定的，其命令应取代匈牙利知识产权局的决定。复审请求针对驳回、撤销或考虑撤销商标申请决定提出，且如无该决定匈牙利知识产权局应继续进行注册程序的，法院应撤销该决定，并命令匈牙利知识产权局继续进行程序。

（2）在下列情况下，法院应撤销该决定，并命令匈牙利知识产权局进行新程序：

（a）该决定是在因存在丧失资格理由而可能被提出异议的人的参与下作出的；

（b）在匈牙利知识产权局进行的程序存在实质违反其他程序性规则的情况，且法院无法对该违反行为进行补救的。

（c）〔已废止〕

（3）一方当事人请求法院就不属于匈牙利知识产权局程序的事项作出决定的，法院应将该请求转交给匈牙利知识产权局，除非在提出异议的情况下，匈牙利知识产权局根据第 61D 条（8）款的规定不考虑异议的理由；或在无效宣告程序中，匈牙利知识产权局根据第 73 条（1）款不考虑无效宣告理由，或在复审请求中或在提出复审请求后提出新的异议或无效宣告理由。法院应不考虑该等异议或无效宣告理由。在转交请求的情况下，法院应在必要时撤销匈牙利知识产权局的决定。

（4）当事人在复审请求中或在提出复审请求后提交的任何事实、指控或证据，如果匈牙利知识产权局根据第 40 条（3）款的规定，在其诉讼程序中适当地不予考虑，法院应不予考虑。

（5）在提出复审请求后，匈牙利知识产权局撤回第 77 条（1）款（b）至（d）项所述任何决定的，法院应终止程序。匈牙利知识产权局修改其决定的，法院程序只能针对未决问题继续进行。

第 92 条

关于案情的法院命令应当以送达的方式告知，公告不属于告知命令。法院在听证会上对复议请求作出决定的，需要在听证会当日宣布关于案情的命令。只有在因案件复杂而必须延迟宣布的情况下，才可以延迟宣布，但不得超过 8 日。在该情况下，应立即确定宣布的时限，并在宣布之日以书面形式作出判决。

第 93 条

针对布达佩斯首都地方法院裁决的上诉，应相应地适用民事诉讼法第 389 至 391 条的规定，但二审法院应根据要求对当事各方进行口头审理，但针对第 77 条（1）款（c）项和（d）项所述匈牙利知识产权局决定复审请求所作命令提出上诉的除外。

第 94 条　[已废止]

第十二章　针对商标事务的诉讼

第 95 条　商标事务诉讼的规则

（1）对于商标侵权案件、根据第 14 条禁止代表人或代理人使用商标或转让商标保护权或商标保护而提起的案件，以及根据欧盟商标条例第 137 条、第 138 条和第 209 条（5）款禁止使用欧盟商标而提起的案件，布达佩斯首都地方法院拥有专属地域管辖权。在该等诉讼中，布达佩斯首都地方法院应根据第 78 条（2）款规定组成合议庭。

（2）在针对商标侵权提起的诉讼中，请求人证明其商标受保护，且其是商标所有人或有权以自身名义对侵权行为采取行动的使用人的，对于有理由根据民事诉讼法第 103 条（1）款（d）项进行特别考虑的原因而言，视为有必要采取临时措施，但有充分依据证明存在相反情况的除外。

（3）自商标侵权行为开始之日起超过 6 个月的，或自请求人知道侵权行为和侵权人身份之日起超过 60 日的，不适用（2）款。

（4）如果发生商标侵权或直接威胁，即使没有民事诉讼法针对诉前临时措施规定的附加条件，也可以在提交起诉书前提出临时措施请求。布达佩斯首都地区法院应对提交起诉书前提出的临时措施请求作出裁决。因非争议程序的特定性质而产生减损的情况下，本法规定和民事诉讼法的一般规则以及该法中关于特定非争议程序的一般规定均相应地适用于临时措施的非争议程序。请求人根据（8）款提起商标侵权诉讼的，超过在非争议程序中所缴费用的部分，应计入诉讼费。

（5）有权对侵权提起诉讼的商标持有人或被许可人，除适用民事侵权的救济措施外，还可以请求实施下列行为，其条件与申请临时措施相同：

（a）其令人信服地表明，以后满足其损害赔偿要求或交出侵权所获收益会受到威胁的，可根据司法执行法的规定命令采取保护措施；

（b）迫使侵权人披露或出示其银行、财务或商业文件，以判令（a）项保护措施；

（c）其同意侵权人继续进行被控侵权活动，而非要求停止商标侵权，作为交换条件可要求提供反担保。

（6）即使在没有提出反担保请求的情况下，法院也可命令提供（5）款（c）项项下的反担保，条件是商标持有人或有权对侵权行为采取行动的被许可人已提出终止侵权行为的请求，而法院拒绝批准该请求。

（7）法院应最迟在提出请求后15日内通过命令，就具有优先权的临时措施作出决定。二审法院应最迟在提出上诉后15日内，就对临时优先措施命令提出的上诉作出裁决。

（8）应利益相对人请求，请求方在发出临时措施命令后15日内未就临时措施所执行的权利要求提起商标侵权诉讼的，法院应撤销其关于在提起诉讼前请求的临时措施的命令，包括（5）款和（6）款项下的临时措施。法院应最迟在提出请求后15日内，通过命令就撤销临时优先措施的请求作出决定。

（9）在商标侵权诉讼过程中，一方当事人已提供合理范围的证据，法院可以根据出示证据的一方当事人请求，要求利益相对人：

（a）出示其所拥有的文件和其他物证，并可进行查验；

（b）披露或出示其银行、财务或商业文件。

（10）商标持有人或有权对侵权行为采取措施的被许可人在合理范围内已证明商标侵权的事实或危险的，在提起侵权诉讼之前应允许初步取证。法院应最迟于提出临时救济措施请求之日起15日内，以命令形式对初步取证作出决定。对驳回初步取证的裁决提出的上诉，二审法院应在不迟于上诉提出后的15日内针对该上诉作出裁定。尚未提起诉讼的，应向布达佩斯首都地方法院提出初步取证的请求。初步取证应由布达佩斯首都地方法院进行。

（11）商标持有人未在初步取证令送达之日起 15 日内提起商标侵权诉讼的，应利益相对人请求，法院应撤销初步取证令。法院应在提出请求之日起 15 日内对撤销初步取证令的请求作出裁决。

（12）任何延迟会造成不可挽回损害的，可以在不听取利益相对人意见的情况下采取临时措施，包括（5）款和（6）款项下的措施。根据民事诉讼法第 337 条（1）款（b）项的规定，任何延迟会造成不可挽回损害的，或存在证据被毁坏风险的，可在不听取利益相对人意见的情况下进行初步取证。在不听取利益相对人意见的情况下通过的临时措施命令或命令初步取证的命令，应在执行后立即通知当事人。命令通知后，利益相对人可以请求听取意见，或者请求修改、撤销命令采取临时措施或者初步取证的命令。临时措施或初步取证命令的请求被驳回的，法院应将驳回命令与临时措施或初步取证命令的请求一并告知利益相对人。

（13）应利益相对人请求，法院可下令初步取证，除（5）款（c）项和（6）款外，可下令采取临时措施，但须提供担保。

（14）对于（5）款（c）项、（6）款和（13）款所述情况，应相应适用民事诉讼法关于提供担保的规定，但法院在判决之外，还可以在撤销或宣布停止临时措施命令的效力或命令初步取证的命令中，对退还或解除担保或反担保的事项作出裁决。

（14a）在商标侵权的法院诉讼中，第 27 条（2）至（3）款规定的法律后果，不应适用于根据本法撤销商标保护的理由存在的期间，只要被告在就案情进行辩护时援引了该事实。

（15）在（1）款所述所有诉讼和任何其他与商标有关的诉讼中，应适用民事诉讼法的规定，并根据本法第 80 条、第 85 条和第 86 条（3）款进行减损。

（16）〔已废止〕

第六部分　集体商标和证明商标

第十三章　集体商标

第 96 条　集体商标

（1）"集体商标"，指在商标申请时被描述为能够将其成员的商品或服务与他人的商品或服务相区分的商标。

（2）［已废止］

（3）标志有下列任一情况的，不得作为集体商标获得商标保护：

（a）标志在特征或意义上可能误导消费者的，特别是该标志可能被视为非集体标志的；

（b）其使用管理规则含有违反公共政策、公认道德或法律准则的规定的。

（4）集体商标的持有人应是协会、公共团体或联盟，且其成员有权使用该集体商标。

（5）申请人对集体商标使用管理规则进行修改后符合第 97 条规定要求的，不得驳回集体商标注册申请。

（6）协会、公共团体或联盟的任何成员对集体商标的使用亦符合第 18 条规定的使用。

第 97 条　集体商标使用管理规则

（1）标志的使用符合（2）款规定要求的管理规则的，可作为集体商标予以保护。管理规则应由作为集体商标持有人的协会、公共团体或联盟制定。

（2）管理规则应包括下列内容：

（a）协会、公共团体或联盟的名称和注册所在地；

（b）授权使用该商标的成员名单，包括其名称、地址和注册所在地；

（c）成员条件；

（d）集体商标的使用条件；

（e）关于集体商标使用控制的规定；

（f）未经授权使用集体商标的处理规则。

（3）［已废止］

（4）集体商标申请应随附管理规则。就集体商标而言，亦应在商标注册簿中记录（2）款（b）项所述信息。该管理规则和根据（5）款所作修订应随附注册簿集体商标的记录。

（5）如果管理规则中所述数据发生变化，集体商标持有人应将修订后的管理规则提交匈牙利知识产权局。对管理规则的修订在商标注册簿上登记后方生效力。在下列情况下，不得将修订记入商标注册簿：

（a）修订后的管理规则不符合（2）款要求的；

（b）因修订而不符合第 96 条（1）款对集体商标规定要求的；或

（c）修订将涉及第96条（3）款规定的除外理由的。

第98条 集体商标保护的转让

（1）集体商标保护的转让，应签订相关书面合同，并在商标注册簿上变更登记受让人。

（2）转让后不符合第96条规定要求的，或该标志被排除在集体商标保护范围之外的，不能转让集体商标保护。

第99条 集体商标保护的终止

（1）除第34条和第35条规定的撤销理由外，商标持有人未采取必要措施防止集体商标以不符合使用条件的方式使用的，亦应在撤销决定规定的日期撤销集体商标保护。

（2）除第33条规定的无效理由外，标志根据第96条（1）款、（3）款和第97条无法授予集体商标的，应宣告该集体商标无效，但在无效宣告程序中商标持有人修订使用管理规则后符合要求的除外。标志根据第96条（3）款被排除在商标保护范围之外的，应撤销该集体商标，其效力追溯至提出撤销请求之日。

（3）注册簿中指出商标使用管理规则的修订违反第97条（5）款的，应撤销集体商标保护，但商标持有人修订使用管理规则后符合该等规定要求的除外。

第100条 集体商标保护权的强制履行

（1）商标使用权人因第三人未经授权使用商标而遭受损害的，集体商标持有人有权代表商标使用权人或为其利益主张获得损害赔偿，商标使用权人无须成为法律诉讼的当事人。

（2）根据成员身份使用集体商标的人，只有在集体商标持有人同意时，方可提起商标侵权程序。商标持有人在正式提起诉讼后30日内未自行提起商标侵权诉讼的，授权使用人可未经商标持有人同意以自身名义提起侵权程序。

（3）商标持有人未根据（1）款以使用人的名义或为了使用人的利益主张获得损害赔偿的，为了就使用人因他人未经授权使用商标而遭受的损害获得赔偿，使用人有权作为共同诉讼人参与侵权诉讼。作为共同诉讼人加入诉讼的，其时限应适用民事诉讼法第52条（2）款（a）项的规定；共同诉讼人之间的关系, 应适用民事诉讼法第38条 (3) 款和第39条的规定。

第十四章　证明商标

第101条　证明商标

(1) 证明商标是在申请商标时, 能够在材料、商品制造方式或服务履行、质量、准确性或其他特征方面将商标持有人认证的商品或服务与未经认证的商品或服务相区分的商标。

(2) 下列企业可能无法获得证明商标保护:

(a) 生产、投放市场或进口注册商标的商品或提供注册商标的服务的;

(b) 根据禁止不正当市场行为和限制竞争法并未独立于 (a) 项所述企业的;

(c) (a) 项所指企业与该企业在注册商标的商品或服务方面具有永久法律关系的。

(3) 证明商标持有人不得自行使用证明商标用于证明目的, 而应授权将其用于符合规定质量要求或其他特征的商品或服务。

(4) 证明商标附有符合 (5) 款规定要求的管理规则的, 应受到保护。

(5) 管理规则应包括下列内容:

(a) 商标持有人的名称和注册所在地;

(b) 与注册商标的商品或服务有关的质量要求;

(c) 质量认证规则;

(d) 商标的使用条件;

(e) 商标使用控制规则;

(f) 未经授权使用商标的程序顺序。

(6) 关于证明商标的管理规则、申请和注册、使用和转让, 以及证明商标保护的终止和注册商标保护权的强制履行, 应相应适用有关集体商标及其保护的规定。

(6a) 任何有权获得证明商标的人根据第18条规定使用证明商标的, 视为第18条项下的真实使用。

(7) 申请提交人无权根据 (2) 款提交申请的, 亦应宣告注册商标无效。商标持有人不再符合 (2) 款规定要求的, 应根据撤销决定规定的日期撤销证明商标保护。

（8）证明商标的使用，还应当适用关于质量或者其他特性认证的具体法律的规定。

第十五章　商标相关规定对集体商标和证明商标的适用

第 102 条　商标相关规定的适用

本部分未涉及的与集体商标和证明商标及其保护有关的事项，应适用商标和商标保护相关的规定，但亦可就第 96 条（1）款和（3）款、第 97 条和第 101 条（1）款、（2）款和（4）款所提述的理由提出意见。

第七部分　地理标志的保护

第十六章　保护客体、所授予的权利、侵害和保护的终止

第 103 条　可获得保护的地理标志和原产地名称

（1）在贸易过程中用以识别产品原产地的地理标志和原产地名称，应作为地理标志予以保护。

（2）"地理标志"，指某个区域、地点或（在特殊情况下）国家的地理名称，用于指定原产于该地区的产品，其特定质量、良好声誉或其他特征主要归于该地理来源，且其生产、加工或制备均在该确定的地理区域内进行。

（3）"原产地名称"，指某个区域、地点或（在特殊情况下）国家的地理名称，用于指定原产于该地区的产品，其特定质量、良好声誉或其他特征完全或主要归于该地理环境、其固有的自然和人文因素，且生产、加工和制备均在该确定的地理区域内进行。

第 104 条

带有地理标志的烈酒饮品同时符合具体法律对产品规格规定条件的，应给予该烈酒饮品地理标志保护。

第 105 条　驳回的理由

（1）地理标志在贸易过程中已成为产品通用名称的，不论该产品是否源自该地理标志所指地点，均不应给予保护。

（2）地理标志在登记后，不能成为商品在贸易过程中的通用名称。

第 106 条

（1）地理标志在下列情况下不受保护：

（a）就相同产品而言，其与在先地理标志相同的；

（b）就相同或类似产品而言，其与在先地理标志相同或类似的；

（c）其与在先商标相同或类似，且其使用因商标在市场上享有良好声誉、知名或长期存在而导致消费者产生混淆的可能性。

（2）地理标志与在先受保护或不受保护的动植物品种名称相冲突，且可能导致消费者对产品来源地产生误解的，不得给予保护。

第 107 条　受保护的资格和受保护的权利

（1）地理标志在下列情况下应当受到保护：

（a）符合第 103 条和第 104 条规定的要求，且未根据第 105 条和第 106 条排除保护的；且

（b）其申请符合本法规定要求的。

（2）自然人或法人在规定的地理区域内生产、加工或制备使用该地理标志名称的产品，可获得地理标志保护。

（3）地理标志保护由根据（2）款规定生产、加工或制备产品的人员（以下简称"持有人"）共同享有。

（4）外国人只可基于国际协定或者根据互惠原则才可获得地理标志保护。对于是否存在互惠关系，应以匈牙利知识产权局局长的意见为准。

第 108 条　保护开始和保护期限

（1）地理标志于登记时开始受保护，生效时间追溯至提交申请之日。

（2）对地理标志应给予无期限保护。

第 109 条　保护赋予的权利

（1）保护使持有人拥有地理标志专用权。地理标志只能由持有人使用，不得许可给第三人使用。

（2）在专用权的基础上，任何持有人均有权对在贸易过程中实施下列行为的任何人采取措施：

（a）针对非源于规定地理区域的产品，使用受保护的地理标志或易于混淆的名称；

（b）针对未列入产品名录但与其相似的产品，使用受保护的地理标志，因而损害或不公平地利用受保护地理标志的良好声誉；

（c）以任何方式模仿或使人想到受保护的地理标志，即使也表明了产品的真实来源，或即使受保护名称被翻译或附有各种添加内容；

（d）就产品的来源、产地、性质或基本特征作出任何虚假或具误导性指示，不论在何处标示（例如在包装、广告资料或产品相关文件上）；

（e）作出任何其他可能误导消费者了解产品的真实地理来源的行为。

第 110 条　保护的侵权

（1）违反本法第 109 条规定非法使用受保护地理标志的，构成侵权。

（2）任何持有人均可单独对侵权行为提起诉讼。持有人的利益团体和消费者保护组织也可以对侵权行为提起诉讼。

（3）针对侵权人可获得的民事救济措施，相应地适用第 27 条的规定；对于海关法中关于侵权的后果，相应地适用第 28 条的规定。

第 111 条　保护的终止

（1）对地理标志的保护在下列情形下应当终止：

（a）保护被宣告无效的，其效力追溯至提出申请之日；

（b）持有人违反产品规格中规定要求的，其效力追溯至撤销程序开始之日。

（2）地理标志不符合第 107 条（1）款（a）项规定要求的，应宣告保护无效。

（3）指定的检查机构确定烈酒饮品的地理标志在使用过程中存在与产品规格有关的严重缺陷，且无法以任何其他方式补救的，应撤销对烈酒饮品的地理标志的保护。

（4）宣告无效或撤销的请求被最终具有约束力决定驳回的，任何人不得基于相同事实就同一地理标志提起新的无效宣告或撤销程序。

第十七章　地理标志保护的程序

第112条　匈牙利知识产权局程序的一般规定

（1）匈牙利知识产权局针对下列地理标志相关事项拥有实质性权限：

（a）地理标志注册；

（b）宣告保护无效和撤销保护；

（c）备存地理标志保护申请和注册地理标志的记录；

（d）地理标志保护的官方资料。

（2）对于因适用欧盟对某些地理标志的保护和原产地名称国际注册的相关规定而产生的事项，匈牙利知识产权局亦具有实质性权限（第十七A至十七B章）。

（3）在无效宣告程序和撤销程序中，匈牙利知识产权局应在由3名成员组成的小组举行的听证会上进行并通过决定。

（4）匈牙利知识产权局只有在提出复议请求并将该请求提交法院之前，方可修改或撤回其关于下列程序的决定：

（a）地理标志注册；

（b）宣告地理标志无效；

（c）撤销对地理标志的保护；

（d）〔已废止〕

（e）转交原产地名称注册国际申请；

（f）最终驳回由国际局注册并延伸至匈牙利的原产地名称保护。

（5）匈牙利知识产权局只有在确定其决定违反法律，或当事人一致要求修改或撤销决定的情况下，才可根据复议请求修改或撤销其根据（4）款（b）项和（c）项作出的终结程序的决定。

（6）在匈牙利知识产权局的所有其他程序中，应相应地适用第七章和第八章的规定。

（7）至（9）〔已废止〕

第113条　地理标志登记程序

（1）地理标志注册申请应当包括注册请求、地理标志名称、产品清单和其他附件。申请应包含第38条（2b）款规定的数据。在所有其他方面，申请的提交均须符合法律对地理标志申请的详细形式要求及电子提交工业产权申请的详细规定。

（2）地理标志注册申请应根据工业产权程序行政服务收费法确定的金额自申请之日起 2 个月内缴纳申请费。

（3）地理标志注册申请在提交时或在纠正不合规内容后符合发布提交日期要求的，匈牙利知识产权局应在其官方公报（数据通报）中公布有关官方信息。数据通报应具体包含以下数据：

（a）地理标志名称；

（b）提出申请的日期；

（c）产品清单。

（4）地理标志注册程序中数据通报后，可向匈牙利知识产权局提交意见，说明该地理标志或地理标志申请不符合本法规定的可注册性要求。

（5）地理标志注册申请符合第 55 条规定要求的，匈牙利知识产权局应对申请进行实质性审查。实质性审查应对下列事项予以评估：

（a）该地理标志是否符合第 103 条的规定，以及该地理标志是否不会根据第 105 条和 106 条被排除保护；且

（b）申请是否符合本法规定的要求。

（6）［已废止］

（7）在地理标志注册程序中，对于（1）至（5）款未规定的事项，应相应地适用第九章的规定，但是，对商品或服务列表的任何提述，均应解释为对产品清单的提述。

第 113A 条

（1）在地理标志注册申请中要求对烈酒饮品的地理标志进行注册的，适用第 113 条的规定，但下列情况除外：

（a）除第 113 条（1）款规定外，地理标志注册申请还应当载明具体法律规定的产品规格；

（b）匈牙利知识产权局应优先对申报（第 55 至 56 条）和形式要求（第 59 条）进行审查；

（c）申请符合（b）项要求的，匈牙利知识产权局应将优先事项的文件副本送交负责农业政策的部长（以下简称"部长"）；

（d）基于审查产品规格的具体法律进行的程序，部长应在根据（c）项

向其发送文件后 9 个月内向匈牙利知识产权局发出声明，说明其是否同意针对产品规格进行地理标志注册；匈牙利知识产权局应同时发出决定，通知部长关于地理标志注册的决定已成为最终决定并具有约束力；

（e）申请人可在有关地理标志注册的决定成为最终和有约束力之前，向匈牙利知识产权局提交一份声明，说明其是否要求欧盟保护其烈酒饮品的地理标志。

（2）关于修改与烈酒饮品地理标志注册有关的产品规格的程序，应相应适用（1）款的规定。

第 114 条　无效和撤销程序

在宣告地理标志保护无效的程序中，应相应地适用第 72 至 74 条的规定；在撤销程序中，应相应地适用第 75 条和第 76 条的规定。

第 115 条　保护地理标志的诉讼程序

在关于保护地理标志的诉讼程序中，应相应地适用第十一章和第十二章的规定。

第 116 条　烈酒饮品地理标志的检查

根据第 104 条规定的要求，对贸易过程中使用的烈酒饮品地理标志的检查应属于具体法律规定的主管部门的实质权限范围。

第八部分　欧盟对某些地理标志的保护及原产地名称的国际注册规则

第十七 A 章　关于欧盟保护农产品和食品、葡萄和葡萄酒产品、芳香葡萄酒产品以及酒精饮料的地理标志的规定

第 116A 条

（1）欧盟对农产品和食品地理标志的保护应由欧洲议会和欧洲理事会第 1151/2012 号条例的规定调整。

（2）欧盟对葡萄和葡萄酒产品地理标志的保护应由欧洲议会和欧洲理事会第 1308/2013 号条例的规定调整，欧盟对芳香葡萄酒产品地理标志的保护

应由欧洲议会和理事会第 251/2014 号条例的规定调整。

（3）根据第 1151/2012 号条例、第 1308/2013 号条例和第 251/2014 号条例属于成员国权限范围内的事项，应由部长和匈牙利知识产权局处理。

（4）根据第 1151/2012 号条例第 49 条、第 1308/2013 号条例第 94 条（1）款和第 251/2014 号条例第 10 条（1）款提出的申请（就本章而言，下文合称"申请"）应向部长提出。部长应毫不拖延地将符合具体法律规定要求的申请提交匈牙利知识产权局。

（5）匈牙利知识产权局应优先审查申请是否符合以下规定：

（a）第 1151/2012 号条例第 5 至 6 条关于农产品和食品的规定；

（b）第 1308/2013 号条例第 93 条、第 100 条和第 101 条关于葡萄和葡萄酒产品的规定；

（c）第 251/2014 号条例第 2 条、第 17 条和第 18 条关于芳香葡萄酒产品的规定。

（6）匈牙利知识产权局的审查不应确定以下事项是否存在联系：

（a）根据第 1151/2012 号条例第 5 条（1）款和（2）款的规定，农产品或食品与地名之间的联系；

（b）根据第 1308/2013 号条例第 93 条（1）款（a）项和（b）项的规定，葡萄或葡萄酒产品与地名之间的联系；

（c）根据第 251/2014 号条例第 2 条（3）款的规定，芳香葡萄酒产品与地名之间的联系。

（7）匈牙利知识产权局应在收到申请后 2 个月内向部长发出声明，说明考虑到（5）款的审查要求，是否同意将（9）款规定的申请转交欧盟委员会。

（8）在匈牙利知识产权局根据（7）款作出声明，并根据法律规定对申请进行详细审查后，部长应在其主管部门的官方公报上公布申请。根据第 1151/2012 号条例第 49 条（3）款、第 1308/2013 号条例第 96 条（3）款和（4）款以及第 251/2014 号条例第 13 条（3）款和（4）款的规定，可在公布之日起 2 个月内对申请提出异议。部长应在其根据（9）款作出决定时对异议进行裁定，涉及工业产权事项的，应与匈牙利知识产权局达成一致。

（9）部长应在提交申请后 9 个月内，根据匈牙利知识产权局的声明，在法律规定的详细审查后，决定申请是否符合本法和其他法律规定的要求。部长应在其主管部门的官方公报上公布该决定和产品规格。在作出有利于申请人的最终且有约束力的决定时，部长应将第 1151/2012 号条例第 8 条（2）款或第 251/2014 号条例第 13 条（5）款（b）项提及的详情和文件提交给欧盟委员会。

（10）根据（9）款作出的有利决定应根据第 1151/2012 号条例第 9 条第 1 段和第 251/2014 号条例第 13 条（7）款赋予过渡性保护，自向欧洲委员会提出申请之日起生效。部长应将确定过渡保护的日期通知申请人。其地理标志获得过渡保护的申请人亦可针对侵权行为采取行动；但是，在欧盟委员会对该申请作出最终和有约束力的决定之前，程序应中止。

（11）以下情形应相应地适用（1）至（10）款的规定：

（a）就农产品和食品而言，根据第 1151/2012 号条例第 53 条提出的修订产品规格的申请，以及根据第 54 条提出的撤销请求；

（b）就葡萄和葡萄酒产品而言，根据第 1308/2013 号条例第 105 条提出的修订产品规格的申请，以及根据第 106 条提出的撤销请求；

（c）就芳香葡萄酒产品而言，根据第 251/2014 号条例第 24 条提出的修订产品规格的申请，以及根据第 25 条提出的撤销请求。

（12）根据第 1151/2012 号条例第 51 条（1）款第 2 段、第 1308/2013 号条例第 98 条第 2 段和第 251/2014 号规章第 15 条第 2 段提出的异议，应在第 1151/2012 号条例第 50 条（2）款（a）项、第 1308/2013 号条例第 97 条（3）款和第 251/2014 号条例第 14 条（3）款所述详情和文件在欧盟官方公报上公布之日起 4 个月内向部长提出。涉及工业产权事项的，成员国针对异议的工作应由部长与匈牙利知识产权局协商一致后执行。

（13）以下情形应相应地适用第 27 至 28 条和第 12 章的规定：

（a）实施第 1151/2012 号条例第 13 条（1）款所述行为，侵犯欧盟对农产品和食品的地理标志和原产地名称的保护或（9）款规定的过渡性保护的；

（b）实施第 1308/2013 号条例第 103 条（2）款所述行为，侵犯欧盟对葡萄和葡萄酒产品的地理标志和原产地名称的保护或（9）款规定的过渡性保护的；

（c）就芳香葡萄酒产品而言，实施第 251/2014 号条例第 20 条（2）款所述行为，侵犯欧盟对地理标志和原产地名称的保护或（9）款规定的过渡性保护的。

第 116B 条

（1）欧洲议会和欧洲理事会关于烈酒饮品的定义、描述、说明、标签和地理标志保护以及废除第 1576/89 号理事会条例的第 110/2008 号条例（2008年 1 月 15 日，下称"第 110/2008 号条例"）的规定应适用于欧盟对烈酒饮品地理标志的保护。根据第 110/2008 号条例，部长应处理属于成员国实质权限内的事项。

（2）申请人根据第 113/A 条（1）款（e）项提交声明的，匈牙利知识产权局应根据第 113A 条（1）款（d）项规定在通知中通知部长。申请人未根据第 113A 条（1）款（e）项提交声明的，可在酒类地理标志注册决定具有终局性且有约束力后，于任何时间要求对地理标志进行欧盟保护程序；该请求必须向部长提出。部长应在收到匈牙利知识产权局的通知或权利人请求后60 日内，根据第 110/2008 号条例第 17 条（1）款提交申请。

（3）根据第 113A 条（2）款对烈酒饮品地理标志的产品规格进行修订的，应相应地适用（2）款的规定。

（4）实施第 110/2008 号条例第 16 条所述行为，侵犯欧盟对烈酒饮品地理标志保护的，应相应地适用第 27 条和第 28 条及第十二章的规定。

第 116C 条

（1）对于第 116A 条和第 116B 条未规定的事项，适用具体法律的规定。该具体法律可规定，下列机构亦可对产品规格的遵守情况进行核查：

（a）就农产品和食品而言，根据第 1151/2012 号条例第 37 条（1）款设立的产品认证机构；

（b）就酒类产品而言，根据 110/2008 号条例第 22 条（1）款设立的产品认证机构；

（c）就葡萄和葡萄酒产品而言，根据第 1308/2013 号条例第 94 条（2）款（i）项所述主管部门或机构；就芳香葡萄酒产品而言，第 251/2014 号条例第 23 条所述产品认证机构。

（2）（1）款所指具体法律：

（a）可为获得地理标志保护的农产品和食品、烈酒饮品、葡萄和葡萄酒产品以及芳香葡萄酒产品的生产和投入市场规定条件；且

（b）可禁止使用地理标志。

（3）生产者不符合（2）款（a）项规定的条件，或者不遵守（2）款（b）项规定的禁止性规定，并针对不符合产品规格的产品继续使用地理标志的，生产者应缴纳具体法律规定的罚款。

（4）部长应备存受保护的国内产品地理标志注册簿，并在该部的网站上公布。

（5）（4）款规定的注册簿应载有下列内容：

（a）受保护的地理标志；

（b）第116A条（10）款规定的过渡性保护的确定日期；

（c）受保护地理标志的摘要表、统一文件或产品规格的公布日期；

（d）该名称在欧盟注册簿上注册的日期；和

（e）就（c）项和（d）项而言，参照欧盟官方公报。

（6）就（5）款（b）项所述数据而言，（4）款所述注册簿应属于公共注册簿。

第十七B章　原产地名称国际注册规则

第116D条　一般规定

（1）在本法中：

（a）原产地名称国际注册申请（以下简称"国际申请"），指根据1958年10月31日《关于保护原产地名称及其国际注册的里斯本协定》提出的申请（就本部分而言，以下简称"协定"）；

（b）国际局，指世界知识产权组织国际局；

（c）国际登记簿，指国际原产地名称局根据协定提交的登记簿；

（d）原籍国主管局，指具有协定第2条（2）款规定的地域管辖权的原籍国主管局。

（2）本法提及适用协定的，应解释为也指根据协定制定的条例的适用。

（3）除协定另有规定外，本法规定应相应地适用于国际申请，但本章另有规定的除外。

（4）［已废止］

第116E条　通过匈牙利知识产权局提出的申请

（1）由匈牙利知识产权局注册的原产地名称的持有人［第107条（3）

款〕可以通过匈牙利知识产权局作为原籍国主管局向国际局提出国际申请。

（2）国际申请应根据形式要求以协定规定的方式和语言向匈牙利知识产权局作为原籍国主管局提交国际申请。

（3）国际申请是在（1）款所述原产地名称登记前提交的，应将原产地名称登记日期视为提交日期。

第116F条

（1）在转交国际申请前，匈牙利知识产权局应审查以下事项：

（a）是否已提交转交请求，是否载有第38条（2b）款规定的数据，申请是否注明原产国、申请人的名称和地址或注册地、原产地名称、产品名录和属于原产地名称的地理区域；

（b）申请中的数据是否符合登记簿中所显示的第116E条（1）款所述原产地名称信息；

（c）申请是否以《马德里协定》规定的语言和方式提出；

（d）申请是否由申请人或其代表人签署。

（2）转交申请的请求或申请不符合（1）款要求的，匈牙利知识产权局应要求申请人改正。改正后，转交申请的请求仍不符合要求的，匈牙利知识产权局应驳回转交国际申请的请求。不能驳回转交申请的请求的，但改正后仍不符合（1）款要求的，应将国际申请按申请人提交的格式转交国际局。

第116G条

（1）转交国际申请的，应向匈牙利知识产权局缴纳由具体法律规定的转交费，国际申请应向国际局缴纳由《马德里协定》确定的国际规费。

（2）本条（1）款规定的转交费，在收到国际申请之日到期支付。自到期之日起1个月内未支付的，转交国际申请的请求将被视为撤回。

（3）（1）款所述国际规费应按照《马德里协定》规定的期限和方式，直接向国际局缴纳。

（4）通过匈牙利知识产权局提交的国际申请的，应在登记簿上记录国际注册的日期和编号。

第116H条

基础原产地名称的国际保护终止的，原产地名称的国际保护亦应终止。

第 116I 条　国际局登记的国际原产地名称

（1）国际局注册的国际原产地名称，自《马德里协定》项下条例第 7 条（1）款规定的日期起，与向匈牙利知识产权局妥为提交的原产地名称注册申请具有同等效力。

（2）匈牙利知识产权局根据《马德里协定》第 5 条（3）款不驳回延伸至匈牙利的原产地名称保护或撤回驳回决定的，自（1）款规定的日期起，国际注册的保护效果与匈牙利知识产权局的注册相同。

第 116J 条

（1）匈牙利知识产权局在收到国际注册通知后，应在其官方公报（数据通报）上公布国际申请的官方信息。数据通报应包含以下数据：

（a）原产地名称；

（b）国际注册的编号；

（c）国际注册的日期；

（d）国际局公报刊登的日期及刊登的期号。

（2）匈牙利知识产权局根据《马德里协定》第 5 条（3）款未驳回延伸至匈牙利的原产地名称保护或撤回驳回决定的，应在其官方公报中公布官方信息，说明（1）款所述信息。

第 116K 条

（1）在进行数据通报后，可向匈牙利知识产权局提出意见，说明构成申请客体的原产地名称或申请本身不符合本法规定的可注册性要求。

（2）对于国际局注册的国际申请，匈牙利知识产权局应根据第 60 条起草一份检索报告，并根据第 113 条（5）款进行实质性审查。

（3）国际申请不符合第 113 条（5）款规定的审查要求的，应按照《马德里协定》规定的方式和期限通知国际局（临时驳回）。

（4）根据第 61 条（4）款提出的申请被驳回，或根据第 61 条（5）款提出的申请被视为撤回的，匈牙利知识产权局应通知国际局，驳回对延伸至匈牙利的原产地名称的保护（最终驳回）。

（5）匈牙利知识产权局未根据（3）款发出任何临时驳回通知的，应将临时驳回期限届满次日视为登记之日。

（6）匈牙利知识产权局在临时驳回的规定期限届满前认定不存在发出临时驳回的理由的，应通知国际局确认该保护。确认保护的通知之日应被视为注册之日。

（7）匈牙利知识产权局在实质性审查后全部或部分撤回临时驳回决定的，应在撤回决定成为终局且有约束力后，通知国际局承认保护。撤回决定的日期应视为注册日期。

第九部分 最后条款

第十八章 生效；过渡性规定和经修订的规定

第 117 条 关于本法生效和过渡性规定的规则

（1）本法自 1997 年 7 月 1 日起生效；除（2）款规定的例外情况外，本法的规定只适用于本法生效后开始的诉讼。

（2）第 42 条的规定亦应相应地适用于未决事项。

（3）关于本法生效前所使用商标的商标保护范围、商标使用的概念、商标侵权等事项，应受先前相关规定调整。

（4）本法规定的默许和不使用商标的法律后果的期限，最早自本法生效之日起算。根据先前适用的规定，即使在本国未使用商标的 5 年期间是在本法生效后届满的，仍可撤销商标保护。

（5）关于对《匈牙利共和国各部名单和修订若干工业产权法的法》（2010 年第 42 号法律）进行必要修订的法（2010 年第 148 号法律）规定的本法第 76P 条（5）至（5e）款，亦适用于 2011 年 1 月 1 日未决的案件。

第 118 条

（1）作为对第 103 条（3）款规定的减损，传统上用于食品的某些地理名称，即使用于生产相关食品的活体动物、肉类和奶类原料来自大于或不同于加工区的地理区域，也应视为原产地名称，但条件是：

（a）养殖区域可以确定；

（b）存在生产原料的特殊条件；且

（c）有检查安排以确保该等条件得到遵守。

（2）（1）款规定的传统食品地理标志的保护，可在本法生效后 2 年内提出。

（3）根据本法，还应保护在本法生效前已在《保护原产地名称及其国际注册的里斯本协定》下单独备存的国家注册簿中记录的原产地名称也应根据本法给予保护。该等原产地名称应记录在地理标志注册簿中，并在匈牙利知识产权局的官方公报上公布。

第 119 条

（1）关于

（a）在 2004 年 5 月 1 日前开始使用商标和在 2004 年 5 月 1 日使用的程序内，商标保护赋予的权利、商标使用的概念和（除权利用尽问题外）商标侵权，

（b）在 2004 年 5 月 1 日前已实现商标使用，商标保护所赋予的权利已经用尽；

应适用本法于 2004 年 4 月 30 日生效的规定。

（2）作为在先商标的欧盟商标，如果其商标申请是向匈牙利知识产权局提出，或指定匈牙利的商标的提交日期晚于 2004 年 5 月 1 日，或商标以该提交日期进行注册，才可视为驳回的相对理由。

（3）2004 年 5 月 1 日生效的商标保护，和提交日期早于 2004 年 5 月 1 日且注册日期晚于 2004 年 5 月 1 日的商标保护，可根据本法的规定予以更新。

（4）自 2008 年 1 月 1 日起生效的第 91 条（1）款的规定，应当适用于 2008 年 1 月 1 日未决的诉讼。

（5）自 2009 年 8 月 1 日起生效的第 3 条（2）款的规定，应当适用于 2009 年 8 月 1 日未决的诉讼。

第 120 条　［已废止］

第 120A 条

关于针对《一般行政程序法》和《行政法院程序法》的生效而修订若干法律的法（2017 年第 50 号法律）所确定的本法的规定，应适用于上述修订法生效后启动或重复的程序。

第 120B 条

（1）在 2019 年 1 月 1 日或之后启动的程序中，应适用 2018 年第 67 号法律规定的本法规定，其减损和补充条款规定于（2）至（5）款。

（2）2018 年 12 月 31 日生效的本法规定，适用于提交日期早于 2019 年 1 月 1 日注册的商标被宣告无效或撤销的情况，但是，提交日期早于该等规定生效而注册商标在其生效后续展的，适用 2019 年 1 月 1 日生效的规定。如此续展的商标被宣告无效的，商标保护应当终止，追溯至先前保护期间届满之日。宣告商标无效的条件在 2018 年 12 月 31 日本法规定生效时已存在的，不适用上述但书规定。

（3）2018 年第 67 号法律规定的本法第 52 条（6）款适用于申请日期为 2019 年 1 月 1 日或之后的商标申请，亦适用于基于该等申请注册的商标。

（4）对于 2019 年 1 月 1 日之前开始使用的商标，在 2019 年 1 月 1 日之前开始使用的范围内，针对商标保护所赋予的权利及其限制、商标使用的定义和商标侵权，应适用 2018 年 12 月 31 日生效的本法规定。

（5）2018 年第 67 号法律规定的本法第 65 条（3）至（5）款，应适用于其保护于 2019 年 6 月 30 日之后届满的商标。对于提前届满的商标保护，应适用 2018 年 12 月 31 日生效的第 65 条（3）至（4）款。

第 121 条　授权

（1）政府应获授权：

（a）［已废止］

（b）在法令中针对下列事项确定详细规则：农产品和食品、烈酒饮品、葡萄和葡萄酒产品以及芳香葡萄酒产品地理标志的保护程序；产品检验和相关程序费用；检验期间可处以的罚款数额；针对根据第 110/2008 号条例第 20 条获得保护的烈酒饮品、根据第 1308/2013 号条例第 107 条获得保护的葡萄和葡萄酒产品，以及根据第 251/2014 号条例第 26 条获得保护的芳香葡萄酒产品提交产品规格；将产品投入市场和生产的相关条件；以及禁止使用地理标志的领域和指定检查机构的相关条件。

（2）司法部长在征求匈牙利知识产权局局长的意见后，经与对匈牙利知识产权局行使监督权的部长商定，以法令形式确定商标申请和地理标志保护申请的详细形式要求。

第 122 条　遵守欧盟法律

（1）本法旨在遵守下列指令：

（a）欧洲议会和欧洲理事会关于知识产权执行的指令（2004 年 4 月 29 日，2004/48/EC）；和

（b）欧洲议会和欧洲理事会关于协调统一成员国商标法律的指令（2015 年 12 月 16 日，2015/2436）。

（2）本法载有实施下列欧盟法律的必要规定：

（a）欧洲议会和欧洲理事会关于欧盟商标的条例（2017 年 6 月 14 日，2017/1001）；

（b）欧洲议会和欧洲理事会关于农产品和食品质量计划的条例（2012 年 11 月 21 日，1151/2012）；

（c）委员会授权补充欧洲议会和理事会第 1151/2012 号条例（针对为受保护的原产地名称、受保护的地理标志和受保护的传统特产确立联盟标志以及针对若干采购规则、若干程序规则和若干额外的过渡性规则）的条例（2013 年 12 月 18 日，664/2014）；

（d）欧洲议会和欧洲理事会关于烈酒饮品的定义、说明、展示、标签和地理标志保护以及废除欧洲理事会第 1576/89 号条例的条例（2008 年 1 月 15 日，110/2008）第三章；

（e）欧洲议会和欧洲理事会关于设立农产品市场共同组织和废除欧盟理事会第 922/72 号、第 234/79 号、第 1037/2001 号和第 1234/2007 号条例以保护欧盟葡萄和葡萄酒产品地理标志的条例（2013 年 12 月 17 日，1308/2013）第二部分第二分部第一章第 2 条。

（f）欧洲议会和欧洲理事会关于芳香葡萄酒产品的定义、描述、说明、标签和地理标志的保护及废除理事会第 1601/91 号条例以保护芳香葡萄酒产品地理标志的条例（2014 年 2 月 26 日，251/2014）第三章。

罗马尼亚商标和地理标志法

罗马尼亚商标和地理标志法（第 84/1998 号法律）❶，2010 年 5 月 27 日第 350 号罗马尼亚官方公报第一部分重新公布。

郑 重[*] 译

第一章 一般规定

第 1 条

（1）商标权和地理标志权在罗马尼亚境内受本法认可和保护。

（2）本法适用于与商品和服务有关的商标，作为由于共同体或国际保护而在罗马尼亚注册或申请注册的个人商标、集体商标或证明商标，以及地理标志。

（3）根据罗马尼亚加入的相关商标和地理标志国际公约，居住地或营业地在罗马尼亚境外的外国自然人或法人，亦适用本法规定。

第 2 条

任何能够将企业的商品或服务与其他企业的商品或服务区别开的图形性标志，包括个人姓名在内的文字、设计、字母、数字、图形要素、三维形状，尤其是商品或其包装的形状、颜色、颜色组合、全息图、声音信号，以及上述符号的任意组合，均可构成商标。

---

❶ 本文本根据公布于 2010 年 4 月 9 日第 226 号罗马尼亚官方公报第一部分的第 66/2010 号《关于修改和完善第 84/1998 号〈商标和地理标志法〉的法案》第 5 条的规定重新公布，并重新编号。

第 84/1998 号法律于 1998 年 4 月 23 日在罗马尼亚官方公报第一部分第 161 号中公布，并根据 2005 年 12 月 28 日在罗马尼亚官方公报第 1 部分第 1179 号中发布的关于在欧洲一体化进程中采取必要措施的第 190/2005 号政府紧急法令进行修订，并且经 2006 年 7 月 20 日在罗马尼亚官方公报第 1 部分第 629 号中发布的第 332/2006 号法律批准并作了相应的修改和完善。

* 译者简介：西南政法大学知识产权学院副教授，硕士生导师，日本九州大学法学博士。

第 3 条

在本法中，下列术语和短语具有下列含义：

（a）"商标注册"，指根据本法或罗马尼亚加入的各项国际公约和条约获得商标权的方式；

（b）"在先商标"，指已注册商标和在先提交商标注册簿注册但在后获得注册的商标；

（c）"共同体商标"，指根据 2009 年 3 月 24 日欧盟官方公报 L78 公布的欧盟理事会第 207/2009 号共同体商标条例（以下简称《共同体商标条例》）进行注册的商标；

（d）"驰名商标"，指通过其所适用的商品或服务而为相关公众所熟知的商标，无须在罗马尼亚注册或使用即获得排他性；

（e）"集体商标"，指用于将组织成员的商品或服务与他人的商品或服务区分的标志；

（f）"证明商标"，指用于表明使用该商标的商品的质量、原料、制造方法或使用该商标的服务的提供方式、准确性或其他特征经所有人认证的标志；

（g）"地理标志"，指用于标示某商品来源于某一国家、区域或地区，该商品的特定质量、信誉或其他特征主要由该地的地理来源所决定的标志；

（h）"申请人"，指以自己名义提交商标注册申请的人；

（i）"所有人"，指商标注册簿中登记的商标注册人，可以是任何自然人或根据公法、私法设立的任何法人；

（j）"专业代表"（以下简称"代表"），指在国家发明和商标局（以下简称"商标局"）的程序中具有从事代理活动资格的工业产权律师；

（k）"商标注册簿"，指由商标局保存的数据库，其数据包括在罗马尼亚注册的商标，以及与该注册有关的所有记录数据，无论该数据以何种载体存储；

（l）"地理标志注册簿"，指由商标局保存的数据库，其数据包括在罗马尼亚注册的地理标志，以及与该注册有关的所有记录数据，无论该数据以何种载体存储；

（m）"《巴黎公约》"，指经修订和变更的 1883 年 3 月 20 日在巴黎缔结的《保护工业产权巴黎公约》，罗马尼亚于 1969 年 1 月 6 日官方公报第 1 号发布第 1177/1968 号法令批准加入；

（n）"巴黎联盟国家"，指适用《巴黎公约》并组成保护工业产权联盟的国家；

（o）"《马德里协定》"，指经 1967 年 7 月 14 日在斯德哥尔摩修订的 1891 年 4 月 14 日《商标国际注册马德里协定》，罗马尼亚于 1969 年 1 月 6 日官方公报第 1 号发布第 1176/1968 号法令批准加入；

（p）"《马德里议定书》"，指 1989 年 6 月 27 日《与商标国际注册马德里协定有关议定书》，罗马尼亚于 1998 年 1 月 15 日官方公报第 11 号第 1 部分发布第 5/1998 号法令批准加入；

（q）"《共同体商标条例》"，指 2009 年 2 月 26 日欧盟理事会第 207/2009 号共同体商标条例，于 2009 年 3 月 24 日在欧盟官方公报 L78/1 公布；

（r）"企业"，指任何从事经济活动的实体，无论其具有何种法律性质或资金来源。

第二章　商标保护

第 4 条

（1）商标权的取得和保护必须通过商标局注册。

（2）共同体商标在罗马尼亚境内根据《共同体商标条例》的规定受到保护。

第 5 条

（1）存在下列任一绝对事由的，商标注册应予以驳回，已注册商标应予以撤销：

（a）就第 2 条规定而言，标志不构成商标；

（b）商标不具有任何显著特征；

（c）商标仅由通用名称或行业惯例标志组成；

（d）商标仅由直接表示商品或服务的种类、质量、数量、预期目的、价值、地理来源、商品生产日期或服务提供日期，以及其他特征的标志构成；

（e）商标仅由商品自身性质产生的形状、为获得技术效果而必要的商品形状或使商品具有实质性价值的形状构成；

（f）商标可能在商品或服务的地理来源、质量或性质方面误导公众；

（g）商标含有地理标志或由地理标志所组成，而该商品并非来源于该标志所标示的地区，使公众对真实产地产生误认；

（h）商标含有葡萄酒或烈酒的地理标志，而该商品并非来源于该标志所标示的地区；

（i）商标违反公共政策或公认道德准则；

（j）商标未经权利人许可含有罗马尼亚名人肖像或姓氏；

（k）商标未经主管机关许可含有复制或仿制的属于巴黎联盟国家并且受《巴黎公约》第6条之三调整的纹章、旗帜、国徽、印章、表明实施控制和予以保证的官方标志、盾徽；

（l）商标未经主管机关许可含有复制或仿制受《巴黎公约》第6条之三调整并且属于巴黎联盟国家的政府间国际组织的纹章、旗帜、徽章、缩写、首字母或名称；

（m）商标含有高度象征意义的标志，尤其是宗教标志；

（n）商标未经主管机关许可含有除受《巴黎公约》第6条之三调整以外的纹章、徽章、盾徽或纹盾。

（2）本条（1）款（b）至（d）项规定不适用于在商标注册申请日以前已因使用而具有显著特征的标志。

第6条

（1）除第5条（1）款所列情形外，存在下列任一相对事由的，商标注册应视情况予以驳回或撤销：

（a）申请注册的商标与在先商标相同，并且申请注册的商标所适用的商品或服务与在先受保护商标适用的商品或服务相同；

（b）由于申请注册的商标与在先商标相同或近似，且两者所适用的商品或服务相同或类似，存在公众混淆误认为该商标与在先商标相关联的可能性。

（2）在（1）款中，"在先商标"指注册申请日早于所涉商标的注册申请日或优先权日（视情况而定），且属于下列类别的商标：

（a）共同体商标；

（b）在罗马尼亚注册的商标；

（c）根据国际条约注册并在罗马尼亚有效的商标；

（d）对于（b）项或（c）项所列商标，即使已经失效或撤回，可根据《共同体商标条例》规定正式提出享有优先权的共同体商标；

（e）（a）至（d）项商标的注册申请，条件是对其进行在后注册；

（f）注册申请日或优先权日（视情况而定）依据《巴黎公约》第 6 条之二属于罗马尼亚驰名的商标。

（3）申请注册的商标与（2）款所指的在先共同体商标相同或近似，当在先共同体商标在欧盟享有声誉，并且在后商标的使用将从在先共同体商标的显著特征或声誉中获取不当优势的情况下，即使旨在注册或已经使用的商品或服务与在先共同体商标所注册的商品或服务不类似，该商标注册仍应予以驳回或撤销。

（4）存在下列任一事由的，商标注册应予以驳回或撤销：

（a）申请注册的商标与（2）款所指的在罗马尼亚注册的在先商标相同或近似，当在先商标在罗马尼亚享有声誉，并且在后商标的使用将从在先商标的显著特征或声誉中获取不当优势，或该使用将损害在先商标的显著特征或声誉的情况下，即使旨在注册或已经使用的商品或服务与在先商标所注册的商品或服务不类似；

（b）未注册商标或在商业活动中使用的其他标志所产生的权利，先于在后商标注册申请之日或先于在后商标注册申请所主张的优先权日之前获得，且该未注册商标或已使用标志赋予其所有人禁止使用在后商标的权利；或

（c）除（2）款（d）项所述权利外，还存在其他在先权利，特别是名称权、肖像权、版权和工业产权；

（d）该商标与在先集体商标相同或近似，该集体商标权的失效期最长不超过申请之日起 3 年；

（e）该商标与在先证明商标相同或近似，该证明商标的失效期最长不超过申请之日起 10 年。

（f）该商标与在相同或类似的商品或服务上注册的在先商标相同或近似，该在先商标因期限届满未续展而失效，失效期最长不超过申请之日起 2 年，但该在先商标的所有人已经同意在后商标进行注册或未使用该商标的除外；

（g）该商标与过去在国外使用并且继续在国外使用的商标之间存在混淆可能性，且申请人存在恶意申请。

（5）此外，商标所有人的代表人在未经商标所有人许可的情况下以代表人自身名义申请商标注册的，商标注册应予以驳回，但该代表人能够证明其有权申请注册的除外。

（6）在先商标或在先权利的所有人同意在后商标进行注册的，不得驳回或撤销商标注册（视情况而定）。

（7）存在《巴黎公约》第6条之七规定的任一情形的，商标注册可予以驳回或撤销（视情况而定）。

第7条

请求商标注册的商品或服务的性质不应妨碍商标注册。

第三章　商标注册申请

第8条

商标权属于根据法律规定的条件最先提出商标注册申请的申请人。

第9条

（1）商标注册的常规申请是向商标局提交以罗马尼亚语书写且符合（2）款规定的商标注册申请书。

（2）商标注册申请书应包括下列内容：

（a）商标注册的明示请求；

（b）申请人和申请人的代表人（如适用）的信息；

（c）足以清晰表示申请商标注册的图样；

（d）申请商标注册所涉及的商品或服务名录；

（e）商标注册申请费和公告费的缴费证明。

（3）申请应明确载明商标的下列特征：

（a）含有构成商标显著特征的一种或多种颜色；

（b）属于三维商标或除文字、图形以外的其他类型的商标；

（c）包含商标或其构成要素的音译或翻译。

（4）申请应仅针对一项商标，并应依据本法实施细则❶规定的条件提出。

（5）根据《马德里协定》或《马德里议定书》提出的注册申请应符合上述条约规定的条件。

（6）商标注册申请可根据本法实施细则规定的条件，通过邮寄或电子方式向商标局注册处提交。

---

❶　参见关于批准第84/1998号《商标和地理标志法》实施细则的政府决定及其后续的修订文本，公布于1998年11月27日第455号罗马尼亚官方公报第一部分。

第 10 条

（1）常规申请的申请日是向商标局提交包含本法第 9 条（1）款所有内容的商标注册申请之日。

（2）商标注册申请人自其商标在巴黎联盟成员国或世界贸易组织成员第一次提出商标注册申请之日起 6 个月内，又在罗马尼亚以同一商标向商标局提出商标注册申请的，可享有优先权。

第 11 条

（1）申请人的商标在官方主办或官方认可的国际展览会展出的商品或服务上使用，自展出之日起 6 个月内向商标局提出所展览商品或服务上使用商标的注册申请，申请人可享有优先权。根据 1928 年 11 月 22 日在巴黎签署的《国际展览公约》的规定，罗马尼亚第 246/1930 号法律批准加入该公约并于 1972 年 11 月 30 日进行了修订，"国际展览会"指在罗马尼亚或《巴黎公约》其他成员国境内组织的展览会。

（2）（1）款所指的 6 个月期限不得延长第 10 条（2）款所指的优先权期限。

第 12 条

（1）第 10 条和第 11 条所指的优先权应在提交商标注册申请时主张；提供优先权文件予以证明，并缴纳规定的费用。

（2）应在商标注册申请之日起 3 个月内提交优先权文件并缴纳规定的费用。

（3）不遵守上述（2）款规定期限的，所提出的优先权主张不予承认。

第 13 条

（1）商标注册可由任何人直接或通过代表人在法律和实施细则规定的条件下单独或共同申请。

（2）除提交商标注册申请程序外，在欧盟或欧洲经济区范围内没有住所、营业所或任何真实有效的工业或商业场所的申请人，必须由代表人代理。

第 14 条

商标注册申请人应自申请日起 3 个月内向商标局提交缴纳法律规定数额的申请费和审查费的证明。

第 15 条

（1）涉及一种以上商品或服务的商标注册申请人可请求商标局将初始申请拆分为两项或多项申请，在支付规定费用的前提下可对商品和服务进行分案申请。

（2）分案申请的申请日为提交首次申请的申请日，并享有根据本法第 10 条（2）款或第 11 条（1）款获得的任何优先权（如适用）。

（3）申请人可在商标局进行商标审查的过程中，在针对注册作出决定前，在商标局复审委员会复审的过程中，或在针对商标注册决定的其他任何上诉程序中，提出将初始申请进行分案的请求。

（4）申请人应提交商标局要求提交的分案申请所需文件，并应自提出分案申请之日起 3 个月内支付规定的费用。否则，商标局应视为申请人已放弃对初次申请的分案。

第四章　商标注册程序

第 16 条

（1）自收到商标注册申请之日起 1 个月内，商标局应审查其是否符合本法第 9 条（1）款规定的条件；符合条件的，签发申请日期。

（2）申请不符合本法第 9 条（1）款规定的条件的，商标局应将申请中的不符合情形通知申请人，由其在 3 个月内修改。申请人在规定的期限内对商标局通知的不符合情形进行修改的，申请日期为根据第 9 条（1）款修改注册申请的日期；否则，申请应予以驳回。

（3）未在本法第 14 条规定的期限内缴纳申请费和审查费的，商标局可基于正当理由延长 2 个月。

（4）未在延长期限内缴纳费用的，视为申请人放弃商标注册，申请应予以驳回。

第 17 条

签发申请日期的商标注册申请，应根据本法实施细则规定的条件，自申请日起 7 日内以电子方式进行公告。

第 18 条

根据第 17 条公告商标注册申请之日起 2 个月内，任何利害关系人均可根据第 5 条规定的绝对驳回事由提出商标注册异议。

第 19 条

（1）根据第 17 条公告商标注册申请之日起 2 个月内，任何利害关系人均可根据第 6 条规定的相对驳回事由提出商标注册异议。

（2）异议应以书面形式提出，说明理由，并缴纳法定的费用。

（3）应申请人的要求，提出异议的商标所有人应向商标局证明：

（a）异议商标公告日期前 5 年内，在先商标已在罗马尼亚境内针对与商标注册有关的商品和服务有效使用；

（b）未使用异议商标存在正当理由。

（4）未按规定缴纳异议费的，视为未提出异议。

第 20 条

（1）商标局应立即将异议通知商标注册申请人，并告知异议人名称以及异议理由。

（2）自异议通知之日起 30 日内，申请人可提交其意见。

（3）存在下列任一情况的，可中止异议处理：

（a）异议基于商标注册申请的，商标注册前；

（b）异议商标涉及撤销或无效之诉的，案件结案前。

（4）中止期间，中止原因不复存在的，申请人或异议人可随时要求恢复异议处理。

第 21 条

（1）针对商标注册申请的已公告异议，由商标局商标处内设委员会根据本法的实施细则予以处理。

（2）委员会应作出受理或驳回异议的通知，在实质审查时予以考虑。

第 22 条

（1）在公告后 6 个月内，已支付规定申请费和审查费的，商标局应对商标注册申请进行实质审查，并决定全部或部分受理商标注册，或驳回注册。

（2）为快速程序支付额外费用的，商标局应在公告后 3 个月内审查商标注册申请并作出决定，该费用相当于法律规定的申请费和审查费的两倍。

（3）商标局应审查下列事项：

（a）根据第 3 条（h）项或（j）项（视情况而定）审查申请人的资格；或

（b）申请中提出优先权的，依第 12 条（1）款和（2）款规定的条件；

（c）第 5 条（1）款规定的驳回理由和提交的意见（如适用）。

（4）根据第 6 条规定的驳回理由对商标注册申请提出异议的，要进行实质审查，必须获得第 21 条（1）款所指的委员会通知。

（5）未遵守（1）款和（2）款规定时限的，商标局应退还所收取的费用。

第 23 条

（1）商标非必要组成部分缺乏显著特征，且该组成部分可能对商标保护范围引起争议的，商标局应要求申请人在通知之日起 2 个月内声明其放弃对该部分享有任何专有权。该声明应与注册商标一起发布。

（2）未作出（1）款规定声明的，商标注册申请应予以驳回。

第 24 条

（1）针对驰名商标审查其是否具有驳回理由的，应基于下列标准：

（a）驰名商标在罗马尼亚具有固有显著性或取得显著性的程度；

（b）在罗马尼亚商标注册申请中所指的商品和服务上，驰名商标的使用期限和使用范围；

（c）驰名商标在罗马尼亚广为知晓的持续时间和范围；

（d）驰名商标在罗马尼亚进行使用的地域范围；

（e）相关公众对驰名商标在罗马尼亚市场上的认可程度；

（f）在相同或类似的商品或服务上存在相同或近似的商标，且属于主张其商标驰名的人以外的其他人。

（2）在审查驳回理由时，商标局可根据上述（1）款规定的标准，要求公共机关、公共机构和法律实体提供证明商标在罗马尼亚众所周知的文件。

第 25 条

第 6 条规定的驳回理由仅适用于已申请商标注册的某些商品和服务的，应仅针对该商品和服务的注册予以驳回。

第 26 条

（1）根据第 22 条和第 24 条的规定对申请进行的审查表明符合法定条件的，商标局应决定准予商标注册。商标局应在决定同意注册之日起 2 个月内以电子方式在官方工业产权公告中发布，且商标局应在缴纳公告费和发证费后颁发商标注册证。

（2）申请不符合商标注册条件的，商标局应通知申请人，要求其在 3 个月内提交意见或撤回申请。应申请人要求并缴纳规定的费用，该期限可再延长 3 个月。

（3）上述（2）款所述期限届满的，商标局应酌情决定准予商标注册、驳回申请或指出该申请已被撤回。

第 27 条

（1）申请人可随时撤回注册申请或限定商品或服务名录。商标已经公告的，撤回或限定名录应在官方工业产权公告中发布。

（2）商标注册申请可根据申请人要求予以修改，但仅限于更正申请人姓名或地址，或作出其他不会实质性影响商标或不会扩大商品或服务名录的修正。

（3）申请人在注册之前要求对商标或商品、服务名录作出有实质影响的变更的，均应视为新商标注册申请。

第 28 条

注册过程中，商标局对商标注册申请要素的内容的准确性存在疑问的，可要求申请人提供必要的解释和文件。

第 29 条

（1）商标局应立即将已决定准予注册的商标记载于商标注册簿。

（2）在商标注册簿中记载商标注册的，应缴纳法定费用。

（3）在商标注册簿中记载后，商标局应颁发商标注册证。

（4）商标注册簿具有公共性质。

第五章　商标注册的期限、续展与修改

第 30 条

（1）商标注册于商标常规登记之日起生效，有效期为 10 年。

（2）商标注册可在 10 年期限届满之时经所有人请求并缴纳法定费用后予以续展。

（3）续展注册请求可在当前保护期限届满前提出，但不得早于该保护期限届满前 3 个月。

（4）续展注册自当前保护期限届满之日起生效。

（5）续展费用应在续展请求提出之日缴纳；亦可在当前保护期限届满之日起 6 个月内缴纳，但需要支付额外费用。

（6）未根据（5）款缴纳费用的，商标所有人丧失权利。

第 31 条

（1）商标注册续展请求应包括下列内容：

（a）续展注册的明确要求；

（b）所有人及其代表人的姓名和住所或营业所（如适用）的详情；

（c）商标在商标注册簿中的注册号；

（d）商标注册申请的常规登记日。

（2）所有人仅要求对在商标注册簿中记载的商品和服务的一部分进行续展的，应指明要对商标注册进行续展的商品或服务的名称。

第 32 条

（1）商标局确定不符合本法规定的商标注册续展条件的，应通知所有人，所有人应自收到通知之日起 3 个月作出答复；逾期未答复的，商标续展请求

应予以驳回。

（2）续展请求人对驳回决定不服的，可根据第 86 条规定的期间和程序提出复审。

第 33 条

（1）商标注册续展，应自向商标局提出续展请求之日起 3 个月内在商标注册簿中予以记载并在官方工业产权公告中发布。

（2）在商标注册簿中对续展予以记录的，应缴纳规定费用。

（3）商标局应颁发商标续展证。

第 34 条

（1）在商标保护期内，所有人可在缴纳规定费用后，向商标局提出对商标某些要素进行非实质修改，但前提是该修改不会影响商标的显著特征；不得扩展商品和服务名录。

（2）商标局应将根据（1）款进行的修改记载到商标注册簿中，并将修改后的商标予以公布。

第 35 条

在商标保护期内，所有人可在缴纳规定费用后，请求商标局将对所有人姓名、名称、地址或总部的变更记载在商标注册簿中。商标注册簿中的修改记录应在官方工业产权公告中发布。

第六章　商标权

第 36 条

（1）注册商标所有人享有该商标的专有权。

（2）商标所有人可要求主管司法机构禁止第三人未经其许可在交易过程中使用下列标志：

（a）针对与注册商标的商品或服务相同的商品或服务使用与其商标相同的任何标志；

（b）由于其与商标相同或相似，且由于其与商标所附商品或服务相同或相似，而可能使公众才产生混淆的任何标志，包括可能在标志和商标之间产生关联；

（c）针对与注册商标不相似商品或服务，与商标相同或相似的任何标志，而该商标在罗马尼亚享有声誉，且无正当理由使用该标志将不公平地利用该商标的显著特征或声誉。

（3）在适用（2）款时，商标所有人可特别要求禁止第三人实施下列行为：

（a）在商品或其包装上贴附标志；

（b）要约出售使用该标志的商品、将其投放市场或为此目的而储存商品，或要约提供或提供使用该标志的服务；

（c）将使用该标志的商品进行自由流通、出口、进口，或将其置于中止性或经济性海关程序或海关条例所规定的其他海关程序之下；

（d）在商业文件和广告中使用标志。

第 37 条

（1）商标注册申请人仅可在商标公告后请求第 36 条（2）款规定的禁止行为。

（2）申请人可根据民法对商标公告后发生的（1）款所述行为主张损害赔偿。命令支付损害赔偿的决定仅在商标注册之日后方可予以强制履行。

（3）注册申请被驳回的，申请人无权获得损害赔偿。

第 38 条

（1）所有人本人或他人经其同意将使用注册商标的商品投放欧盟或欧洲经济区市场的，商标权穷尽，所有人无权禁止他人使用该商标。

（2）所有人有正当理由反对商品进一步商业化，特别是当商品投放市场后状态发生改变或受损的，（1）款规定不适用。

第 39 条

（1）商标所有人不得禁止第三方在交易过程中使用：

（a）所有人的姓名/名称或地址/总部；

（b）关于商品或服务的种类、质量、预期目的、价值、地理来源、使用该商标的商品生产时间或服务提供时间或其他特征的说明；

（c）为了表明产品或服务的预期目的，尤其是作为附件或备件而有必要使用商标。

（2）适用（1）款规定的附带条件是，使用（a）项和（c）项中的要素符合工业或商业事务中的诚实做法。

第七章　商标权的转移

第 40 条

（1）商标权可通过转让、许可或继承进行转移。

（2）依法对商标所有人执行扣押亦应被视为权利转移。

（3）针对争议商标的权利转移记录，在法院为此作出最终判决前应予以中止。

第 41 条

（1）商标权可独立于商标相关业务的转移而单独转让。转让应通过书面形式，并由双方在合同上签署后生效，否则无效。

（2）商标权的转让可针对商标注册的全部或部分商品或服务；即使是部分转让，亦可能不将商品或服务所适用的商标限制于特定区域。

（3）商标所有人全部遗产的转移应包括商标权的转移。所有人部分遗产的转移，不影响其作为商标权人的资格。

（4）属于同一所有人且用于相同或类似商品或服务的相同或近似商标仅可作为整体转让，且仅可转让给一人，否则转让契据无效。

第 42 条

（1）请求对转让进行记录的，应附有证明商标所有权变更的文件。

（2）注册商标所使用的商品或服务的性质、质量或地理来源会对公众造成明显误导的，商标局不得将转让记载于商标注册簿，但受让人同意将商标转让的范围限于不可能引起误导的商品和服务除外。

（3）应相关人员请求且缴纳规定费用后，商标局应将转让记载于商标注册簿，并在官方工业产权公告中予以公布。自公告之日起，转让可对抗第三人。

第 43 条

（1）商标所有人可根据许可合同授权第三人在罗马尼亚全部或部分区域

将该商标使用在商标所注册的全部或部分商品或服务上。许可可以是排他性或非排他性。

（2）商标所有人可针对违反许可合同规定的被许可人主张商标权，包括许可期限、商标形式、授权许可的商品或服务的性质、商标使用区域、被许可人授权许可使用商标的商品或服务的质量。

（3）在商标许可合同的有效期内，被许可人应实施下列行为：

（a）仅在商标所附商品上使用许可合同许可的商标，但可在其上贴附表明制造商身份的标志；

（b）根据合同在许可商品所附商标上添加"根据……许可"一词。

（4）许可应在支付规定费用后记载于商标注册簿，并在官方工业产权公告中公布。自公告之日起，许可可对抗第三人。

第 44 条

（1）除许可合同另有约定外，未经商标所有人同意，被许可人不得提起侵权诉讼。

（2）排他性许可持有人在通知商标所有人其获得的侵权行为，且商标所有人未在被许可人规定的期限内采取行动的情况下，可提起侵权诉讼。

（3）所有人提起侵权诉讼的，任何被许可人均可参加诉讼，以获得因商标侵权造成的损害赔偿。

（4）未向商标局登记许可的，不会影响下列事项：

（a）作为许可标的或针对商标许可保护的商标注册效力；

（b）因作为许可标的的商标受到侵犯，而加入由所有人提起的侵权案件，或在该程序中获得损害赔偿。

（5）在与取得商标、维持其效力或就其权利进行辩护有关的程序中，许可登记不应成为被许可人使用商标视为等于所有人使用商标的条件。

第八章　商标权的丧失

第 45 条

（1）商标所有人可以就其进行商标注册的部分或全部商品或服务放弃商标。

（2）商标的放弃应由商标所有人或经其授权的人以书面形式向商标局声

明，自放弃声明记载于商标注册簿之日起，该商标所适用的商品和服务上的商标权失效。

（3）已登记商标许可的，只有在商标所有人证明其已将放弃商标的意图通知被许可人的情况下，方可对商标放弃进行记载。

第46条

（1）存在下列任一情况的，任何利害关系人均可在商标保护期内任何时间向布加勒斯特法院（Law Court of Bucharest）提出申请，要求撤销授予商标所有人的权利：

（a）自商标注册登记之日起连续5年该商标未在罗马尼亚境内就注册商标的商品或服务上真实使用，或该使用连续终止5年，且不使用无正当理由的；

（b）注册之日后，因商标所有人的作为或不作为，对于该注册商标的商品或服务而言，该商标已成为通用名称；

（c）注册之日后，因商标所有人或他人经其同意使用该商标，可能误导公众，特别是针对注册商标的商品或服务的性质、质量或地理来源；

（d）商标注册人不具备第3条（h）项和（i）项所要求的资格；

（2）下列情况应视为商标的有效使用：

（a）以在某些方面与注册商标不同的形式使用商标，但不损害其显著特征；

（b）商标所有人因自身无法控制的情况而无法使用商标，例如公共机关对商标所适用的商品或服务施加进口限制或其他规定；

（c）仅基于出口目的，在商品或其包装上附加商标；

（d）经商标所有人同意的第三方或任何有权使用集体商标或证明商标的人使用商标，且该使用被商标所有人视为是对商标的使用。

（3）在（1）款（a）项所述期限届满和提出撤销请求的期间，该商标已被有效使用的，不得撤销商标所有人的权利。但是，在向法院提出撤销请求之前3个月内商标所有人开始使用或恢复使用商标，且商标所有人是在获悉有提出撤销请求的意图后才为开始使用或恢复使用作准备的，该商标的使用不予考虑。

（4）商标使用的举证责任由商标所有人承担，并可通过任何方式予以证明。

（5）撤销应自向有管辖权的法院提出撤销申请之日起生效。

（6）商标应从商标注册簿中注销，并在官方工业产权公告中发布。

第 47 条

（1）存在下列任一情况的，任何利害关系人均可向布加勒斯特法院申请撤销商标注册：

（a）商标注册违反第 5 条（1）款规定的；

（b）商标注册违反第 6 条规定的；

（c）恶意申请注册的；

（d）注册侵犯个人肖像权或名称权的；

（e）注册侵犯受保护的地理标志或受保护的外观设计、其他工业产权或著作权的在先权利。

（2）在商标保护期内的任何时间，均可以（1）款（c）项所述理由提起撤销诉讼。

（3）根据（1）款（a）项、（b）项、（d）项和（e）项所述理由之一申请撤销注册的，期限为自商标注册之日起 5 年。

（4）在先商标不符合第 46 条（1）至（3）款规定条件的，不得以该商标与在先商标相冲突为由申请撤销注册。

（5）在先商标仅针对已注册商标的某些商品或服务而使用的，仅可针对未使用商标的商品或服务撤销商标注册。

第 48 条

（1）在先商标所有人连续 5 年默许使用在后注册商标的，不得申请撤销或反对在后商标用于已使用该在后商标的商品和服务，但恶意注册在后商标的除外。

（2）在（1）款所述情况下，即使无法再针对在后商标援引在先商标，在后注册商标的所有人也不得反对在先商标的使用。

第 49 条

撤销或无效的理由之一仅适用于商标注册的部分商品或服务的，撤销或无效仅对该部分商品或服务产生效力。

第九章　集体商标

第 50 条

（1）制造商、生产商、服务提供商或贸易商协会可向商标局申请注册集体商标。

（2）集体商标的注册申请人应当在申请时或最迟在商标局发出公告之日起 3 个月内提交集体商标使用规章。申请应符合第 9 条的规定。

（3）申请人应在集体商标使用规章中明确规定获授权使用集体商标的人、协会成员资格、商标的使用条件、禁止协会成员使用商标的理由以及协会可能实施的处罚。

（4）集体商标使用规章可规定，非经协会所有成员同意，不得转让集体商标。

第 51 条

（1）除驳回单个商标注册申请的理由外，存在下列任一情况的，应驳回集体商标注册申请：

（a）申请人不具备第 50 条（1）款规定资格的；

（b）不符合第 3 条（e）项规定条件的；

（c）商标使用规章违反公共秩序或公认道德准则的。

（2）集体商标和其使用规章公告后，在先商标、驰名商标或在先个人肖像权或姓名权、受保护的地理标志、受保护的外观设计或著作权的所有人或其他任何相关人员均可在第 19 条（1）款规定期限内，向商标局提出集体商标注册异议。

第 52 条

（1）集体商标使用规定发生任何修改的，集体商标所有人必须告知商标局。

（2）对商标使用规章的修改，自记载于商标注册簿之日生效。规章修订后不符合第 50 条（3）款规定条件的，不得将其记载于注册簿。

第 53 条

（1）存在下列任一情况的，任何相关人员均可在商标保护期间任何时候向布加勒斯特法院申请撤销集体商标所赋予的权利：

（a）自商标注册登记之日起连续 5 年，该商标未被实际使用于商标注册的商品或服务，且不使用无正当理由的；

（b）所有人在规章规定外的其他情况下使用该商标，或没有采取措施防止该使用；

（c）使用该商标可能误导公众的。

第 54 条

（1）自注册之日起 5 年内，任何相关人员均可根据第 47 条（1）款（a）项、（b）项、（d）项和（e）项规定的任何理由，向布加勒斯特法院申请撤销集体商标的注册。

（2）恶意申请商标注册的，或违反第 50 条（1）至（3）款规定注册的，任何相关人员均可在商标保护期内任何时间向布加勒斯特法院申请撤销注册。

第 55 条

除本法另有规定外，集体商标应遵守有关单个商标的规定。

第十章　证明商标

第 56 条

（1）任何有法定权力控制商品或服务的法律实体均可针对第 3 条（f）项规定的要素向商标局注册证明商标。

（2）生产、进口或销售商品或提供服务的法律实体，除负责质量控制的以外，不得申请注册证明商标。

第 57 条

（1）证明商标的注册申请人应在根据第 9 条提交注册申请的同时或最迟自收到商标局发送的通知之日起 3 个月内提交下列文件：

（a）证明商标使用规章；

（b）授权或证明认证活动合法性的文件，或提供证明商标在其原籍国注册的证明（如适用）。

（2）规章应明确说明获授权使用商标的人员、商标保证的要素和特征、主管认证机构核实该等特征并且监督商标使用的方式、使用商标应支付的费用以及争议解决程序。

（3）任何提供商品或服务的自然人或法人均可获准使用证明商标，但必须遵守证明商标使用规章。

（4）证明商标所有人应授权具有规章所保证的共同特征的商品或服务的提供者使用证明商标。

第 58 条

除驳回单个商标注册申请的理由外，不符合第 3 条（f）项、第 56 条和第 57 条规定的，亦应驳回证明商标注册申请。

第 59 条

（1）证明商标和其使用规章公告后，在先商标、驰名商标或在先个人肖像权或姓名权、受保护的地理标志、受保护的外观设计或著作权的所有人或任何其他相关人员，可在第 19 条（1）款规定的期限内，针对证明商标注册向商标局提出异议。

（2）证明商标使用人不遵守规章的，所有人可撤销其证明商标使用授权，亦可实施规章规定的其他处罚。

第 60 条

（1）存在下列任一情况的，自注册之日起 5 年内，任何相关人员均可向布加勒斯特法院申请撤销证明商标的注册：

（a）适用第 47 条（1）款（a）项、（b）项、（d）项或（e）项任一规定的；

（b）商标注册违反第 3 条（f）项的。

（2）恶意申请商标注册的，或注册违反第 56 条和第 57 条（1）至（3）款规定的，任何相关人员均可在商标保护期内任何时间向布加勒斯特法院申请撤销注册。

第 61 条

（1）拥有证明商标所有权的法律实体不得转让证明商标的权利。

（2）证明商标的权利转让应由政府决定。

第 62 条

证明商标不再受保护的，自保护终止之日起 10 年内，不得作为注册申请的客体，亦不得使用。

第 63 条

（1）除本法另有规定外，证明商标应遵守有关单个商标的规定。
（2）适用于集体商标的法定费用同样适用于证明商标。

第十一章　商标国际注册

第 64 条

本法规定适用于根据《马德里协定》或《马德里议定书》实施的对罗马尼亚有效的国际注册，但上述文件另有规定的除外。

第 65 条

根据《马德里协定》在商标注册簿上登记的商标国际注册申请，或根据《马德里议定书》在商标注册簿上提交或登记的商标国际注册申请，应在支付规定费用后由商标局进行审查。

第十二章　共同体商标

第 66 条

根据《共同体商标条例》第 25 条（1）款（b）项向商标局提出共同体商标申请的，商标局应在申请上注明收到日期，并且在不进行任何审查的情况下，在 14 天内将申请转交内部市场协调局，但应支付本法规定的提交国家商标申请的费用。

第 67 条

共同体商标申请或共同体商标可根据《共同体商标条例》（法典版）第 112 至 114 条规定转为国家商标申请，但须缴纳本法规定的国家申请审查费。

第 68 条

（1）在罗马尼亚注册的在先商标所有人或在罗马尼亚生效的国际注册的在先商标所有人，针对与在先商标注册或商品和服务名录中相同的商品和服务，提交欲作为共同体商标注册的相同商标的，可针对在罗马尼亚的商标注册主张在先商标的优先权，以获得共同体商标注册。

（2）共同体商标的所有人，当同时拥有在罗马尼亚注册或在罗马尼亚生效的国际注册的在先相同的商标所有权时，针对与在先商标注册或商品和服务名录中相同的商品和服务，可主张在先商标在罗马尼亚的优先权。

第 69 条

第 91 条、第 92 条和第 93 至 95 条规定，亦适用于侵犯共同体商标所有人权利的行为。

第 70 条

（1）对于已连续 5 年默许使用的在后注册的国家商标，当国家商标申请是善意时，不应受理以在先商标为由提起的侵权诉讼。

（2）不应受理的范围应限于默认使用的商品和服务。

第 71 条

根据《共同体商标条例》第 95 条（1）款的规定，关于共同体商标的诉讼，属于共同体商标法院管辖的案件，应将布加勒斯特法院作为一审法院提起诉讼。

第十三章　地理标志

第 72 条

（1）商品的地理标志应根据本法或罗马尼亚加入的国际公约，在罗马尼亚境内通过在商标局注册进行保护，且只能由生产者和销售者用于已注册的商品。

（2）根据罗马尼亚订立的双边或多边协定，现在或将来受保护的地理标志不受本法规定的注册程序的约束。

（3）根据（2）款所述协议在罗马尼亚得到承认的地理标志清单，应由商标局记载于地理标志注册簿中，并在官方工业产权公报中公布。

第 73 条

（1）在该地理区域内从事生产活动的生产者协会有权就申请书中所述商品向商标局申请注册地理标志。

（2）地理标志的注册可直接或通过专业代理人向商标局申请，且应缴纳规定的费用。

（3）地理标志的注册申请应包含本法实施细则规定的内容。

（4）自提交申请之日起 3 个月内，商标局应审查申请是否符合第 75 条和第 76 条规定的条件。

第 74 条

（1）地理标志的注册申请应依照本法实施细则的规定进行公告。

（2）在申请公告后 2 个月内，任何相关人员均可对地理标志的注册提出异议。

（3）针对地理标志注册有异议的，应按照商标的规定进行处理。

第 75 条

申请人的原籍国中央专门公共当局或主管当局证明下列事项后，商标局应注册地理标志，并且向申请人授予使用地理标志的权利：

（a）申请注册的地理标志；

（b）使用该标志进行销售的产品；

（c）生产的地理区域；和

（d）商品使用该标志进行销售所必须具备的特性和必须符合的生产条件。

第 76 条

存在下列任一情况的，不得注册地理标志：

（a）不符合第 3 条（g）项规定的；

（b）属于商品通用名称的；

（c）在商品的性质、产地、制造方法和质量方面误导公众的；

（d）违反公序良俗或公认道德原则的。

第 77 条

（1）对于符合法律规定要求的申请书，由商标局决定在地理标志注册簿中注册该地理标志，并授予申请人使用权。

（2）通过注册获得的地理标志的使用权，应属于提交给商标局的名单上的协会成员。

第 78 条

（1）地理标志应自作出地理标志注册决定之日起 2 个月内，记载于地理标志注册簿。

（2）在地理标志注册簿上注册地理标志，以及颁发授予申请人使用权的地理标志注册证，应缴纳规定的费用。

第 79 条

代表生产者协会注册的地理标志，不应妨碍符合第 73 条资格的任何其他协会注册同一标志。

第 80 条

（1）地理标志的保护期限应自向商标局提出申请之日起算，且无期限限制。

（2）申请人应享有地理标志的使用权，期限为 10 年，在符合授权条件的情况下，可以无次数限制进行续展。

（3）申请续展应缴纳规定费用。

第 81 条

获授权在特定商品上使用地理标志的人，有权在商业过程中使用地理标志，但只能在与授权商品相关的商业文件、广告或小册子中使用，且可在授权商品上贴附"已注册地理标志"的字样。

第 82 条

（1）即使在标明商品真实产地或添加"类""种""仿制品"和"相似"等字样的情况下，未经授权的人亦不得使用地理标志或仿制品。

（2）经商标局授权针对葡萄酒或烈酒使用地理标志的人，可禁止任何其他人在非来源于地理标志所示地区的葡萄酒和烈酒上使用该地理标志，即使明确标明商品的真正原产地或以翻译形式使用地理标志或附有"类""种"和"相似"等字样。

第 83 条

中央专门公共当局可依职权或应任何相关人员请求，对使用注册地理标志进行销售的商品进行核查。

第 84 条

地理标志的使用权不得转让。

第 85 条

（1）地理标志保护期内，地理标志的注册违反第 75 条和第 76 条规定的，任何相关人员均可向布加勒斯特法院申请撤销注册。

（2）不符合地理标志所指地区的商品质量标准和特殊性质的，中央专门公共当局或任何其他相关人员均可向布加勒斯特法院申请撤销经商标局授权的人对注册地理标志的使用权。

（3）相关人员应将布加勒斯特法院的最终裁决告知商标局。商标局应注销地理标志注册簿中的地理标志，并应在被告知后 2 个月内在官方工业产权公报上公告注销情况。

第十四章　针对商标权和地理标志权的抗辩

第 86 条

（1）任何相关人员对商标局商标注册申请和地理标志注册申请的决定不服的，可自收到通知后 30 日内，或自商标注册或地理标志注册公告后 30 日内，向商标局提出申诉，但应缴纳规定的费用。

（2）任何相关人员对商标局关于在商标注册簿上登记转让或许可的决定不服的，可自收到通知后 30 日内或自公告后 30 日内，向商标局提出异议。

（3）根据（1）款和（2）款的规定提出申诉的，应由商标局申诉委员会处理。

第 87 条

商标注册、续展或商标注册簿上的记载存在明显程序错误的，自注册或记载（视情况而定）之日起 2 个月内，商标局可以合理方式撤销注册、续展或记载；并在工业产权官方公报上公告撤销情况。

第 88 条

（1）申诉委员会的附理由裁决应通知各方当事人，当事人不服的，可自收到通知后 15 日内向布加勒斯特法院起诉。

（2）对布加勒斯特法院裁决不服的，可自收到裁决通知后 15 日内向布加勒斯特上诉法院提出上诉。

（3）在涉及第 36 条、第 46 条、第 47 条、第 53 条、第 54 条、第 60 条和第 85 条的案件中，对布加勒斯特法院所作裁决不服的，可自收到裁决通知后 15 日内向布加勒斯特上诉法院提出上诉。

第 89 条

（1）应司法机关要求，商标局应将解决争议所需的所有行为、文件和资料提供给该机关。

（2）涉及商标的任何纠纷，必须传唤商标所有人。

第 90 条

（1）非法实施下列任一行为的，构成侵权，应处 3 个月至 3 年监禁或 5 万至 15 万列伊的罚款：

（a）侵犯商标；

（b）在相同或类似的商品上使用与注册商标相同或近似的商标并进行销售，给注册商标所有人造成损害的；

（c）销售使用地理标志的商品，用以表明或暗示商品来源于并非是其真正原产地的某一地理区域，目的是使公众误认商品地域来源的。

（2）（1）款所述行为是由有组织犯罪集团实施或可能威胁消费者安全或健康的，应处 1 至 5 年监禁，并剥夺特定权利。

（3）第三人未经注册商标所有人同意，在商业活动中实施或使用下列标志的，视为商标侵权：

（a）在与注册商标所使用的商品或服务相同的商品或服务上，使用与注册商标相同的商标；

（b）由于标志与注册商标相同或近似，或标志所附着的商品或服务与注册商标所使用的商品或服务相同或类似，可能产生公众混淆的可能性，包括商标与该标志之间发生关联的可能性；

（c）在与注册商标所使用的商品或服务不同的商品或服务上，使用与注册商标相同或近似的标志，该注册商标在罗马尼亚享有声誉，无正当理由使用该标志可能不公平地利用注册商标的显著特征或声誉，且对商标所有人造成损害。

（4）"销售"指要约出售商品、将其投放市场或为上述目的进行储存，或提供标志项下的服务，以及进口、出口或转运商品过程中使用标志。

（5）（1）款和（2）款所指的行为，在商标公告之日前实施的，不构成侵权。

第91条

（1）符合刑事诉讼法规定条件的，可下令采取扣留措施。

（2）扣留措施特别应指制止侵犯合法权利的行为，保护证明非法贴附受保护商标或受保护地理标志的商品和服务来源的证据。

（3）（1）款和（2）款的规定亦适用于第90条规定的直接用于实施侵权行为的材料和设备。

第92条

实施第90条所述行为造成不利的，可根据一般法律规则要求被认定有罪之人支付损害赔偿。

第93条

（1）司法机关可要求原告提供其掌握的任何证据，用以证明其是被侵犯权利的持有人，或侵权行为不可避免。

（2）被告拥有证明原告主张的证据的，司法机关可依法责令被告提供证据，但是必须保证对信息保密。

（3）司法机关可责令原告向被告支付针对受保护的商标或受保护的地理标志滥用诉讼程序造成的损失。

第 94 条

商标所有人或有关中央专门公共机构（如适用）可请求司法机关要求侵权人提供关于被非法贴附商标的商品的产地和销售渠道的最新资料，以及关于制造商或销售商的身份和生产、交付、接收或订购的商品数量的资料。

第 95 条

国家海关总署有权依法在边境实施针对受保护商标和受保护地理标志的权利。

第十五章　国家发明和商标局的职责

第 96 条

商标局是中央公共行政部门的专门机构，是罗马尼亚国内根据本法保护商标和地理标志的唯一主管机构。

第 97 条

在商标和地理标志领域，商标局履行下列职责：

（a）记录、审查和公告商标注册申请；

（b）根据《马德里协定》或《马德里议定书》审查在世界知识产权组织注册或提交注册的商标，以承认或拒绝在罗马尼亚境内对其进行保护；

（c）记录和公布地理标志注册申请，并在罗马尼亚境内对其进行保护；

（d）颁发商标注册证；

（e）颁发地理标志注册证，并赋予地理标志的使用权；

（f）备存商标注册簿和地理标志注册簿；

（g）颁发商标优先权证；

（h）进行先行检索；

（i）管理、维护和发展国内商标和地理标志的收集，并建立该领域的计算机数据库；

（j）与类似的公共机构和区域工业产权组织保持关系；在专门国际组织中代表罗马尼亚；

（k）发行涉及商品商标和地理标志的官方出版物，并与类似的外国国家

办事处和从事该领域工作的国际机构和组织交换出版物;

（l）向欧盟委员会通报通过的国内法规，用于贯彻 1988 年 12 月 21 日理事会第 1 号 89/104/EEC 指令所要求的成员国之间采取近似的商标法律，该指令于 1989 年 2 月 11 日在《欧洲共同体官方公报》（OJEC）L40 上公布;

（m）履行法律规定的其他职责。

第十六章　过渡条款和最后条款

第 98 条

（1）在本法生效前尚未作出决定的商标注册申请，应当遵守本法的规定。

（2）本法生效前，政府应批准相关实施细则。

第 99 条

（1）本法自在罗马尼亚官方公报第一部分公布之日起 3 个月内生效。

（2）下列法律自本法生效之日同时废止:

——商标和服务商标法（第 28/1967 号法律），该法律公布于 1967 年 12 月 29 日第 114 号官方公报;

——部长会议关于适用第 28/1967 号法律的法令（第 77/1968 号法令），该法令公布于 1968 年 1 月 27 日第 8 号官方公报;

——部长会议关于批准商标和服务商标争议解决委员会的结构、组织和运作条例的法令（第 1057/1968 号法令），该法令公布于 1968 年 5 月 17 日第 66 号官方公报;

——部长会议关于违反发明、创新和改进以及商标和服务标志的法律规定的性质和制裁措施的法令（第 2508/1969 号法令），该法令公布于 1969 年 12 月 31 日第 159 号官方公报;

——与本法规定不同的所有其他规定。

本法旨在贯彻 2008 年 10 月 22 日欧洲议会和欧洲理事会第 2008/95/EC 号指令（法典版）所要求的成员国之间采取近似的商标法律，该指令于 2008 年 11 月 8 日在《欧洲共同体官方公报》（OJEC）L299 上公布。